Les scènes navales figurées sur les *talatat* du IXe pylône de Karnak

TRAVAUX DU CENTRE FRANCO-ÉGYPTIEN D'ÉTUDE DES TEMPLES DE KARNAK

Robert Vergnieux

Alexandre Belov

Les scènes navales figurées sur les *talatat* du IXe pylône de Karnak

Sabine Laemmel
Étude des céramiques figurées dans les scènes

Odile Erhard
Modèles 3D d'étude

Institut français d'archéologie orientale

Bibliothèque générale 77 – 2025

Dans la même collection :

Guillaume Charloux, Raphaël Angevin (éd.), *La cour du Xe pylône à Karnak. Les fouilles de Michel Azim de 1975 à 1977*, 2024.

Sylvie Cauville, سِحْر أوزيريس في دندرة, *La splendeur d'Osiris à Dendara*, 2024.

Sébastien Biston-Moulin, *Les « Magasins nord » de Thoutmosis III à Karnak. Relevés épigraphique et photographique (MNs, n°s 1-72)*, 2023.

Martina Minas-Nerpel, René Preys, *The Kiosk of Taharqa: Volume II. The Ptolemaic Decoration*, 2023.

Malte Römer, *Die Ostraka der frühen 18. Dynastie aus Deir el-Bahri und dem Asasif I: Katalog der Ostraka / II: Auswertung, Verzeichnisse, Paläographie / III: Tafeln*, 2023.

Ola El-Aguizy, Burt Kasparian (éd.), *ICE XII: Proceedings of the Twelfth International Congress of Egyptologists, 3rd–8th November 2019, Cairo, Egypt*, 2023.

Pierre Tallet, Frédéric Payraudeau, Chloé Ragazzoli, Claire Somaglino, Mostafa Zayed, مصر الفرعونية. التاريخ والمجتمع والثقافة, *L'Égypte pharaonique. Histoire, société, culture* (version arabe), 2023.

Françoise Briquel-Chatonnet, Céline Ramio (éd.), *Déchiffrements / Decipherments /* فك الشفرات, 2022.

Publication avec le soutien de :

Archeovision

Centre for Egyptological Studies RAS

ARCHÉOSCIENCES BORDEAUX

ISBN 978-2-7247-1086-1 ISSN 1110-2470

Mise en page : Amal Sarwat
Couverture : Ismaïl Seddik

Sommaire

Introduction

Les résultats d'une étude menée sur les *talatat*[1] provenant des temples dédiés à Aton, construits à l'est du site archéologique de Karnak, ont été publiés en 1999 dans le quatrième *Cahier de la Société d'Égyptologie de Genève*[2]. L'étude portait sur la compréhension globale d'un lot de *talatat* extrait du IXe pylône des temples de Karnak.

Ces *talatat* étaient décorées ou non, selon qu'elles étaient placées à l'origine en façade ou dans la masse des murs des temples d'Aton. Lorsque ces derniers furent détruits, elles furent réemployées comme matériau de construction et réparties en 42 couches horizontales à l'intérieur du IXe pylône.

Le IXe pylône de Karnak fut un chantier d'envergure, le démontage des assises de blocs de parement du môle ouest eut lieu en même temps que la dépose des couches de *talatat* contenues à l'intérieur. Les travaux furent initiés par Farag Abd el-Mottaleb Chahba (architecte) en 1964 et repris par Ramadan Saʿad (égyptologue) en 1965 ; tous deux étant devenus membres du Centre franco-égyptien d'étude des temples de Karnak (CFEETK) en 1967, les travaux se poursuivirent dans ce cadre[3]. À partir de 1973, Michel Azim, architecte au CFEETK, prit la responsabilité du chantier archéologique[4]. La qualité et la rigueur avec laquelle furent conduites toutes les opérations liées au démontage et au remontage du môle ouest du IXe pylône sont à l'origine d'une documentation exceptionnelle, tant par les données qu'elle contient que par les informations qu'on peut en extraire. Pour les couches 1 à 15, la position des blocs a été relevée sur plan[5]. À partir de la couche 16, toutes les couches ont été photographiées verticalement *in situ* depuis un pont roulant surplombant le chantier.

Il faut également rendre hommage au travail d'Alain Bellod (photographe du CNRS) et de l'équipe du service photographique du CFEETK, dont Mohammed el-Saidi, Mohamed Dowi et Eyssat furent les piliers. Une continuité de service et une qualité opérationnelle étaient nécessaires pour atteindre l'exigence scientifique commandée par le caractère particulier des vestiges[6].

1. Blocs de construction de « trois » (*talata* en arabe) fois la largeur d'une main, typiques de l'époque amarnienne.
2. Vergnieux 1999a.
3. Sauneron, Saʿad 1969, p. 137-138.
4. Lauffray 1980a, p. 34-38.
5. Sauneron, Saʿad 1968, p. 152-153 et fig. 6.
6. Vergnieux 1999a, p. 49-50.

Les mouvements de la nappe phréatique ont endommagé les *talatat*, certaines ayant été réduites en sable[7]. Un important travail fut réalisé par le laboratoire de restauration du CFEETK, sous la direction de Claude Traunecker (CNRS), pour consolider les fragments de *talatat* qui, sans cela, auraient disparu aujourd'hui. Cl. Traunecker est également à l'origine de nombreuses remarques et études majeures sur les *talatat* du IXe pylône[8].

Enfin, l'opération du IXe pylône n'aurait pu exister sans la présence de Jean Larronde, alors chef de chantier au CFEETK. Il était chargé de toute l'ingénierie, dont une part non négligeable concernait la dépose des blocs de parement du môle ouest du pylône, composé de 34 assises au total. Les assises du haut furent démontées, alors que celles du bas furent seulement consolidées et restèrent en place. En effet, leur retrait était rendu impossible du fait des poussées latérales exercées sur les assises au fur et à mesure de l'enlèvement des couches profondes de *talatat*[9].

Plusieurs études ont conduit à la publication d'assemblages de *talatat*, correspondant à des fragments plus ou moins grands de parois des temples d'Aton[10]. Leurs publications ont contribué à une meilleure connaissance du lot de blocs décorés, ainsi qu'aux premières analyses de regroupement thématiques de scènes. Le présent ouvrage se propose d'étudier l'ensemble des *talatat* du IXe pylône de Karnak figurant des scènes navales.

Pour cette recherche, nous avons associé nos deux champs d'expertise : la période proto-amarnienne[11] et la navigation antique[12]. La compréhension de ces représentations a également profité de l'utilisation de modèles numériques tridimensionnels[13]. Odile Erhard a patiemment assuré toutes les modélisations 3D et a participé aux interprétations par des suggestions et remarques pertinentes. Pour l'étude des céramiques et des récipients présents à bord des embarcations figurées, nous avons fait appel à l'expertise de Sabine Laemmel, céramologue.

Pour chaque assemblage commenté dans l'ouvrage, le lecteur trouvera une planche photographique des blocs assemblés, un relevé au trait du dessin, un schéma d'assemblage des blocs selon une grille de construction avec indication de leur numéro d'inventaire, ainsi qu'un schéma de dispersion des *talatat* dans les couches du IXe pylône (uniquement pour les assemblages de plus de cinq blocs)[14].

Plutôt que de présenter les assemblages sous la forme d'un catalogue suivi d'un commentaire général, nous avons préféré exprimer nos questionnements et réflexions au fur et à mesure où ils se sont imposés lors de notre recherche.

Enfin, les auteurs souhaitent exprimer leur profonde gratitude au service éditorial de l'Ifao pour son aide précieuse tout au long de la réalisation de cet ouvrage. Ils remercient également leurs collègues J. Gohary et G. Scott pour leur généreux accès aux données de l'ARCE. Leur reconnaissance s'adresse également à la plateforme Archeovision (Archéosciences Bordeaux) et au Centre des études égyptologiques de l'Académie des sciences de Moscou, dont le soutien a grandement contribué à la publication de ce travail.

7. TRAUNECKER 1987.
8. LE SAOUT, TRAUNECKER 1982, p. 67-71 ; TRAUNECKER 1984, 1986, 1988.
9. AZIM 1982, p. 19-65.
10. LAUFFRAY 1980b, p. 54-87 ; TRAUNECKER 1986 ; CHAPPAZ 1987.
11. VERGNIEUX 1996 ; VERGNIEUX, GONDRAN 1997 ; VERGNIEUX 1999a.
12. BELOV 2019b ; BELOV 2020a.
13. VERGNIEUX 2008a, p. 148-150.
14. Voir *infra*, § I.1.2 et VERGNIEUX 2024.

PARTIE I

REMARQUES PRÉLIMINAIRES À L'ÉTUDE DU CORPUS

Le présent ouvrage porte sur les scènes navales gravées sur les parois des temples d'Aton, construits à l'est du temple de Karnak. À la fin de l'épisode amarnien, toutes les constructions du règne d'Amenhotep IV/Akhénaton ont été démontées et remployées dans les constructions postérieures de Karnak (essentiellement les IIe, IXe et Xe pylônes, et dans les fondations de la salle hypostyle). Les édifices de ce règne, construits à l'aide de blocs standardisés (les *talatat*) et transportables à dos d'homme, ont produit une documentation originale tant par les contenus qu'elle renferme que par la façon dont on doit l'étudier. Les recherches archéologiques menées sur le site ont abouti, pour l'instant, à l'identification de trois principaux lots de blocs décorés : le premier provient du môle ouest du IXe pylône de Karnak (environ 12 000 *talatat*)[1] ; le second, principalement, du IIe pylône (environ 16 000 *talatat*)[2] ; un troisième, retrouvé dans le temple de Louqsor, provient également des temples d'Aton à Karnak (plusieurs milliers). Ces blocs constituent les pièces de nombreux puzzles, incomplets et mélangés entre eux, dont on ignore les images à former. Chaque fois que plusieurs blocs peuvent être associés pour former un « assemblage », ce sont des informations précieuses sur la période proto-amarnienne qui nous parviennent[3].

1. Azim 1982, p. 44-48.
2. Redford, Smith 1976. Elles furent extraites dans la première moitié du xxe siècle par les équipes du CFEETK (Georges Legrain, puis Henri Chevrier). Plus récemment, dans les années 1970, ces blocs ont été étudiés par l'Akhenaten Temple Project. La direction de l'ARCE nous a donné accès aux images des ceux figurant des scènes nautiques.
3. Lauffray 1980b.

1

Le corpus et la présentation des données

1.1. Le corpus

Le corpus étudié comprend une sélection d'assemblages de *talatat*, ainsi que des *talatat* isolées provenant des trois principaux lots de *talatat* issues des temples d'Aton à Karnak. La présence de scènes navales avait été signalée dès la sortie des premières *talatat* du IXe pylône[1]. Parmi ces documents, certains ont été publiés dans l'étude consacrée aux *talatat* du IXe pylône de Karnak[2], sans qu'une analyse thématique soit toutefois proposée.

Les assemblages existants sont susceptibles d'évoluer. En effet, il est possible que de nouveaux fragments soient identifiés et que des assemblages puissent être fusionnés. Au cours de la présente recherche, l'étude de *talatat* isolées a permis d'identifier de nouveaux assemblages. Il est certain que les milliers de blocs décorés encore en place dans les entrailles du môle est du IXe pylône viendront, une fois extraits, compléter et modifier les fragments de parois déjà connus.

Enfin, nous avons intégré quelques *talatat* isolées provenant des fouilles anciennes, dans la mesure où elles apportaient un éclairage à la présente étude.

L'ensemble est présenté dans un ordre permettant de suivre au mieux les détails sur la batellerie antique. Dans un souci pédagogique, les documents ont été regroupés en fonction de la nature des informations qu'ils apportent sur les techniques navales à l'époque d'Amenhotep IV/Akhénaton. Un glossaire et des schémas familiariseront également le lecteur au vocabulaire utilisé.

1.2. Les notations utilisées pour les *talatat* et les assemblages

Pour désigner les assemblages, nous avons repris la numérotation utilisée dans la publication de 1999. Les nouveaux assemblages se voient attribuer un numéro propre. Pour les assemblages de plus de cinq blocs, nous indiquons les coordonnées des *talatat* dans la paroi (position), leur place dans les couches du môle ouest du IXe pylône (dispersion), et proposons un commentaire archéologique. Les *talatat* sont identifiées par leur numéro d'inventaire. Le repérage dans les assemblages est réalisé à l'aide des coordonnées « X » et « Y » d'une

1. Le Saout, Traunecker 1982, p. 68-69.
2. Vergnieux 1999a ; Vergnieux 1999b. La première édition portait sur les couches inférieures du IXe pylône (couches 18 à 38). Nous avons étendu la présente étude aux *talatat* situées en partie haute (couches 1 à 17).

grille théorique reproduisant la structure des murs[3]. Chaque assemblage possède ainsi son propre repère avec le positionnement des numéros d'inventaire des fragments qui le composent (fig. 1). Dans le cas de la fusion de plusieurs assemblages, nous avons conservé le numéro de l'assemblage le plus à gauche pour désigner le nouvel ensemble. Les coordonnées de toutes les *talatat* du nouvel ensemble sont également intégrées dans le repère de l'assemblage le plus à gauche.

Les assemblages de plus de cinq blocs sont présentés avec :

- une planche photographique des *talatat* assemblées ;
- un fac-similé de la scène ;
- un schéma d'assemblage avec les numéros d'inventaire des *talatat* ;
- un schéma de dispersion des *talatat* dans les couches du IXe pylône.

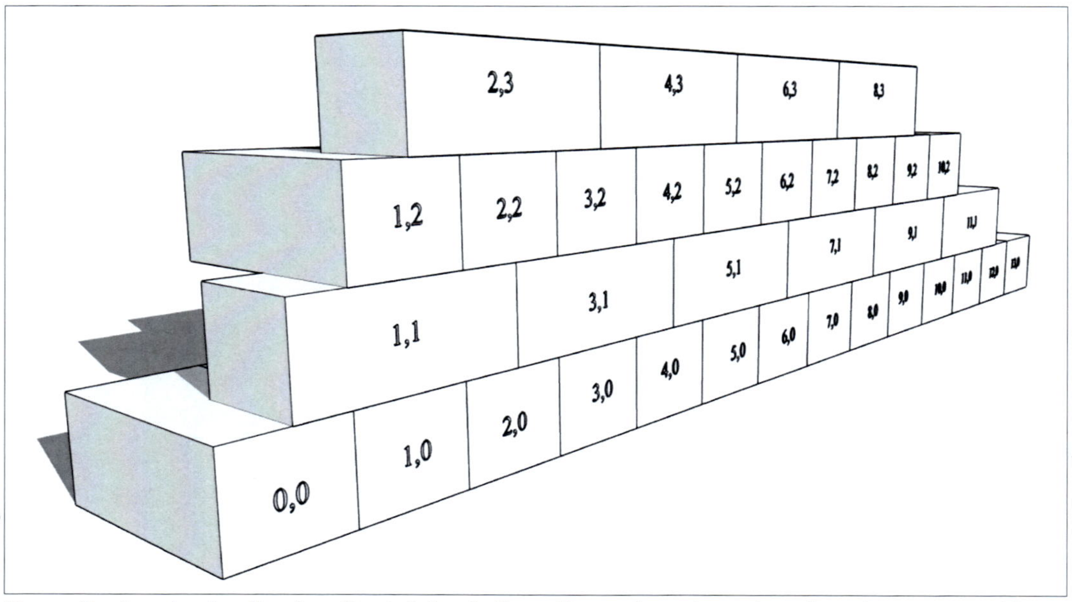

Fig. 1. Système (x, y) = ([n° dans l'assise], [n° de l'assise]) pour le repérage des *talatat* dans un assemblage.

Les planches photographiques des assemblages ont été réalisées à l'aide de logiciels de traitement d'images numériques. Une attention toute particulière a été portée aux différentes résolutions appliquées lors de la numérisation des lots d'images. Un équilibrage des contrastes et de la luminosité a été réalisé afin d'harmoniser les niveaux de gris des blocs d'un même assemblage.

Pour les schémas de dispersion, nous sommes repartis des listes manuelles[4] établies à partir des tirages photographiques des couches, pris lors des campagnes de fouille[5], sur lesquels avaient été inscrits les numéros d'inventaire des blocs. La saisie des données à partir des listes manuelles a été réalisée à l'aide d'un « *crowdsourcing* » mis en place lors de l'exposition *Aton-Num*[6]. Des algorithmes ont permis d'écarter les enregistrements erronés. Nous avons complété, le cas échéant, la saisie des blocs qui n'avaient pas été traités par les internautes. Enfin, ces listes tiennent compte des erreurs d'enregistrement des numéros d'inventaire des *talatat* et réaffectent les bonnes localisations si nécessaire[7].

3. Ce système de coordonnées de repérage dans les assemblages a été mis au point en 1986, en collaboration avec Michel Gondran ; voir le descriptif qui en a été fait dans Billet 1988, p. 12-13 ; Vergnieux 1999a, p. 89, fig. 39.
4. Les listes ont été réalisées en 1988 par Caroline Delevoie dans le cadre du CFEETK.
5. Azim 1982, p. 85, n. 65.
6. Le site internet a été réalisé par Sarah Tournon-Valiente (CNRS) et les algorithmes d'enregistrement par Bruno Dutailly (CNRS) ; voir Vergnieux 2016. Les algorithmes de production des schémas ont été rédigés par Victor Vergnieux.
7. Vergnieux 1999a, p. 51 et n. 48.

2

Remarques initiales pour aider à la compréhension des scènes du corpus[*]

2.1. Rappels sur le gréement carré égyptien[1]

Jusqu'à l'époque byzantine, les bateaux égyptiens, à quelques rares exceptions près[2], étaient gréés avec une voile carrée (fig. 2). Dans le type de gréement égyptien, la voile était traditionnellement étendue entre deux vergues[3]. La vergue volante (vergue haute) était hissée au sommet du mât à l'aide de deux drisses (fig. 2, nº 4)[4]. La vergue fixe (vergue basse) restait en bas du mât, mais elle pouvait pivotait autour de ce dernier grâce au racage (brêlage) de type très simple (fig. 2, nº 6).

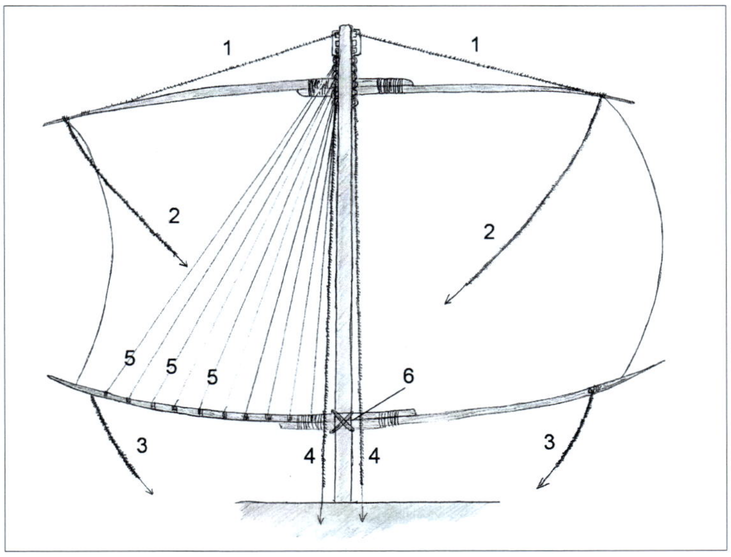

Fig. 2. Les manœuvres principales du gréement carré : **1.** balancines de la vergue volante ; **2.** bras ; **3.** écoutes ; **4.** drisse ; **5.** balancines de la vergue fixe ; **6.** racage.

© A. Belov

* Pour décrire les scènes, nous utilisons la terminologie associée à la construction et à la navigation des grands voiliers. Un glossaire et un schéma (fig. 146), situé en fin d'ouvrage, précisent le sens des termes utilisés.

1. L'explication qui suit est simplifiée et n'inclut pas les manœuvres, telles que les faux bras, les amures, les boulines, les cargues de trois types, les palanquins de ris, les palans antiroulis, les chapeaux, etc., qui sont caractéristiques pour les voiliers de l'époque moderne, à partir du XVIe s.

2. Des reliefs de la VIe dynastie (2345-2181 av. J.-C.) et de la XVIIIe dynastie (règne d'Amenhotep II, 1427-1400 av. J.-C.) représentent des bateaux et des radeaux à voiles triangulaires. Voir Davies 1902, pl. 19 et Wachsmann 1998, p. 32, fig. 2.43-44.

3. Les premières tentatives de passage vers le gréement sans vergue fixe datent de l'époque amarnienne ; elles seront considérées plus bas (voir § 10.1, p. 103).

4. Cette manœuvre a été rendue par l'expression *fꜣ.t ḥtp/ḥtꜣw* (Servajean 2022b).

Les balancines sont des cordages qui partent du haut du mât et servent à soutenir les vergues[5]. Les balancines de la vergue fixe (fig. 2, n° 5) appartenaient aux manœuvres dormantes, cela veut dire que les marins égyptiens ne les touchaient pas pendant la navigation, même si le réglage de leurs longueurs lors de la maintenance du navire restait possible. Elles servaient à soutenir le poids de la vergue fixe. Quant aux balancines de la vergue volante, il en existait deux types. Les balancines « courantes » (fig. 2, n° 1) soutenaient la vergue volante dans sa position haute et l'on pouvait les employer également pour faciliter le hissage de cette vergue. Parfois la vergue volante était également dotée de balancines « dormantes », qui avaient la même fonction que les balancines de la vergue fixe. On ne les montre pas sur le dessin ci-dessus, car nous n'avons pas retrouvé de représentation de ce type des balancines dans notre matériel.

La voile égyptienne du Nouvel Empire était basse et très large. Elle était surtout conçue pour les allures portantes. Les bras (fig. 2, n° 2) consistaient dans les manœuvres qui permettaient le brassage de la vergue volante – c'est-à-dire qu'ils permettaient de changer son angle par rapport à l'axe du navire. Cette opération est indispensable pour bien orienter les voiles en fonction du vent. En principe, dans le gréement carré, les écoutes sont amarrées aux angles de la voile – en bas aux points d'écoute[6] –, ce qui n'est pas le cas pour la voile égyptienne. La bordure inférieure d'une voile dans l'iconographie égyptienne n'est pas dissociée de la vergue fixe : elles sont représentées ensemble (fig. 2, n° 3). La position des points d'écoute ne peut donc pas être réglée. On peut ainsi conclure que, de facto, la voile égyptienne dotée d'une vergue fixe ne possédait pas de vraies écoutes. On orientait la voile en tournant les deux vergues (volante et fixe), les bras de la vergue fixe faisant office d'écoutes. Nous conservons toutefois le terme « écoute » dans les sections qui suivent pour les manœuvres de la vergue basse, afin d'éviter les confusions avec les « vrais » bras de la vergue volante. À l'époque proto-amarnienne, on trouve les premiers exemples de voiles sans basse vergue et celles-ci étaient dotées de vraies écoutes[7].

Autant qu'on puisse en juger par les sources écrites et archéologiques, le cordage était fabriqué à l'aide de plusieurs espèces de plantes[8]. Les fouilles de la barque royale de Chéops (IVe dynastie) ont mis en évidence des centaines de mètres de cordage fabriqué en *Kusha*[9]. Les bouts étaient de trois diamètres différents, allant de 5,8 à 13 mm[10]. Les cordages, probablement fabriqués dans le même matériau, servaient de ligatures dans la construction du bordé des bateaux de Licht[11] et d'Abydos[12]. Environ trente glènes de cordage de 30-35 mm en diamètre datant du Moyen Empire ont été retrouvées dans les caves n° 2 et n° 5 de Mersa/Ouadi Gawasis. Il n'existe pas de preuves à ce jour que ce cordage était utilisé sur les bateaux, même si cela reste possible. Chaque glène mesurait environ 100 × 60 cm et contenait entre 20 et 30 mètres de cordage[13]. Selon une analyse récente, ces cordages ont été fabriqués avec du papyrus (*Cyperus papyrus*)[14]. Récemment, les fouilles des bateaux de Thônis-Héracléion ont révélé une grande quantité de cordage daté de la période tardive[15]. Le diamètre de ces

5. En principe, les balancines permettent de régler l'inclinaison de la vergue par rapport au mât, c'est-à-dire son apiquage (d'où vient le mot « balancine »), mais cette fonction n'est pas disponible pour un gréement avec deux vergues.
6. S'il s'agit des basses voiles à plusieurs étages du gréement de l'époque moderne, l'écoute au vent reste passive, comme ce point de la voile est orienté par une amure – la manœuvre qui actionne vers le côté d'où vient le vent. En même temps, l'écoute sous le vent est bordée afin que la voile soit orientée d'une façon optimale pour une allure choisie. Les voiles des étages supérieurs (huniers, perroquets, cacatois) sont établies entre les deux vergues, mais la position de leurs points d'écoute reste toujours réglable. Cela veut dire que le point d'écoute de ces voiles peut s'éloigner ou s'approcher de la vergue fixe. Bien évidemment, c'était impossible dans le cas du gréement égyptien.
7. C'est le cas du bateau de l'assemblage A0058 : voir *infra*, § 10.1, p. 103 et Belov 2019a.
8. La liste des plantes pour la fabrication de cordage dans l'Antiquité est présentée dans Wachsmann 1998, p. 254.
9. *Desmostachya bipinnata* ; en anglais « *halfa grass* ».
10. Voir Landström 1970, p. 28.
11. Haldane 1992, p. 104.
12. Cheryl Ward, communication personnelle. Pour les fragments des bateaux d'Abydos, voir Ward 2003.
13. Ward, Zazzaro 2010, p. 40.
14. Borojevic, Mountain 2011a, p. 30 ; Borojevic, Mountain 2011b.
15. L'analyse du matériel est en cours par l'Institut européen de l'archéologie sous-marine (IEASM).

cordages, oscillant entre 50 et 60 mm, est considérable et il pourrait donc s'agir des amarres. En 2019, une glène de cordage, bien conservée, de 20 mm en diamètre a été découverte sur une épave de Thônis-Héracléion datant de la première moitié du IVe s. av. J.- C.[16].

2.2. La voile égyptienne

Les voiles des bateaux égyptiens étaient fabriquées en lin, en écorce de papyrus ou en coton[17]. Des morceaux de lin retrouvés à Mersa/Ouadi Gawasis sur la côte de la mer Rouge et datant du Moyen Empire pourraient être des fragments de voiles[18]. L'utilisation du lin pour les voiles est confirmée, d'une manière indirecte, par les nombreuses maquettes des bateaux provenant de tombes[19]. Le Livre d'Ézéchiel (*c.* 570 av. J.-C.) parle des voiles des bateaux construits à Tyr, dont les voiles sont en lin de grande qualité importé d'Égypte[20]. Selon Hérodote, sous la XXVIIe dynastie, les *barides* – bateaux de charge nilotiques – furent dotés de voiles faites avec du papyrus[21]. Théophraste vers le IVe s. av. J.-C. et Pline l'Ancien au Ier s. av. J.-C. confirment cette information, auquel le premier ajoute que les Égyptiens l'utilisaient également pour les cordages[22]. L'une des momies du Ier s. av. J.-C. conservées au musée Guimet à Lyon était enveloppée dans une voile en lin dont les dimensions ont été estimées à 5,5 × 5,5 m[23]. Lors des fouilles des ports antiques de Bérénice (Βερενίκη) et Myos Hormos (Μυός Ὅρμος) sur la côte de la mer Rouge, des fragments de voiles ont été découverts dans les couches datées du Ier-début Ve s. apr. J.-C. pour le premier site, et de la fin du Ier s.-début IIe s. apr. J.-C. pour le second. La plupart d'entre eux ont été identifiés comme du coton[24], mais du lin était également présent[25].

C'est sans doute surtout la taille et les proportions de la voile qui étaient respectées, mais elle restait généralement plate lors de sa fabrication. Or le creux (ou « le mou ») de la voile est de la plus grande importance pour les allures portantes, vent arrière et grand largue, sans doute les plus efficaces pour la navigation des bateaux nilotiques de l'époque. La voile parfaite n'est jamais plate[26] et les connaissances sur les proportions et les formes les plus efficaces pour les gréements, dans des conditions météorologiques différentes, ont été

16. La publication de cette épave est en cours par l'IEASM.
17. Cet ordre de présentation se fonde sur l'importance des témoignages archéologiques et textuels. L'hypothèse de Charles Boreux sur l'emploi de cuir dans la fabrication des voiles en Égypte n'est pas confirmée à ce jour (Boreux 1925, p. 374). Il est notoire que tous les restes des voiles antiques connues dans le monde proviennent d'Égypte de manière presque exclusive (Whitewright 2008, p. 88). Tout récemment, les restes d'une voile ont été signalés sur l'épave de Maʿagan Mikhael B (milieu du VIIe-milieu du VIIIe s. apr. J.-C.), voir Cohen, Cvikel 2020 ; Goddio, Belov 2024.
18. Bard, Fattovich 2018, p. 99.
19. Par exemple, les maquettes de la tombe de Méketrê (XIe dynastie) au Musée égyptien du Caire. De nombreuses maquettes de bateaux aux voiles en lin sont conservées à l'Ashmolean Museum d'Oxford et au Metropolitan Museum of Art à New York, voir Black, Samuel 1991, p. 220.
20. Ezéchiel 27.7. Voir Black, Samuel 1991, p. 217.
21. Hérodote, *Histoires* II.96.
22. Théophraste, *Recherches sur les plantes* IV.8.4 ; Pline l'Ancien, *Histoire naturelle* XIII.74–82.
23. Rougé 1987 ; Schoefer 1987.
24. L'analyse de ces restes a permis de suggérer que la toile avait été fabriquée en Inde.
25. Voir Handley 2003 ; Whitewright 2007 ; Wild, Wild 2001. Le lin était le matériau le plus courant pour la fabrication des voiles antiques dans la Méditerranée orientale et peut-être même en Mésopotamie, voir Black, Samuel 1991, p. 220. Jusqu'à la fin de l'Âge de la voile (*c.* 1860), les voiles étaient fabriquées en lin. Même aujourd'hui, sur les répliques historiques des voiliers, l'équipage privilégie les voiles en lin à celles fabriquées avec des matériaux synthétiques, malgré le poids plus important des premières. Sous l'influence du vent fort, les fibres d'une voile en lin s'écartent naturellement et cela diminue la pression sur la mâture et le risque d'avarie (d'après Yann Cariou, commandant de L'Hermione, communication personnelle). Les voiles en coton, plus denses que celles en lin, se dégradent rapidement une fois qu'elles sont mouillées par les flots, tandis que les voiles en lin mouillées restent solides. Voir Black, Samuel 1991, p. 222 ; Wachsmann 1998, p. 253.
26. Sauf s'il s'agit d'une voile de tempête, comme le tourmentin.

accumulées par les marins sans doute depuis l'Antiquité. Aujourd'hui, la forme d'une voile est contrôlée par des logiciels lors de sa fabrication. Les anciens navigateurs sur le Nil n'ont sans doute pas pu choisir entre différentes formes de voiles, en raison des contraintes liées aux matériaux et surtout à la fabrication.

Les balancines pouvaient théoriquement permettre de changer la forme des vergues, surtout vers leurs extrémités, où elles devenaient plus fines et plus flexibles. Elles pouvaient ainsi aider à obtenir le creux recherché en absence des cargues[27]. On peut remarquer que sur les reliefs et dans les maquettes des bateaux il y a souvent plusieurs tours des dormants des balancines sur la vergue fixe, car une longueur supplémentaire était nécessaire pour un éventuel réglage. Les bouts courts visibles sous la basse vergue présentent des nœuds[28]. On peut donc suggérer que ces manœuvres étaient « vivantes », c'est-à-dire réglables. Les termes de « balancine courante » et « balancine dormante » seront utilisés plus loin pour mieux expliquer les différentes destinations de ces manœuvres. Les balancines courantes supportaient la vergue volante dans sa position haute et elles pouvaient parfois remplacer la drisse sur les petits bateaux. Elles étaient raidies quand la voile était établie et choquées une fois qu'on descendait la vergue volante. Les balancines dormantes appartenaient au type des manœuvres qu'on ne touchait pas pour établir la voile. Elles supportaient la vergue volante dans sa position basse. Quand la voile était hissée, elles n'avaient plus aucune utilité et formaient des courbes sous la vergue[29].

2.3. Des navires sur les parois des temples d'Aton

L'une des particularités iconographiques du règne d'Amenhotep IV/Akhénaton est de transcrire l'activité du clergé d'Aton, ainsi que des moments privés de la vie du couple royal, sur les murs des temples.

Les scènes de navigation étudiées font partie de nouvelles thématiques associées à la réforme religieuse en cours. Elles illustrent l'apport de produits de la campagne égyptienne vers les tables d'offrandes des temples d'Aton, les cargaisons arrivant le plus souvent par voie fluviale. Les dessins détaillés des embarcations fournissent des informations concrètes sur l'architecture navale de l'époque[30], mais avant de les étudier, nous devons nous interroger sur les problèmes de compréhension des représentations égyptiennes.

Des publications égyptologiques ont déjà été consacrées aux difficultés d'interprétation du dessin égyptien[31]. Roland Tefnin privilégiait une approche spatiotemporelle plutôt qu'analogique[32] et mettait en garde contre une interprétation modèle-image, tant pour lui cette relation était indubitablement modifiée par des facteurs idéologiques ou politiques. Cependant, comme nous ne disposons que de peu de vestiges archéologiques connexes à l'architecture navale[33], la seule documentation à notre disposition pour en améliorer la connaissance reste l'analyse des figurations égyptiennes. Loin d'une étude sémiologique des scènes de navigation, nous nous contenterons ici d'une réflexion plus factuelle. Nous n'aborderons pas les intentions discursives que ces scènes portent en elles, notre objectif étant de comprendre ce qu'elles montrent pour en extraire uniquement des informations pratiques[34].

27. Les cargues permettaient de réduire la surface d'une partie de la voile et ainsi de changer le centre de la voilure. Voir les commentaires sur l'assemblage A0058, § 10.1, p. 103.

28. Assemblage A0109. Les nœuds des balancines sont aussi distinctement visibles sur les représentations des bateaux de l'expédition pountite de la reine Hatchepsout.

29. Dans le corpus de scènes présentées ici, les balancines dormantes ne sont pas figurées. Pour le Nouvel Empire, voir LANDSTRÖM 1970, fig. 316, 319, 372, 395. Parfois, on voit deux ou trois paires de balancines de la vergue volante qui forment des courbes sous la vergue quand le bateau est sous la voile. Voir JONES 1995, p. 53.

30. Voir, en dernier lieu, BELOV 2019a.

31. ANDREU-LANOË *et al.* 2013 ; BADAWY 1948 ; BAUD 1978 ; SCHÄFER 1974 (éd. 1986).

32. TEFNIN 1979.

33. Modèles de bateaux funéraires et quelques restes de véritables bateaux.

34. Voir VERGNIEUX 2018, p. 193-194.

L'absence de la troisième dimension sur les parois des murs de temple a obligé les artistes à mettre en œuvre des techniques pour suppléer à cette carence et dépasser cette difficulté, quelles qu'aient été leurs intentions narratives.

Rappelons que depuis la compréhension des lois de l'optique, les artistes figuratifs traduisent dans un plan la réalité du monde volumique en faisant appel aux lois de la perspective[35]. À partir d'un point de vue unique, ils tracent, selon un protocole établi, les différentes lignes permettant de construire leur dessin. Dans l'Antiquité, chaque culture a mis en œuvre ses propres solutions pour résoudre cette difficulté inhérente à toute représentation figurative. Les Égyptiens, comme dans d'autres cultures, ont élaboré un système de représentation qui leur est spécifique. L'interprétation visuelle du dessin antique repose fortement sur une pratique culturelle que nous n'avons pas. Heinrich Schäfer avait relevé très judicieusement, par exemple, que la compréhension de la place respective de danseurs dans un dessin égyptien faisait appel à la connaissance de cette danse par l'observateur, le dessinateur et l'observateur partageant la même culture[36].

2.4. La représentation du réel

Que ce fût pour représenter le roi et la reine pénétrant dans un temple pour y officier, un notable recevant une récompense du roi depuis la fenêtre d'apparition, ou encore le chargement des offrandes sur les autels, voire le déchargement d'un navire à l'aide d'une passerelle le reliant à la berge, les concepteurs de la scène devaient choisir l'angle de vue principal de l'action. Le lieu pouvait être réel ou imaginé pour les besoins de la narration, mais quel que soit le cas de figure, les dessinateurs devaient tracer des contours pour évoquer sans équivoque le contexte scénique. Le choix de l'angle de vue était donc commandé par l'intention narrative[37]. Il correspond au « cadrage » général du lieu dans lequel se déroule l'action[38], ce qui revient à choisir la « place » de l'observateur. Ensuite, les dessinateurs répartissaient les divers éléments ou unités physiques qu'ils souhaitaient voir figurer dans la scène conformément à l'angle de vue. Les unités qui composent la scène respectent des répartitions spatiales relatives entre elles, et doivent être compatibles avec le cadrage global de la scène[39]. Les dessinateurs retenaient dans leur composition les éléments susceptibles d'aider à la compréhension de ce qu'ils voulaient montrer. Ils délaissaient certains détails au profit d'autres, en privilégiant ceux facilement identifiables du point de vue de l'observateur[40]. Après quoi, ils considéraient chacune des différentes unités physiques retenues comme un composant de la scène globale, en l'envisageant comme scène indépendante (uniscène). Elle constituait un premier niveau de détails. Ils devaient alors choisir, pour chacune de ces unités, un cadrage propre. Ce cadrage pouvait être indépendant de celui de la scène globale. Le processus se répétait au fur et à mesure que l'artiste « descendait » dans la hiérarchie des détails de la scène, jusqu'au niveau de l'*unico*[41]. Le dessin égyptien utilisait, pour traduire le réel, une combinaison de cadrages « de profil », « de face », « d'arrière », ou « de dessus ». Il utilisait rarement des cadrages de scène de trois quarts ou de dessous[42]. Comme les constructions graphiques issues de la perspective, ces techniques de représentation du monde

35. Vergnieux 2001 ; Vergnieux 2012.
36. Schäfer 1974 (éd. 1986), p. 173 et fig. 164.
37. Étude plus générale : Vergnieux en préparation.
38. Scène au sens d'unité graphique délimitée dans le registre d'une paroi.
39. Vergnieux 2018, p. 194-195.
40. Brunner-Traut 1974, p. 424.
41. Vergnieux 1999a, p. 95-97.
42. Les vues de trois quarts concernent plus particulièrement des dessins de liaison, dans une même unité graphique, entre une vue de profil et une vue de face, Schäfer 1974 (éd. 1986), p. 306-309 ; Volokhine 2000, p. 36 et fig. 32.

réel en deux dimensions conduisaient inévitablement à des difficultés auxquelles les artistes égyptiens ont été confrontés et qu'ils ont dû résoudre[43]. Sans en faire ici l'étude, nous nous contenterons d'évoquer quelques particularités et difficultés graphiques propres aux scènes nautiques.

2.5. La représentation des navires

Pour représenter un bateau, les dessinateurs égyptiens privilégiaient la coque vue de profil et la voile vue de l'arrière[44]. Ce choix est habituel et commun aux époques et aires culturelles ayant des pratiques de navigation puisque, dessinée ainsi, toute coque est facilement identifiable[45].

Des vues frontales d'embarcations existent toutefois, mais elles concernent des cas très particuliers et rares en Égypte. Il s'agit de représentations datant de la Basse Époque, qui concernent des barques de portage de la statuette de culte[46]. D'autres vues, tout aussi exceptionnelles, consistent à les montrer de dessus, ou de dessous, mais cela concerne des représentations célestes bien éloignées de notre sujet[47]. Pour la totalité du corpus étudié ici, les embarcations sont présentées avec une coque dessinée de profil. Tous les gréements des embarcations du corpus sont à voiles carrées. Elles sont figurées vues de l'arrière, livrant ainsi au spectateur les détails depuis le haut des mâts jusqu'aux vergues fixes. Les manœuvres courantes et dormantes sont matérialisées, de même que les pieux d'amarrage lorsque les bateaux sont à quai.

2.6. La représentation des voies navigables

Les embarcations du corpus étudié ici sont présentées tantôt encore à quai, tantôt en phase d'accostage. Les bateaux sont figurés sur des voies d'eau matérialisées par des zones rectangulaires recouvertes de signes verticaux réguliers en zigzag, symbolisant la surface liquide[48]. La partie immergée de la coque n'est pas figurée par transparence de l'eau et reste cachée au spectateur. Les artistes égyptiens ont une liberté de choix sur la façon de placer la coque d'un navire sur l'eau : elle peut apparaître sur la limite inférieure[49] du dessin de l'eau, ou bien en position médiane[50], voire encore sur le haut de la voie navigable[51]. En l'occurrence, les embarcations du corpus sont toutes montrées posées sur la limite supérieure des voies navigables représentées[52].

43. Quel que soit le mode de représentation choisi, l'absence de la troisième dimension conduit toujours à des difficultés, comme les illusions d'optique pour la méthode perspective.
44. Voir, par exemple, *infra*, p. 32, § 3.7 et fig. 98.
45. Pour les représentations des coques, voir par exemple https://www.marine-antique.net/+-graffiti-.
46. Identification et restitution proposées par TRAUNECKER 1983, p. 339-346, fig. 3 et pl. IIb ; la barque est représentée avec ses barres de portage en frontal. Elle est située sous une niche réelle aménagée dans le mur. L'une provient de la chapelle de Cléopâtre VII à Coptos, l'autre d'une stèle de Nectanébo Ier située dans la partie sud-ouest du mur d'enceinte du temple de Karnak ; il existe également des représentations de barques divines dans la documentation des *talatat* du IXe pylône, mais elles ne seront pas traitées ici ; à ce sujet, voir TRAUNECKER 2018, p. 185-186.
47. Pour les vues de dessous ou de dessus d'un bateau, voir SCHÄFER 1974 (éd. 1986), p. 222 et fig. 234a et b.
48. Voir SCHÄFER 1974 (éd. 1986), p. 238 *sq*.
49. Par exemple, les bateaux sur les reliefs dans la tombe d'Ipouy (TT217, XIXe dynastie, Deir el-Médina).
50. Par exemple, les bateaux sur les reliefs dans la tombe d'Ameneminet (TT277, XVIIIe dynastie).
51. Par exemple, les navires du présent corpus.
52. Par exemple, la représentation de nombreux navires sur les reliefs du temple de Khonsou à Karnak (règne de Hérihor, XXe dynastie) sur le relief de la tombe ramesside N1126 à Deir el-Médina.

2.7. La représentation des interactions et des échelles

Nous avons évoqué plus haut la façon dont les dessinateurs disposaient les unités scéniques tout en respectant les positions respectives entre elles. Par le choix du positionnement, le dessinateur indique les relations physiques existantes entre les unités. Ainsi, les vergues sont bien suspendues au mât. Les balancines aboutissent aux vergues. Les unités graphiques en relation directe les unes avec les autres sont le plus souvent représentées dans des échelles compatibles[53]. De la sorte, un homme tenant un cordage dans une main ne se verra pas affublé d'un bout avec un diamètre excessif, les marins et porteurs peuvent circuler sur le pont sans se heurter la tête contre les vergues, un porteur manipule des jarres aux dimensions réalistes pour lui[54].

Cependant, dans une même scène, un même type d'objet peut se voir attribuer des dimensions très différentes, selon qu'il est en relation ou non avec un personnage[55]. Dans la tombe de Houy, par exemple, un personnage décharge un navire en portant sur l'épaule une jarre aux dimensions compatibles avec les siennes, mais des jarres identiques sont posées sur le pont du navire, représentées à une toute autre échelle.

2.8. La représentation des actions

Pour évoquer une action dans une scène, les artistes égyptiens ont très tôt mis au point une technique qui consiste à dessiner différents personnages pour illustrer les moments-clés d'une action dans une même scène. Le pharaon Amenhotep IV-Akhénaton face à lui-même sous les rayons d'Aton en fournit un exemple original[56]. Le roi est montré dans deux étapes de l'action consistant à faire une fumigation. Les gestes rituels en question sont assumés par deux personnages distincts, pourtant rigoureusement identiques : le roi[57]. Dans les scènes d'apport des offrandes, un cas d'école issu des parois des temples d'Aton montre comment l'artiste a décomposé les moments-clés d'une action à travers les quatre représentations du même personnage (fig. 3)[58]. De droite à gauche, sur la même *talatat*, le porteur dégage la pointe de la jarre du creux de l'épaule puis il prend la jarre par les anses, la fait passer devant lui à hauteur de poitrine pour la poser à ses pieds. Un principe identique a été utilisé dans la scène A0059 pour la phase d'amarrage[59].

Fig. 3. Méthode de dessin pour montrer les étapes d'une action continue, réparties sur quatre figurations distinctes d'un même personnage : ici, comment déposer une jarre.

53. Les éléments juxtaposés et en contact sont en principe proportionnés entre eux, voir Baud 1978, p. 15.
54. Ces rapports d'échelle peuvent ne pas être respectés pour des unités graphiques qui ne sont pas en relation physique directe. Voir, à ce sujet, Vergnieux 2018, p. 193-194.
55. Voir Schäfer 1974 (éd. 1986), p. 230 *sq.*
56. Par exemple Chappaz 1983, p. 39.
57. Frédéric Servajean (Servajean 2016) a bien montré, à propos des parois de l'expédition au pays de Pount à Deir el-Bahari, la double information, diachronique et synchronique, contenue dans les scènes et l'intérêt que cette approche présente pour la compréhension des reliefs égyptiens.
58. *Tal.* 27-112 [24886] ; 27-357A [25126].
59. Voir *infra*, § 6.4, p. 76.

2.9. La représentation du pavois

Les ponts des navires, posés sur les baux, sont situés plus bas que la limite supérieure de la coque[60]. La partie de la muraille qui dépasse du pont supérieur constitue le pavois. Tenir compte, dans le dessin, de la présence du pavois oblige à masquer la partie basse des personnages se déplaçant sur le pont, de la cabine ou de la cage. Dans la réalité physique, les navires égyptiens disposaient d'un pavois[61], mais les artistes ont éludé graphiquement sa présence dans presque toutes les représentations étudiées ici. En fait, ils ont réalisé graphiquement ce qu'Alexander Badawy a appelé un « échelonnement » vers le haut[62]. La cabine, la cage et les personnages sont décalés vers le haut à la limite de la partie supérieure de la coque. Tout se passe comme si le pont était à cette hauteur. Un choix différent a été opéré dans une scène de la tombe de May. Les personnages se déplacent sur un plancher positionné sur les baux[63]. Leurs pieds sont alors masqués par le pavois (fig. 6)[64]. La scène de l'assemblage A0053, est la seule du corpus où les dessinateurs ont également figuré un pavois masquant les pieds d'un porteur de volailles. Le pavois est alors matérialisé par une bande rouge (fig. 31 et couverture). Ce double traitement montre que les artistes égyptiens étaient amenés à faire des choix différents pour des situations semblables. Nous pensons qu'ils privilégiaient toujours la solution la plus adaptée pour lever toute ambiguïté de compréhension. En tout état de cause, à chaque fois que des solutions différentes se révèlent pour une même situation graphique, il en ressort une meilleure compréhension de l'objet représenté[65], ainsi qu'une meilleure connaissance des techniques du dessin égyptien.

2.10. Les représentations des liaisons effectuées entre les berges et les navires

Nous avons vu que les navires du corpus sont tous figurés avec la coque posée sur la partie supérieure des surfaces d'eau. Lorsque la scène ne prévoit pas de faire figurer un déchargement, les pieux d'amarrage du navire sont alors plantés directement à la partie supérieure de la surface navigable, considérée à son tour comme une berge (voir fig. 8). Dans le cas d'un déchargement en revanche, les artistes égyptiens se trouvaient confrontés à une difficulté graphique qu'ils devaient régler. En effet, le dessin de la coque parallèle à la berge complique la façon de positionner la passerelle volante dans la scène. Le navire étant placé sur la partie haute de la voie d'eau, toute action de débarquement sur la berge supérieure est masquée au spectateur par la présence de la coque du bateau (fig. 4).

60. Boreux 1925, p. 332 et n. 3-4.
61. *ḥrỉt, ḥryt*. Voir Boreux 1925, p. 134, 244 ; Jones 1988, p. 177, III.110 ; Vinson 1997, p. 156-162. Pour les représentations du pavois datant de l'Ancien Empire, voir Rogers 1996, p. 145.
62. Pour une description de la méthode de l'échelonnement, voir Badawy 1948, p. 272.
63. Davies 1903, pl. XXIX.
64. Voir, par exemple, le relief dans la tombe d'Houy (règne de Toutânkhamon) avec les personnages et un chien sur le pont qui sont à moitié cachés par le pavois. Voir Landström 1970, p. 134, fig. 391.
65. Sur le sanctuaire du temple d'Aton, voir Vergnieux 2018, p. 196, fig. 1-2.

© O. Erhard, R. Vergnieux, A. Belov

Fig. 4. Schéma illustrant la difficulté de faire figurer le déchargement d'un navire côté quai (modèle 3D d'étude).

© R. Vergnieux

Fig. 5. Schéma fait à partir de l'assemblage A0052, montrant l'ajout d'une ligne de sol pour recevoir la passerelle volante et les pieux d'amarrage.

Il arrive de voir représenter un personnage se déplaçant directement sur la limite supérieure de la surface de l'eau, mais ce n'est pas très courant dans l'iconographie égyptienne. Dans le présent corpus, les dessinateurs ont préféré figurer systématiquement la passerelle du côté visible pour le spectateur (fig. 5). Elle aboutit sur une ligne de sol complémentaire, parallèle à la surface de l'eau. Les porteurs sont alors visibles, car ils peuvent être dessinés en avant de la coque du bateau. Ils empruntent la ligne de sol ajoutée pour décharger la cargaison[66]. Lorsque cette ligne de sol est tracée, les pieux d'amarrage y sont plantés, au lieu de l'être dans la partie supérieure du plan d'eau. Le sol ajouté doit donc être interprété comme une représentation de la berge[67].

La position de la ligne de sol au-dessus de la berge n'est qu'une solution graphique qui permet de faire passer « en avant-plan », plutôt qu'à l'arrière du navire, le cheminement des porteurs.

Lorsque plusieurs navires sont à quai, la passerelle peut être placée en avant du plan d'eau comme dans une paroi de la tombe de Méryrê (fig. 6)[68]. Il s'agit d'embarcations, voisines les unes des autres, avec passerelles et amarres installées. Les passerelles font la liaison entre les différents ponts des navires et la berge. Si les embarcations étaient toutes placées côte à côte, parallèlement au quai, alors le navire le plus éloigné du quai ne pourrait pas recevoir de passerelle le reliant directement à la berge. Or le dessin est précis, chaque

Fig. 6. Flottille amarrée frontalement au quai (d'après Davies 1903, pl. XXIX, détail).

66. Sur les lignes de sol et lignes de base, voir Schäfer 1974 (éd. 1986), p. 163.
67. Autre exemple du corpus : la paroi A0061 avec les pieux d'amarrage fixés sur une ligne de sol ajoutée.
68. Davies 1903, pl. XXV et XXIX.

navire en est pourvu. Nous sommes obligés de déduire que les navires sont, pour l'auteur de la vue, accostés frontalement au quai, alignés avec la proue face au rivage[69]. C'est là le seul dispositif réel compatible avec le dessin. L'interruption de la surface navigable à gauche permet d'exécuter le dessin de la première passerelle sans lui faire franchir graphiquement le plan d'eau. Nous voyons dans ce détail un élément supplémentaire pour aider le spectateur à identifier une flottille amarrée frontalement au quai.

Dans l'iconographie égyptienne, les passerelles sont dessinées de profil, inclinées depuis le pont du navire jusqu'au sol de la berge. Ce choix facilite la mise en page du trajet des porteurs qui chargent ou déchargent les navires. Dans le monde réel, les passerelles sont placées perpendiculaires au pavois pour une plus grande stabilité et une distance à franchir réduite entre le pont et la berge.

À notre connaissance, il n'existe pas de représentation égyptienne d'une passerelle dessinée de face, orientée verticalement[70]. La phase d'installation d'une passerelle est représentée dès l'Ancien Empire, durant la VIe dynastie, sur les reliefs de la tombe de Pépiânkh à Meir[71]. Des parallèles datant de la XVIIIe dynastie existent, comme dans la tombe de Houy, datant du règne de Toutânkhamon[72], et celle d'un dignitaire inconnu à Memphis[73].

Une scène de l'époque d'Hatchepsout présente un dispositif semblable à celui figuré dans la tombe de Méryrê (fig. 7). Deux navires sont amarrés de façon frontale au quai et sont chargés par la proue. Les porteurs empruntent des passerelles. Le choix graphique conduit ici à faire figurer les porteurs en avant du plan d'eau. Il n'a pas été décidé de faire figurer une ligne de sol supplémentaire pour la berge. Sans reprendre ici le problème de l'identification du Pays de Pount, auquel cette scène fait référence, la figuration d'une raie Manta à proximité des navires suggère que cette scène pourrait se dérouler sur les bords de la mer Rouge. Cela nous conduit à envisager les accès côtiers de la mer Rouge, qui sont parsemés d'anses peu profondes et protégés par des récifs coralliens.

Les navires ne pouvant pas franchir les barrières de récifs coralliens, les passerelles sont souvent « les pieds dans l'eau » pour donner accès au lagon depuis les navires. Sans véritable aménagement portuaire, il y a l'obligation d'effectuer une rupture de charge entre la côte et les navires. Cette particularité a déjà été signalée par F. Servajean dans un article sur les navires d'Hatchepsout, article dans lequel il interprète la position « les pieds dans l'eau » pour les passerelles comme la traduction visuelle de cette particularité des traits de côte de la mer Rouge[74].

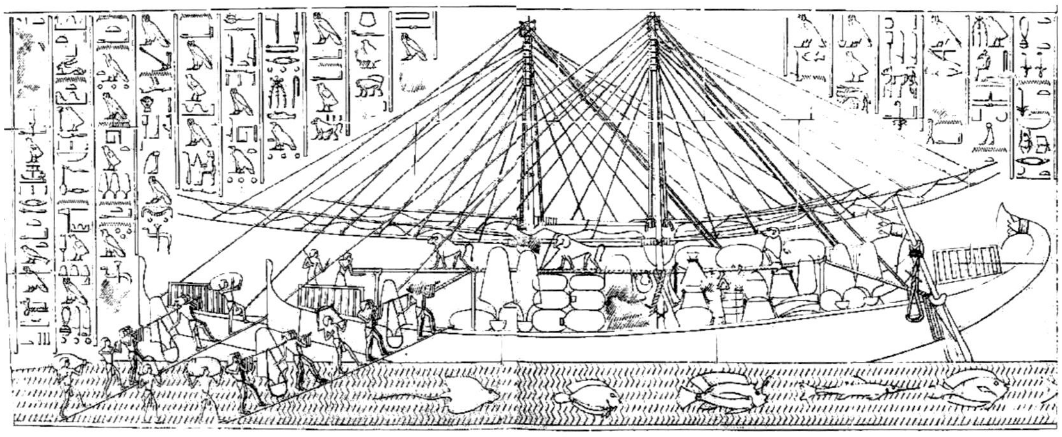

Fig. 7. Deux navires amarrés perpendiculairement au quai (d'après Naville 1898, pl. LXXIV).

69. Il existe un parallèle dans la TT162, voir DAVIES, FAULKNER 1947, pl. VIII où se trouve une rupture du canal.
70. Dans la tombe de Pahery à Elkab (règne de Thoutmosis III), DOYLE 1998, p. 229 et 232, fig. 8-17 signale une passerelle montrée de face, cependant elle est inclinée depuis le pont vers la berge, comme dans nos exemples. Les traits gravés sur la passerelle restent difficiles à interpréter car ils ne s'accordent pas avec les positions des pieds des porteurs. Les marques peuvent correspondre à des marches (vues de face) ou bien à des renforts (vus de profil) de la passerelle pour supporter le poids des porteurs de l'opération de chargement.
71. DOYLE 1998, p. 234 et fig. 6-34. L'inscription près d'un matelot sur la berge dit : « Je sécurise cette passerelle. »
72. GARDINER 1926.
73. DOYLE 1998, p. 234 et fig. 5-4.
74. SERVAJEAN 2016, p. 210.

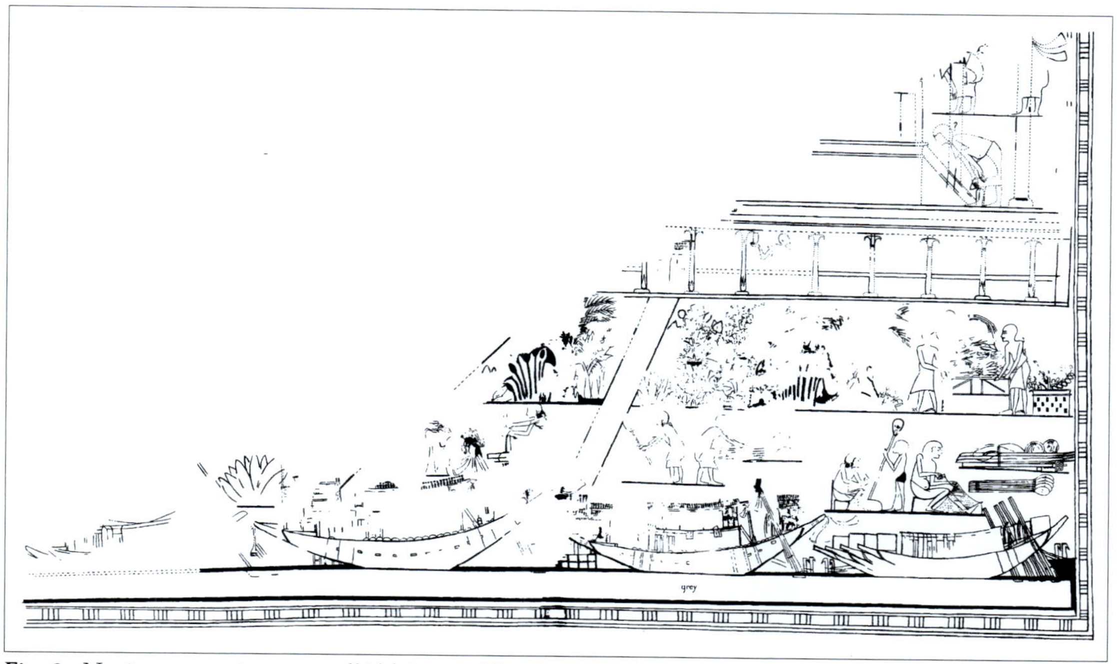

Fig. 8. Navires accostés au port d'Akhétaton (d'après Davies 1908, pl. V).

Un autre exemple provenant d'une paroi de la tombe de May présente une vue très originale du port fluvial d'Amarna. Le port est figuré sans pour autant qu'il y ait la moindre activité de déchargement en cours. Les navires sont amarrés à quai. Les gréements sont entreposés à terre, où quelques personnels sont engagés dans des activités d'entretien. Sur la gauche se trouvent deux bateaux royaux reconnaissables grâce aux décors des cabines et aux figures royales placées sur les gouvernails. D'autres navires plus à droite sont amarrés, côte à côte, au quai (fig. 8).

La position des amarres situées de part et d'autre des quatre coques des navires de droite permet de penser qu'ils ne sont pas accostés frontalement. Ils sont placés parallèlement à la berge et collés les uns aux autres. Ils sont sans doute reliés entre eux par des cordages dont on croit percevoir la présence aux extrémités avant et arrière des coques. Le dessinateur a légèrement décalé latéralement les embarcations les unes par rapport aux autres pour les rendre visuellement intelligibles, selon la technique graphique d'échelonnement que nous avons déjà rencontrée[75].

L'amarrage situé à l'extrémité droite de la scène est composé de deux pieux plantés dans une berge surélevée par rapport à celle de gauche (fig. 9). Ce détail, inhabituel dans les scènes égyptiennes, d'une différence de hauteur invite à supposer que les artistes ont ici représenté une situation particulière[76].

Fig. 9. Navires accostés au port d'Akhétaton (d'après Davies 1908, pl. V, détail).

75. Voir *supra*, p. 15, fig. 6.
76. Sur les doubles amarres, voir *infra*, p. 28, § 3.1.

Les berges du Nil présentent couramment un dénivelé pouvant atteindre plusieurs mètres entre le niveau du sol de la vallée et le niveau des eaux de navigation. L'aménagement du port d'Amarna a sans doute bénéficié d'un décaissement pour abaisser la hauteur des berges au niveau de l'eau et faciliter l'accès aux navires. Peut-être faut-il voir dans la présence des pieux d'amarrage, sur la droite, la figuration de l'extrémité sud du port d'Amarna, zone au-delà de laquelle la berge du Nil n'a pas été décaissée. La différence de niveau constatée par la position des amarres est soulignée par la présence d'un chemin « oblique » visible au centre de la scène. Il dessert des terrasses intermédiaires et met en relation le fleuve et la ville (fig. 8). Cette scène traduit une utilisation rarissime en Égypte ancienne d'un cadrage vu de trois quarts pour représenter un paysage[77].

2.11. Le « relief dans le creux »

Toutes les scènes du corpus sont gravées en « relief dans le creux[78] ». Cela présente un intérêt particulier pour l'étude des embarcations. En effet, lorsque deux éléments gravés distincts se superposent, ils ne peuvent plus être tous deux en « relief dans le creux ». L'élément placé au premier plan est alors traité en saillie en avant de l'arrière-plan (fig. 10). Dans le cadre des dessins de bateaux, un cordage est gravé en « relief » s'il passe devant une voile ou une vergue par exemple. À l'inverse, un cordage est gravé en « relief dans le creux » s'il n'y a pas d'éléments en arrière-plan. De même, un marin situé devant une voile apparaît gravé en « relief ». Ce procédé utilisé avec rigueur aboutit parfois à des réalisations étonnantes. Un marin peut avoir les jambes traitées en « relief dans le creux » alors que son buste, situé devant la voile, sera traité en « relief[79] ». En fait, c'est avec une grande précision que ces détails sont gravés en fonction de chevauchements réels.

Fig. 10. Détail *tal.* 28-200, A053[3,1] : le corps du personnage est gravé en « relief dans le creux », mais la tête, les bras et la panière sont gravés en « relief », car ils sont situés dans le premier plan, en avant de la coque du bateau. Le haut du panier est gravé en « relief dans le creux », car il n'y a plus de coque en arrière-plan.

77. A. Badawy avait déjà identifié cette scène comme l'un des rares exemples d'utilisation de la perspective : Badawy 1948, p. 277-278 (i).
78. Sur l'usage du relief dans le creux pour les *talatat*, voir Vergnieux 1999a, p. 38.
79. Vergnieux 1999a, p. 38 et fig. 20.

L'analyse de ces superpositions aide fortement à la compréhension des gréements. Afin de saisir l'organisation des volumes figurés dans le dessin égyptien, l'identification des zones en relief est souvent suffisante pour une bonne interprétation. À de rares occasions, lorsque les motifs deviennent trop denses, l'alternance de gravure en « relief » sur une gravure en « relief dans le creux » pour les premiers plans peut être abandonnée par les graveurs. C'est le cas pour les croisements de balancines, trop nombreux, qui rendent les superpositions de plans techniquement plus traduisibles dans la paroi. Lorsqu'elles se croisent, les balancines sont alors, simplement, toutes gravées en creux (voir assemblage A0114 ; fig. 85)[80].

La pose de la couleur sur les reliefs dans le creux soulève la question de la limite du dessin. Le modelé du relief dans le creux se fait à partir du fond des sillons. La couleur des personnages et des objets couvre le versant gravé entre l'aplat de la paroi et le fond du sillon (fig. 11). Cela oblige à interpréter le fond du sillon comme une simple trace technique et non pas comme un trait signifiant du dessin. Les dessins au trait des planches de la publication ont été réalisés en choisissant de marquer le bord extérieur des reliefs dans le creux et non pas le fond des sillons. Les tracés sont ici d'un pixel d'épaisseur. Les tracés des gravures en relief sur les gravures en creux sont à 0,5 pixel d'épaisseur et il en va de même pour les rehauts en peintures.

Fig. 11. Détail de *tal.* 1926 : présence de couleur sur les versants extérieurs des sillons de fond de la gravure ; ocre pour le corps, bleu pour l'éventail.

80. Un phénomène semblable est constaté pour les rayons solaires du dieu Aton ; par exemple, Vergnieux 1999a, pl. XLIX [A0013] : les rayons de la scène ornementale de droite sont gravés en relief dans le creux en franchissant les offrandes présentées par le roi, alors qu'ils devraient être en relief, comme le sont les rayons de gauche lorsqu'ils franchissent la table d'offrande située entre les deux images du roi. La trop grande densité des rayons à droite rendait la gravure en relief techniquement impossible. L'étroitesse du dessin ne laisse pas la place suffisante pour exécuter la gravure.

PARTIE II

LES SCÈNES NAVALES SUR LES PAROIS DES TEMPLES D'ATON À KARNAK

3

Un navire de transport type

Référence : A0052[1] (fig. 12-16).
Thème : la scène représente un bateau amarré, voile ferlée, le long de la berge.
Action : déchargement du navire par les porteurs.
Cargaison : amphores à vin, vases de petites dimensions.
Commentaire archéologique :

Les 38 *talatat* de l'assemblage A0052 ont été retrouvées dans les couches 27, 28 et 29 du IXe pylône de Karnak (fig. 12 et 13). Elles étaient réparties en plusieurs vagues de dépôt[2].

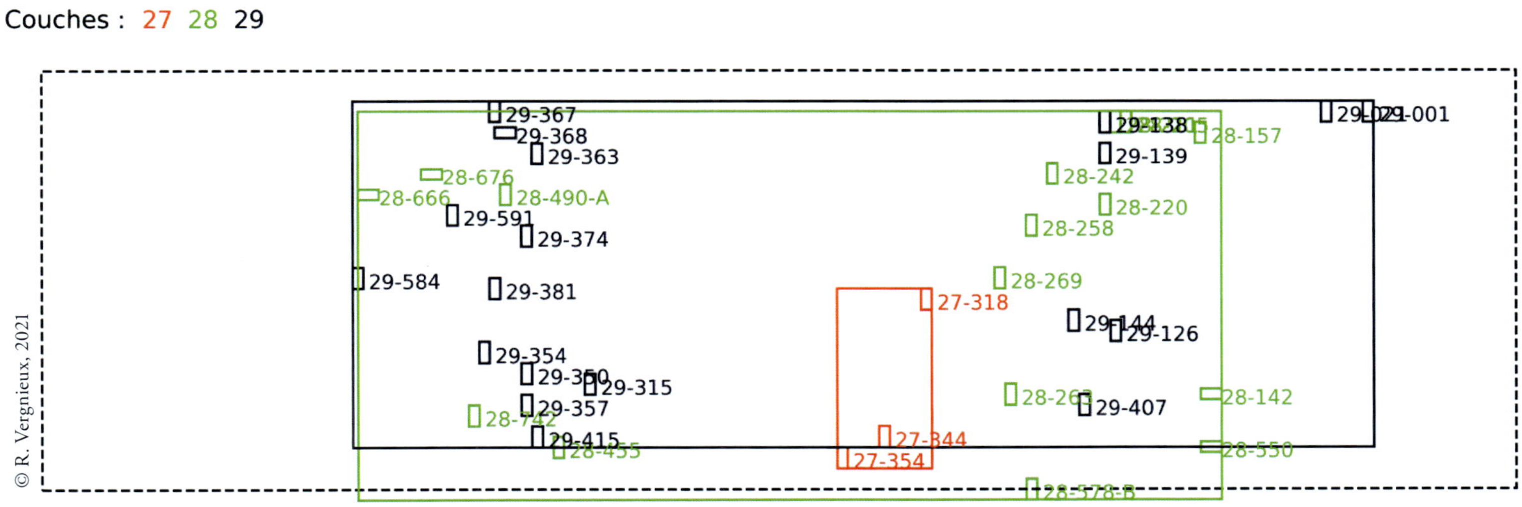

Fig. 12. Dispersion de l'assemblage A0052 dans les couches du IXe pylône de Karnak.

1. Vergnieux 1999a, p. 145-146 ; Vergnieux 1999b, pl. 77.
2. Sur l'aspect méthodologique de l'étude des dispersions, voir Vergnieux 1999a, p. 112-114 et Vergnieux 2024 , p. 391-398.

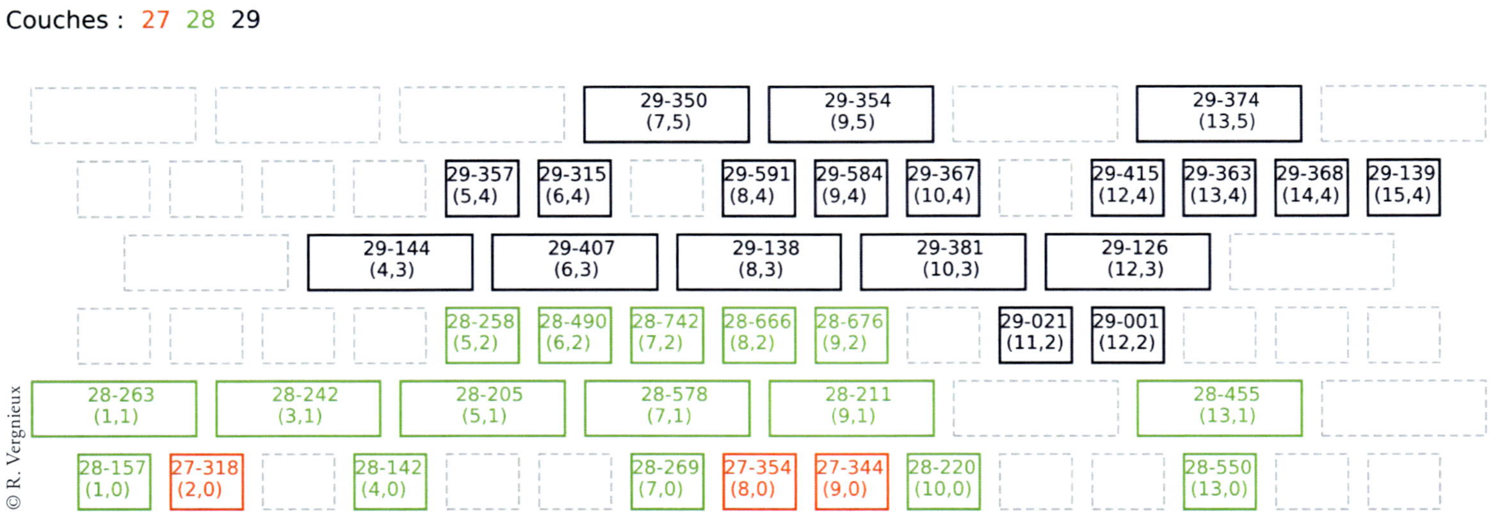

Fig. 13. Disposition des *talatat* dans l'assemblage A0052.

Comme dans la majorité des assemblages, les blocs placés à la partie supérieure des murs d'origine sont parvenus en premier dans les couches du pylône, alors que ceux présents dans le bas du mur d'origine sont déposés en dernier. L'assemblage proprement dit ne présente pas de problème majeur. La seule difficulté réside dans le positionnement des fragments de la coque au niveau de la ligne de flottaison. En effet, les *talatat* sont presque toutes interchangeables et semblent parfois pouvoir entrer dans plusieurs assemblages. Une étude très précise de comparaison des hauteurs de la ligne de flottaison croisée avec l'analyse de la dispersion des blocs en fonction de la dispersion de l'assemblage contribue à mieux identifier les blocs compatibles. Enfin, lorsque la couleur de la coque est conservée et contrôlée visuellement dans les réserves, nous pouvons alors répartir les *talatat* avec plus de sûreté entre les différents assemblages[3]. Pour autant, l'opération reste délicate car, nous le verrons plus loin, les coques des navires étudiés ici présentent des variations de couleur pour une même coque, depuis la proue jusqu'à la poupe. En résumé, les positions des blocs de jonction entre la coque et le canal peuvent évoluer dans le temps, mais le reste de l'assemblage est bien établi.

Par rapport à la première édition (1999), quelques nouvelles *talatat* viennent compléter le registre des porteurs en haut à droite. La répartition des blocs à la base de la coque a été modifiée.

3. Les photographies de *talatat* ont été réalisées par le CFEETK en noir et blanc, voir Vergnieux 1999a, p. 50-51.

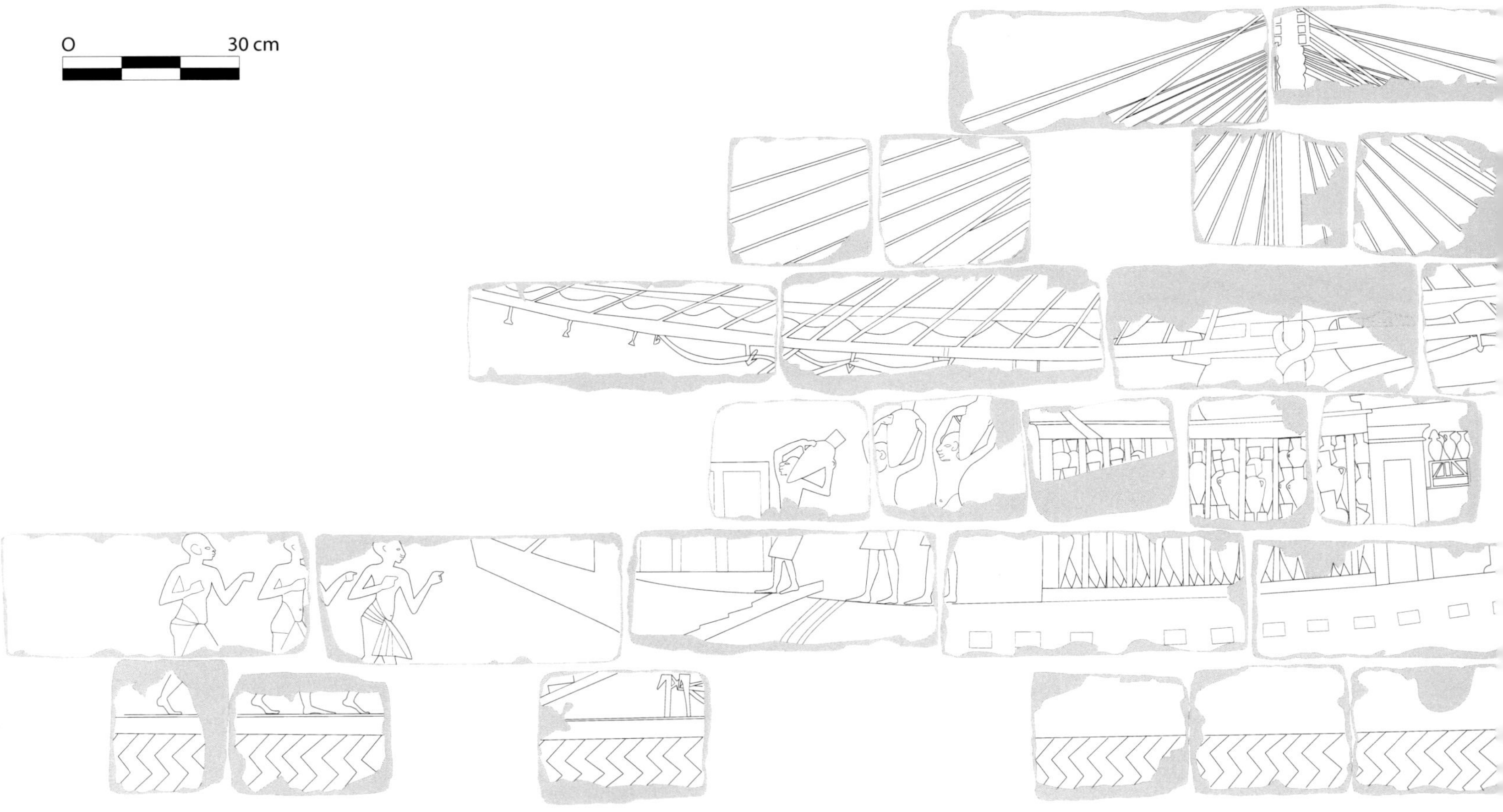

Fig. 14. A0052 – déchargement d'un voilier (fac-similé)

Fig. 15. A0052 – déchargement d'un voilier (photo).

Fig. 16. A0052 – maquette numérique (modèle 3D d'étude).

3.1. Les amarres

Le navire est relié à la berge par deux paires d'amarres placées à chacune des extrémités du bateau (*nyn, sšd/wsrt, ḥꜣtt* – amarres de la proue/*pḥwt, pḥwyt* – amarres de la poupe)[4]. Les quatre sont maintenues par des pieux d'amarrage (*mnît, nʿyt*)[5]. Les types de pieux sont unciformes et propres aux époques amarnienne et postamarnienne[6]. La présence d'amarres parallèles, associées par deux, est systématique dans le présent corpus. Les techniques modernes d'amarrage recommandent la présence de 4 à 6 amarres pour des navires de ce tonnage[7]. Cependant, les pratiques contemporaines recommanderaient plutôt de placer les amarres dans des directions complémentaires pour une meilleure efficacité. Les amarres doubles interpellent. Est-ce que les amarres sont dupliquées simplement pour une meilleure sécurité ? Peut-être que ce procédé était utile pour diviser les forces s'appliquant sur les amarres entre le navire et le quai. Les Égyptiens utilisaient des pieux aux dimensions assez conséquentes (voir fig. 66).

3.2. La coque

Le bateau est ponté et possède une coque en forme de « cuillère[8] ». Le volume de la cargaison transportée et le grand nombre de balancines et de baux transversaux témoignent de l'appartenance du bateau ici représenté à la classe des grands voiliers de charge.

La distribution des baux très régulière permet d'en estimer le nombre minimal, qui devait être de 24 pour la construction d'un tel bateau[9]. C'est un nombre très important si on le compare avec les 17 baux des bateaux de mer de l'expédition au Pays de Pount de la reine Hatchepsout et les 22 baux de bateaux transporteurs des obélisques de la même reine[10]. Les bateaux de charge possèdent 15 baux chacun[11] dans une représentation provenant d'Amarna (fig. 17) et une vingtaine se laissent deviner pour un bateau royal dans une autre scène[12] (fig. 8).

Le pont du bateau était physiquement posé sur les baux transversaux. La partie de la coque située au-dessus des baux correspond au pavois (ou muraille) du bateau (*ḥrît, ḥryt*)[13]. Afin d'estimer approximativement la hauteur du pavois, comprise entre le dessus des baux et la limite supérieure de la muraille, le rapport entre la dimension des jarres et celle des personnages figurés peut être utile. La proximité graphique des porteurs de jarres et des baux donne à penser que tous ces éléments sont proportionnels entre eux[14]. La relation physique est cohérente entre les jarres et les porteurs et il est possible d'admettre que la dimension du pavois l'était pareillement. Il ferait alors une trentaine de centimètres en hauteur, comparée à celle, standard, d'une jarre.

4. Jones 1988, p. 160, n. 38 ; p. 174, n. 98 ; p. 164, n. 54 ; p. 170, n. 82 ; p. 188, n. 153.
5. Jones 1988, p. 198, n. 4 ; p. 199, n. 8.
6. Doyle 1998, p. 220-222, fig. 8-6.
7. Pour l'estimation des tonnages, voir *infra*, partie III.13, p. 127.
8. Expression utilisée envers les bateaux représentés dans la tombe d'Amenemhat I et la maquette de la tombe de Toutânkhamon : « *The hull is in the form of a prolonged spoon* » (Landström 1970, p. 98).
9. Nombre obtenu par extrapolation des baux non figurés, mais forcément présents pour maintenir la coque (voir la section sur le modèle 3D pour plus de détails). Certains blocs ont conservé leur couleur d'origine qui témoigne que la figuration des baux aux extrémités des navires pouvait disparaître au profit du décor peint de la coque (*tal.* 28-200).
10. Il est à noter pourtant qu'il y avait trois rangées des baux dans cette construction très particulière. La remorque la mieux préservée sur cette représentation démontre 14 baux, mais on peut en supposer 18. Voir Bell 1934 ; Landström 1970 ; Servajean 2016 ; Sleeswyk 1987 ; Sölver 1943.
11. Davies 1927, pl. 29.
12. Le bateau au centre de la représentation. Davies 1908, pl. 5.
13. Jones 1988, p. 177, n. 110 ; Vinson 1997. L'espace sous les baux appartenait à la cale (*ḥt*) de bateau.
14. Sur les échelles relatives, voir § 2.7 (première partie de l'ouvrage).

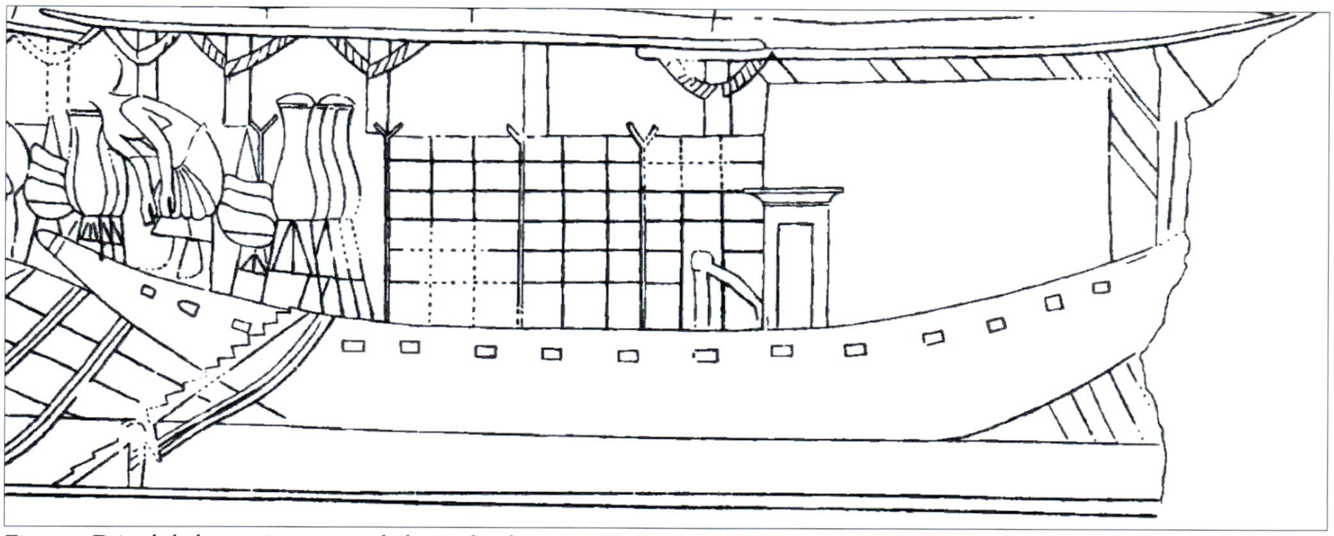

Fig. 17. Détail de la représentation de la tombe de Méryrê à Amarna (d'après Davies 1903, pl. 29)

Comme nous l'avons vu dans l'introduction, les artistes ont ici choisi de représenter les porteurs se déplaçant à hauteur du plat-bord (*sʿꜣ*, *spty* [?])[15]. La présence visible de la base de la colonnette située à droite de la porte centrale, ainsi que la largeur égale des poutres basses et hautes de la cage confirment le choix de l'artiste de placer le niveau du pont à hauteur du plat-bord (*dḫnt* [?][16]). Ce procédé est assez courant dans le graphisme égyptien, il consiste en un échelonnement des objets qui, sans cela, se superposeraient dans la profondeur du dessin[17]. Il est à noter que l'échelonnement du pont par rapport au pavois n'est pas systématiquement utilisé dans les scènes de navigation[18]. Les extrémités des amarres, sans doute présentes sur le pont, n'ont pas été montrées et on doit les envisager comme « retombant » en arrière du pavois[19].

3.3. Le gaillard d'avant

Un gaillard est placé en avant du bateau. Il s'agit probablement d'une construction en bois[20] composée de cinq poteaux latéraux (fig. 18). Sa hauteur est inférieure à celle de la grande cabine. Il ne contient pas de cargaison, car le gaillard est un endroit réservé aux opérations de navigation. C'est la place du *proreutes* – « l'homme de l'avant » (*ỉry ḥꜣ.t*)[21]. Le dessin ne permet pas de comprendre si le plancher du gaillard débordait de la muraille en surplombant légèrement l'eau ou s'il était limité à la largeur du navire à cet endroit. Cependant, pour un observateur égyptien, la connaissance de ce type d'embarcation devait lui permettre de restituer sans encombre la volumétrie exacte à partir du seul dessin.

Fig. 18. Proposition de restitution du gaillard d'avant de l'assemblage A0052 (modèle 3D d'étude).

15. Jones 1988, p. 183, n. 134; p. 184, n. 138: « *gunwale, thole-board* ».
16. Jones 1988, p. 195, n. 186.
17. Il s'agit ici d'un échelonnement vertical. Sur ce procédé, voir l'introduction p. XX et Badawy 1948, p. 272.
18. Voir, par exemple, Davies 1927, pl. XXIX, où les pieds des personnages situés à la proue des navires sont cachés par le pavois.
19. Elles devaient être étalées dans les pièces d'accastillage du type biton ou taquet derrière la muraille.
20. Voir Landström 1970, p. 101: « *timber construction* ».
21. Voir, e.g., les représentations des bateaux de l'expédition au pays de Pount de la reine Hatchepsout et celles de la tombe de Sennefer (TT96) à Thèbes (règne d'Amenhotep II, XVIIIe dynastie, 1427-1400 av. J.-C.). Le *proreutes* était un officier occupant une position intermédiaire entre le capitaine et l'équipage, dont la mission principale était non seulement l'observation, mais aussi les sondages de profondeur lors de la navigation. Voir Fabre 2005, p. 148-149.

3.4. Les superstructures[22]

Quatre termes égyptiens désignent des cabines de pont, sans que nous sachions exactement à quoi ils correspondaient (*ꜥfdt, šnꜥw, ṯꜣrt, snty*)[23]. Les cabines occupent ici à elles seules environ la moitié de la longueur du pont. Elles se divisent en deux parties d'égale longueur, mais de hauteurs différentes[24].

Cette configuration se retrouve sur plusieurs bateaux de charge de notre série (A0056; A0061)[25]. Il faut noter aussi un arrangement très semblable (cage, cabine et grande porte latérale) dans une représentation de la tombe de Méryrê à Amarna (fig. 17).

La partie avant des cabines centrales consiste en une cage couronnée par toiture à forte poutraison. Elle est soutenue sur la partie visible par onze poteaux fichés dans une poutre placée sur le pont et formant la base de la cage (fig. 19). Les poteaux laissent entrevoir une cargaison d'amphores, toutes d'un même type[26] et placées en position verticale. Elles occupent tout l'espace disponible. Elles semblent constituer la cargaison principale du navire, tandis que les compartiments situés à l'arrière contiennent des vases de types différents et de petites tailles (A0052 29-381[10,3][27]).

© O. Erhard, R. Vergnieux, A. Belov

Fig. 19. Proposition de restitution des superstructures de pont de l'assemblage A0052 (modèle 3D d'étude).

3.5. La cabine

La cabine, plus haute, communique avec le pont à l'aide de deux portes au moins, qui sont figurées[28]. La porte centrale (*rꜣ-ỉwꜣ* [*n wỉꜣ*], *sbꜣ* [?])[29] est très grande, ce qui devait faciliter les phases de chargement/déchargement. La toiture de cette partie repose d'un côté sur la poutraison de la cage, de l'autre sur un

22. Les superstructures désignent ici des constructions situées sur le pont d'un navire.
23. Jones 1988, p. 156, n. 22; p. 189, n. 160; p. 193, n. 179; p. 186, n. 147.
24. Les lignes du dessin ne laissent aucun doute sur le fait que nous sommes en présence de la soudure de deux vues et que l'intérieur de la cabine est présenté en plan. Bien que les cabines à l'étage soient attestées par l'iconographie, il s'agit toujours de bateaux de voyage royaux (cf. les reliefs du temple de Khonsou, règne de Hérihor, XXe dynastie, à Karnak) et deux maquettes provenant de la tombe de Toutânkhamon (voir Landström 1970, p. 108-109, fig. 336). De plus, le deuxième niveau a probablement été utilisé exclusivement pour le stockage des affaires (Landström 1970, p. 109).
25. Peut-être s'agit-il d'une cage pouvant recevoir indistinctement des animaux ou des amphores.
26. Voir *infra*, p. 159, fig. 142.
27. Voir *infra*, p. 147, partie IV.
28. L'interprétation des détails de la construction de la cabine est limitée par la nature de notre matériel. De nouvelles informations importantes ont été récemment publiées sur la construction de la cabine du deuxième bateau de Chéops. Voir Kashiwagi, Yamada 2017.
29. Jones 1988, p. 173, n. 94, « *cabin entrance* »; p. 184, n. 136, « *door of cabin/deckhouse(?)* ».

couloir (fig. 20, n° 2) et deux petites salles auxquelles il conduit (fig. 20, nos 3-4). La colonnette visible en partie centrale jouait un rôle important dans la structure de la cabine. En plus du poids de la toiture, il fallait également prendre en compte le poids des membres de l'équipage qui devaient y monter pour s'occuper du gréement. Cet usage est bien attesté par la présence de l'escalier situé à la poupe et qui permet d'accéder au toit depuis le pont. On trouve de nombreux parallèles d'un tel escalier dans les représentations de bateaux du Nouvel Empire[30].

Fig. 20. Restitution des espaces de la grande cabine du bateau A0052 : hypothèse retenue (modèle 3D d'étude).

La toiture unique qui s'étend de l'escalier à la cage suit la courbure du pont. La grande porte donne accès au « salon » de la cabine (fig. 20, n° 1). De l'autre côté, une seconde porte permettait sans doute d'accéder au couloir desservant les compartiments nos 3 et 4 (son dessin devait occuper la partie manquante en A0052[10,2]). Les deux compartiments sont accessibles depuis le couloir, par deux portes distinctes (visibles sur tal. 29-021 : A0052[11,2]). Le couloir se termine quant à lui par la porte orientée vers la poupe (dont le dessin est visible sur le même fragment). Cette porte est très fonctionnelle, puisqu'elle relie la cabine avec le poste du timonier et permet d'accéder à l'escalier menant à la toiture (accès au gréement).

Les compartiments (fig. 20, nos 3-4) côté tribord (registre supérieur) sont remplis de vases soigneusement rangés, qui constituent la cargaison secondaire du navire. On ne manquera pas de noter sur le registre du haut, dans la pièce à colonne, à droite de la grande porte, un dressoir à vases de type *wdḥw*[31]. Pour conclure avec ce secteur, il y a quatre portes représentées qui appartiennent à la superstructure, mais sans doute étaient-elles au nombre de six[32].

3.6. Le mât

Le mât (*ḫt-ṯ3w*, *ʿḥʿ* [?])[33] est situé au milieu de la coque. La cabine est divisée par le mât en parties inégales, dont un tiers environ se trouve à l'avant. Le sommet du mât est doté d'un cadre (A0052, tal. 29-354[9,5])[34] (*ỉrwt*)[35], avec six[36] ouvertures rectangulaires. Elles se répartissent de bas en haut avec les deux cases du bas pour le passage de deux drisses (*ỉbw*, *ỉbwy*, *ỉbbw*)[37] de la vergue (*sgrgw*)[38] volante. Deux cases sont inutilisées. Enfin, les quatre balancines de la vergue volante, celles qui le supportaient dans sa position hissée, passaient par les quatre ouvertures rectangulaires du haut. La représentation déjà citée des bateaux dans la tombe de Méryrê à Amarna (fig. 8) montre neuf ouvertures rectangulaires dans le cadre du mât. Cependant, la rangée

30. Jones 1995, p. 50-51. Par ex., la maquette de la tombe de Toutânkhamon (1336-1327 av. J.-C.) au Musée égyptien du Caire, JE 61239 ; représentation de la tombe du vice-roi de Koush Houy (TT40, datée de la fin de la XVIIIe dynastie – règne de Toutânkhamon), voir Gardiner 1926, pl. 31.
31. Pour l'étude sur les vases, on se reportera à la partie qui leur est consacrée, *infra*, p. 147.
32. Seulement deux portes sont dessinées sur les cabines des maquettes provenant de la tombe de Toutânkhamon : Landström 1970, p. 99-105.
33. Jones 1988, p. 182, n. 128 ; p. 157, n. 25.
34. Jones 1988, p. 49 : « *Rectangular frame or grid* », « *upper halyard block* » ; Landström 1970, p. 86, 147 : « *block* ».
35. Jones 1988, p. 155, n. 15 : « *eyes of the wood, i.e., the holes or eyes in the metal(?) masthead through which the halliards pass* ».
36. Pour un cadre à huit ouvertures, cf. assemblage A0061, p. 49, fig. 40, en haut à gauche.
37. Jones 1988, p. 152, n. 6 : « *halliard for hoisting sail* ».
38. Jones 1988, p. 188, n. 157 : « *yards(?) of ship* ».

centrale ne devait pas être opérationnelle puisqu'elle se situe devant le mât. Ainsi, le nombre des ouvertures fonctionnelles est limité à six. Une paroi de la tombe thébaine de Khaemhat, dit Mahu, datant du règne d'Amenhotep III (TT57), présente des navires équipés de dispositifs semblables avec seulement quatre ouvertures pour les cadres (fig. 21).

En dessous du cadre, on distingue un système oblong avec des orifices circulaires pour le passage des balancines de la vergue basse (voir *infra*, p. 37). L'apparition de cet arrangement, cadre et rack allongé, date du Nouvel Empire et a connu une grande longévité, puisqu'on le retrouve jusqu'à l'époque gréco-romaine[39].

Fig. 21. Détail d'une scène de la tombe de Khaemhat (TT57).

3.7. Les vergues

La basse vergue a été suspendue au mât au moyen de racage[40] cordier qui permettait de tourner (brasser) la vergue par rapport à l'axe du bateau (tal. 29-138[8,3] ; fig. 22)[41].

Dans notre cas, le cordage est très épais, ce qui témoigne encore de la lourdeur des espars joints. La vergue dans la réalité physique doit être obligatoirement positionnée à l'avant du mât dans le sens de la navigation, sinon la voile ne peut pas se gonfler. La figuration de la vergue passant derrière le mât confirme que l'artiste a choisi de présenter la voile vue depuis l'arrière. Ce choix permet d'assurer un suivi visuel des gréements en tension sur l'arrière de la voile. Le croisement du cordage se fait à l'arrière du mât, chacune des boucles entourant la vergue (fig. 22).

39. Landström 1970, p. 86, 99, 124, fig. 314, 315, 373 donnent la vue de ce dispositif en détail.

40. Le racage de l'autre type est attesté par la scène de récompense de Méryrê (fig. 17). Ce racage est rendu par deux cordages amarrés au bas du mât qui montent obliquement vers les deux parties de la vergue. Le même détail est visible sur la *talatat* d'une collection privée : voir Cooney 1965, p. 86. Ce type de racage est à mettre en parallèle avec un hale-bas de bôme des yachts modernes.

41. Le racage des vieux gréements a été perfectionné aux périodes modernes. Le racage à bigot consistait en des plaques et des pommes en bois qui facilitaient le brassage des vergues (la procédure qui permettait de les orienter par rapport à l'axe du navire). La vergue était protégée contre les chocs par une baderne – un coussin tressé avec des filins – que l'on entourait avec la vergue. Les basses vergues (celles qui restaient immobiles) ont été suspendues au mât avec des suspentes. Les drosses permettaient de régler la distance entre la vergue et le mât.

© R. Vergnieux

Fig. 22. Racage cordier sur la *tal.* 29-138, A0052[8,3].

Chaque vergue est constituée de deux longs espars. Ils sont ligaturés ensemble au centre, ce qui était une pratique très courante dans la marine égyptienne[42]. Les dessins montrent des encoches aménagées pour maintenir les ligatures en place. L'association physique des deux pièces est assez complexe, pour obtenir une symétrie de l'ensemble. Le dessin égyptien illustre ce problème en faisant figurer un décalage de niveau entre les deux espars (fig. 23). Les encoches devaient être taillées dans la pièce de bois. Ainsi les espars étaient de section réduite à l'approche de leur ligature.

Cependant certaines scènes montrent une asymétrie dans la disposition de l'amarrage des demi-vergues entre elles. Cela est par exemple bien visible pour le navire à l'extrémité gauche de la scène de la tombe TT57 (fig. 24) : dans cette scène, la ligature des espars de la vergue basse est située à la droite du mât, alors que celle de la vergue haute se trouve à gauche[43]. Il faut peut-être voir dans ce dispositif une solution technique au problème de l'asymétrie dans l'assemblage des espars, consistant à préconiser un espar plus court que l'autre avec assemblage des deux. Mais cela peut correspondre aussi à un choix graphique de décalage (échelonnement latéral) pour associer le centre de la vergue volante avec les deux drisses qui descendent, dans le dessin, d'un même côté du mât.

© R. Vergnieux

Fig. 23. Détail de l'accroche des deux espars d'une vergue ; *talatat* en remploi dans un pilier du temple d'Amenhotep II à Karnak.

© Manna Nader, Gabana Studios Cairo

Fig. 24. Position asymétrique de l'amarrage centrale des vergues par rapport aux mâts. Détail d'une scène de la tombe TT57.

42. Dans le contexte considéré, les parallèles les plus proches chronologiquement sont toujours les bateaux de la tombe de Méryrê. Les autres exemples sont les suivants : le bateau de la tombe de Rekhmirê (TT100), vizir sous Thoutmosis III et pendant la première partie du règne d'Amenhotep II (voir Davies 1935, pl. 68) ; le bateau de la tombe d'Amenemhat (TT82), compteur des grains d'Amon et intendant du vizir Ouseramon sous le règne de Thoutmosis III (voir Gardiner 1915, pl. 12) ; les maquettes provenant de la tombe de Toutânkhamon. Voir aussi *infra*, § 10.2, p. 111, l'assemblage A0109.

43. Voir *infra*, § 8.1, p. 91, l'échelonnement du dessin des balancines le long du mât.

3.8. Le gréement

On peut voir deux paires des balancines qui passent pour chaque bord par les ouvertures dans le grand cadre rectangulaire au sommet du mât. Ce sont sans doute les balancines courantes de la vergue volante. Cette vergue étant très longue, les balancines servaient surtout à la maintenir dans la position haute en supportant ses extrémités pendant que le centre de la vergue était soutenu par deux drisses[44]. Ici encore on a une preuve de la grande taille du navire, une seule paire de balancines courantes étant normalement utilisée pour cette tâche[45]. Les balancines dormantes de la vergue volante ne sont pas figurées et il est possible que dans la réalité ce bateau n'en possédât pas.

Considérons à présent le gréement (*smyw*)[46] du bateau qui est représenté avec de très nombreux détails. Tout d'abord, on distingue deux tailles de cordage[47]. Dans le groupe des cordages d'une épaisseur plus importante, il y a les deux drisses de la vergue volante. L'une passe un peu au-dessus de l'autre (leurs points d'amarrage sur la vergue volante sont invisibles), puis toutes deux passent par les ouvertures du cadre au sommet du mât pour aboutir ensuite obliquement au bloqueur de forme rectangulaire sur le pont, à l'arrière du navire. Comme il s'agit de gréement courant, on peut supposer que le cadre a été graissé régulièrement pour faciliter les opérations de descente et de hissage de la vergue[48].

Le bloqueur sur le pont présente un intérêt tout particulier (fig. 25), du fait de la rareté de sa figuration dans les dessins égyptiens. Le dessin initial, tracé en rouge, prévoyait de faire dépasser le bloqueur très légèrement du plat-bord. On distingue les tracés rouges de drisses qui vont jusqu'au détail d'un bloqueur partiellement caché par le pavois. Cependant, ce choix de représentation a été modifié lors de la mise en relief de la scène.

En fin de compte, l'artiste a gravé le bloqueur en effectuant un échelonnement vers le haut pour l'amener au niveau du plat-bord[49]. Dans le matériel du Nouvel Empire, on trouve un seul parallèle de bloqueur dans la maquette provenant de la tombe d'Amenhotep II[50]. Dans sa restitution de la maquette de la tombe de Toutânkhamon, Bjorn Landström montre un bloqueur employé pour les drisses et pour deux balancines de la vergue volante[51].

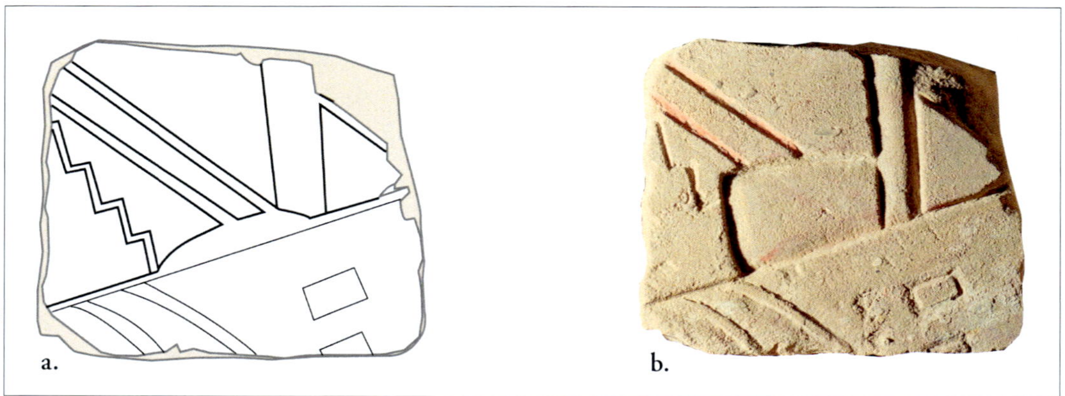

© R. Vergnieux

Fig. 25. *Tal.* 29-001, A0052[12,2] : deux drisses de la vergue volante dans le bloqueur ; **a :** état dessiné ; **b :** état gravé.

44. Jones 1988, p. 54.
45. Voir Landström 1970, fig. 316, 352, 372.
46. Jones 1988, p. 186, n. 143, « *rigging, cordage* ».
47. Il est intéressant de noter que la différence de taille est soulignée par la couleur.
48. En absence de palans, toutes les manœuvres devaient être physiquement éprouvantes.
49. Cela renforce l'hypothèse que dans cette scène (A0052), le niveau de pont du bateau a été remonté artificiellement jusqu'au plat-bord (voir introduction, p. 14, § 2.9).
50. Musée égyptien du Caire, CG 4944. Voir Landström 1970, p. 108, fig. 337 et Reisner 1913, p. 96.
51. Landström 1970, p. 100 : « *The double halyard and a couple of topping lifts from the halyards block are led down to a strong fastening.* »

À partir de l'Ancien Empire, les drisses des bateaux de grande taille ont été régulièrement doublées[52]. C'est précisément le cas du bateau étudié ici. Les deux drisses descendant vers la vergue volante sont montrées toutes deux à gauche du mât[53]. Du point de vue naval, les drisses devaient certainement passer de chaque côté du mât pour bien équilibrer la charge[54]. Dans l'éventualité d'une seule drisse, celle-ci passait dans l'axe du navire, devant le mât. Les drisses sont ici (A0052) représentées de profil comme les étais, le gouvernail, les cabines et la coque. Ainsi, les deux drisses descendant le long du mât se retrouvent dans une vue de profil, toutes deux alignées visuellement pour le spectateur sur le côté gauche du mât. Les dessinateurs ont choisi d'utiliser la technique graphique de l'échelonnement vers la gauche pour montrer les deux drisses[55], c'est-à-dire que l'une des deux drisses a été décalée vers la gauche pour que toutes deux ne se superposent pas dans le plan du dessin. Dans les scènes navales de Deir el-Bahari, les drisses sont montrées tantôt descendant d'un même côté du mât, tantôt de chaque côté (fig. 135).

On distingue un pataras (*ḥꜣ-ṯꜣw*)[56] qui reliait le sommet du mât et la poupe du bateau ; il passe un peu au-dessus des drisses et il est probablement amarré aux bandes de renforcement (*mdꜣ* (*m*), *šdw* [?], *šspt*)[57] situées à la poupe qu'on voit sur les autres figurations de la série. C'est encore un signe des dimensions importantes de notre embarcation, puisque sur les bateaux plus modestes c'était la drisse qui souvent faisait office de pataras[58]. L'étai (*ḫft-ḥr*)[59] maintenait le mât vers l'avant : il termine le groupe des cordages épais.

Il y a trois types de cordage d'un diamètre plus modeste : les balancines, les bras et les écoutes (*dbḥw*)[60] des deux vergues.

On compte au moins 24 balancines[61] de la vergue basse, 12 à chaque bord. C'est un nombre très important, qui dans le cas du bateau central de A0061 monte à 32[62]. On ne saurait trop souligner le lien qui existe entre la taille du navire et le nombre de balancines, variable en fonction de la longueur (voire du poids) des vergues.

Les balancines de la vergue basse étaient amarrées à l'espar de bâbord ou de tribord et après être passées par les orifices circulaires du cadre en haut du mât, elles revenaient se fixer sur la vergue du même côté[63].

52. Cf. les bateaux de l'expédition au pays de Pount de la reine Hatchepsout. Voir Landström 1970, p. 124, fig. 373.
53. C'est le cas aussi pour les trois embarcations de A0061.
54. On peut citer un parallèle avec les drisses des huniers dans les vieux gréements, qui sont doublées mais forment une itague. Cela permet de peser les drisses du côté tribord ou du côté bâbord, voire des deux côtés simultanément sans provoquer l'inclinaison de la vergue.
55. Pour l'échelonnement, voir *supra*, p. 14, § 2.9.
56. Jones 1988, p. 174, n. 99, « *backstay* ».
57. Jones 1988, p. 169, n. 78, « *lacings(?), leather-lacings for the hull, gunwale lashings* » ; p. 190, n. 167, « *lacings(?)* » ; p. 190, n. 165, « *lashing* ».
58. Landström 1970, p. 86 ; c'était aussi le cas du gréement du type latin dans la Méditerranée et dans l'océan Indien. Voir Whitewright 2008, p. 111.
59. Jones 1988, p. 179, n. 118, « *forestay* ».
60. Jones 1988, p. 194, n. 184, « *halliards, braces* ».
61. Le terme de « fausse balancine », formellement correct, s'applique mal dans ce contexte. Les fausses balancines sont définies comme « balancines *supplémentaires* [souligné par les auteurs] que l'on établit *provisoirement* sur une vergue pour diminuer la fatigue qu'éprouvent ses balancines », voir Willaumez 1825, p. 282. Or, les balancines des bateaux égyptiens, bien que nombreuses, sont installées de façon permanente et avec le même but principal de soutenir les vergues. Ainsi, le terme de « balancine » est utilisé au cours de cette étude.
62. Voir *infra*, p. 56.
63. La fonction principale des balancines était de supporter la vergue, mais il a été proposé que ce cordage fasse également office de ligne de sécurité, qu'il remplace les haubans sous certaines allures, qu'il facilite le travail des marins pour hisser la voile, ou encore qu'il empêche la voile d'être mouillée par les flots (pour les références, voir Landström 1970, p. 104-105). Les deux premières propositions nous semblent peu convaincantes. En revanche, les balancines de la vergue volante pouvaient probablement remplacer la drisse sur de petites embarcations. On peut suggérer que les marins pouvaient faire courber les extrémités de la basse vergue vers le haut à l'aide de ses balancines. Cette hypothèse est considérée avec plus de détails dans la section sur le gréement égyptien ; voir *supra*, § 2.2.

3.9. Note sur la navigation à la rame

Aucun de nos assemblages ne contient de représentations de rames. Cela s'explique par le fait que les bateaux sont montrés, le plus souvent, accostés à quai ou bien en train de naviguer sous la voile. Pourtant, il est très probable que chaque bateau était doté d'un assortiment de rames[64]. L'équipage devait en effet pratiquer la navigation à la rame dans le cas de vents contraires. L'allure au plus près du vent, que le gréement évoqué ici permettait de réaliser, était sans doute celle de « vent de travers[65] ». Pour cette raison, dans certaines représentations, on voit même les rameurs s'activer sur des bateaux qui naviguent la voile déployée[66]. Au moment de l'appareillage, la navigation à la rame était plus pratique, car la vitesse et les manœuvres doivent être précisément contrôlées par les marins pour éviter l'avarie. La navigation à la voile ne permettait pas la maîtrise du déplacement lors des phases d'accostage, car les caractéristiques de ce gréement étaient peu adaptées aux manœuvres de finesse[67].

Combien de rames peut-on imaginer pour les bateaux représentés sur les reliefs du corpus ? Même si au Nouvel Empire les rameurs sont souvent représentés debout, dans les périodes précédentes ils ramaient en position assise, les baux transversaux leur servant de bancs de nage. On peut en déduire que le nombre de ces baux correspond au nombre des rameurs présents sur chaque bord[68]. Selon cette hypothèse, le bateau représenté sur A0052 pouvait être pourvu, au mieux, de 48 rames, ce qui correspond bien aux données iconographiques[69].

3.10. Le bon sens marin : rangement des bras et des écoutes

Dans la scène A0052, qui contient de nombreux détails, sont aussi représentés les bras et les écoutes. Ils sont tous dessinés sous les vergues, les écoutes arrivent vers le milieu de chaque espar de la vergue fixe. Les bras devaient s'amarrer à la vergue volante près des extrémités extérieures des espars pour être efficaces. Cependant, les dessins des bras n'atteignent pas les extrémités sur l'image, mais semblent s'arrêter à mi-chemin le long de la vergue fixe.

Un détail très important et, à notre connaissance, inédit, consiste dans le fait que les bras et les écoutes sont ramassés avec soin sous la basse vergue. De toute évidence, ce cordage a été rangé pour ne pas encombrer le pont au cours de déchargement, ce qui atteste, s'il était besoin, du bon sens marin des Égyptiens. Apparemment les vergues étaient brassées « en croix » (à angle droit avec l'axe du navire) après l'accostage. Les bras et les écoutes n'avaient plus aucune utilité pour le déchargement ; en revanche, ils pouvaient gêner les porteurs. Ce rangement est illustré également par l'assemblage A0061 et la *tal.* 20-028 (voir *infra*), où ces manœuvres sont rangées au coin de la cabine, au premier plan. Quant à la représentation sur l'assemblage A0052, les bouts descendaient

64. Voir par exemple Jones 1990, p. 56.
65. Voir *supra*, § 2.2 (première partie de l'ouvrage). Les résultats des navigations expérimentales effectuées sur la réplique « *Min of the Desert* » confirment que ce bateau de mer pouvait naviguer à 100 degrés du vent apparent (Ward *et al.* 2012, p. 291).
66. Voir, par exemple, un grand voilier sur le relief de la tombe de Houy (TT40, XVIIIe dynastie, règne de Toutânkhamon, Thèbes).
67. La terminologie égyptienne de l'Ancien Empire pour les manœuvres de navigation a été récemment examinée dans les ouvrages de Frédéric Servajean (2021a, 2022a, 2022b).
68. Par exemple, un bateau de la flotte de l'expédition de la reine Hatchepsout possède 16 baux contre 15 rameurs représentés. Dans la réalité, ce bateau avait au moins 30 rameurs à bord.
69. Bien évidemment, le nombre des rames dépend de la taille de bateau en question. Même si ce chiffre est plutôt élevé dans les sources iconographiques, il n'a pourtant rien d'extraordinaire. Pour en citer quelques exemples, un grand voilier sur le relief de la tombe de Houy (TT40, XVIIIe dynastie, règne de Toutânkhamon, Thèbes) était doté de 19 rames sur chaque bord, de même pour un autre bateau sans voile qui transporte des prisonniers nubiens. On peut compter 21 rameurs qui propulsent le bateau sur le relief du temple d'Amon à Louqsor. Un bateau d'un type visiblement très proche de celui du bateau de A0052 est représenté sur une paroi du Gebel Akhénaton, il possède 24 rames. Voir Darnell 2013, p. 56, 287, fig. 79, p. 293, fig. 85.

derrière la cabine près du mât et l'on ne peut plus juger de leur position, puisque le dessinateur ne les a pas figurés. On peut supposer que les glènes ont été posées sur le pont.

À titre d'hypothèse, les bras et les écoutes étaient rangés à l'aide des petits bouts qu'on voit descendre sous la vergue fixe, qui ont été interprétés comme les cabillots ou les doigts en bois au bout des rabans, utilisés soit pour ferler la voile, soit de manière décorative[70].

La *tal.* 20-028 (fig. 26) offre une représentation très nette du rangement des manœuvres sous une basse vergue. Sur ce bloc, on distingue les rabans et il ressort clairement que la position des nœuds ne correspond pas au passage des balancines, donc il s'agit des bouts à part spécialement réservés pour l'amarrage des manœuvres courantes (les écoutes et les bras des vergues).

Fig. 26. *Tal.* 20-028.

Dans la marine, le terme de « cabillot » a un double sens. Le premier est celui d'une cheville en bois (angl. *belaying pin*) pour fixer les manœuvres courantes sur râtelier ; une planche avec une rangée de plusieurs cabillots y est installée horizontalement. Le second consiste en un petit morceau de bois qu'on peut passer dans les œillettes de cordage pour l'amarrage temporaire des manœuvres, mais parfois aussi des points de la voile (angl. *toggle*)[71] (fig. 27).

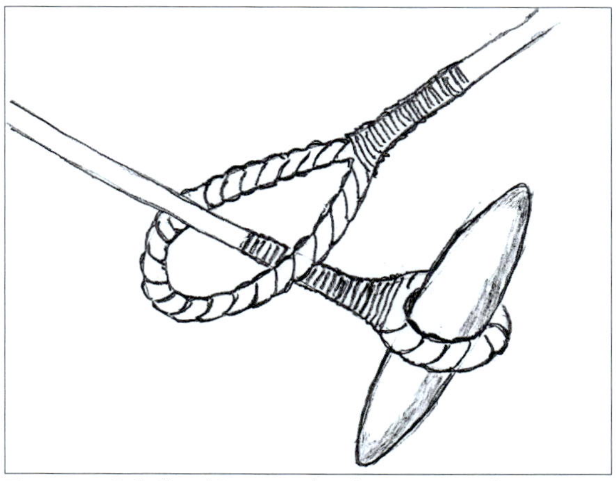

Fig. 27. Cabillot (doigt en bois) qui assure la jonction de deux cordages (dessin).

70. Wachsmann 1998, p. 248. Ces détails ont été commentés en relation avec la représentation des bateaux syro-cananéens dans la tombe de Kenamon (TT162, règne d'Amenhotep III).

71. Les premiers cabillots sont connus de l'Égypte (XIe dynastie). Voir Polzer 2008 pour l'archéologie et l'histoire des cabillots. Jusqu'à nos jours, sur les voiliers de vieux gréement, on fait confiance au joint avec un doigt en bois qui est employé pour amarrer certaines manœuvres courantes, envoyer les voiles d'étai, préparer les chapeaux des basses voiles et des huniers, etc.

On distingue ces éléments en forme de « T » renversé sur les assemblages A0052, A0055, A0061, A0109 et A0112. Il faut rejeter l'hypothèse d'une fonction décorative pour préférer une fonction utilitaire de ces pièces. On peut suggérer que sur nos reliefs le fond de la voile pouvait être amarré au moyen de ce système de cabillots. Lors de la manœuvre de serrage de la voile, les Égyptiens larguaient son fond au niveau de la vergue fixe. Puis ils descendaient la vergue volante et ferlaient la toile sous elle. Les cabillots auraient grandement facilité cette opération qui devait être répétée chaque fois que le navire venait à mouiller. On voit que sur A0052 ces rabans sont représentés aux extrémités de la vergue fixe, mais il n'y en a pas au milieu, ce qui conduit à suggérer qu'on pouvait les employer également pour ramasser les bras et les écoutes sous la vergue fixe. Le relief de Beni Hassan[72] fournit des preuves de la pratique de la « prise des ris » pour diminuer la voilure[73]. On y voit le bateau de droite avec la voile déployée, alors que celui de gauche a sa vergue volante descendue à mi-hauteur. Il est possible que la toile en excès ait été ferlée à l'aide de ces petits rabans qu'on voit sous la vergue fixe de A0052. Dans ce cas, la voile devait avoir des petits œillets percés dans la toile, ou bien un deuxième assortiment de rabans cousus dans celle-ci. Les dessinateurs égyptiens ont peut-être décidé de ne pas descendre graphiquement jusqu'à ce niveau de détail, ce qui expliquerait leur absence. On peut penser que les rabans représentent les nœuds de l'amarrage des balancines, mais l'ensemble du matériel démontre que le point de croisement des balancines avec la vergue et la position des rabans est souvent décalé.

Pour résumer, on peut suggérer deux fonctions, l'une principale, l'autre accessoire pour les cabillots. Leur fonction principale était d'amarrer les bords de la voile. Une fois cette dernière ferlée, les marins pouvaient employer les cabillots de la basse vergue pour ramasser les bras et les écoutes.

La voile (*ḥtꜣw*)[74] est serrée contre la vergue volante, et même si l'on ne voit pas le transfilage, la ligne courbe de la voile est assez parlante avec ses remontées régulières sous la vergue. La présence de la voile est mise en évidence par le changement de gravure des balancines. Elles sont gravées en relief lorsqu'elles passent devant la voile, puis sont de nouveau gravées en relief dans le creux lorsque la voile n'est plus en second plan[75].

Quelques longueurs du fond de voile, près du mât, ne sont pas (encore ?) rangées, comme en témoignent les deux traces courbes situées des deux côtés du mât. Les éléments en avant du fond de voile sont gravés en relief, puisqu'ils sont eux aussi, comme les balancines, en avant de la voile. Cela concerne également le mât, une partie des cordages, ainsi qu'une portion des toitures.

3.11. La passerelle

Une passerelle de débarquement (*ṯbwt*)[76] est installée. Elle est aménagée avec des marches qui facilitent le passage des porteurs lors des chargements et déchargements du navire[77].

La passerelle de l'assemblage A0052 possède des marches inclinées qui procurent pour les pieds une assise plus horizontale par rapport à la pente de la passerelle. Trois porteurs charrient sur leurs épaules des amphores[78] provenant de la grande cabine centrale et trois autres sur la berge se pressent, sans doute pour les relayer et monter à bord[79]. Sur le côté droit, à hauteur des vergues, des porteurs sont représentés avec une jarre sur l'épaule. Par comparaison avec l'organisation de la scène A0061 et l'alternance des bateaux et des

72. Tombe n° 2, XIIe dynastie, 43e année du règne de Sésostris Ier, *c.* 1913 av. J.-C. Voir Newberry 1893, pl. 14.
73. Howe 2024.
74. Jones 1988, p. 177, n. 113. Récemment le terme *ḥtp* a été également proposé (Servajean 2022b, p. 350).
75. Vergnieux 1999a, p. 38-39.
76. Jones 1988, p. 202, n. 18.
77. Cf. Davies 1903, pl. 29 ; Davies 1927, pl. 30 ; Vandier 1969, fig. 362. Pour l'iconographie des passerelles, voir Doyle 1998, p. 229-235.
78. Voir la section sur les cargaisons de céramique dans ce volume, partie IV.
79. Il s'agit probablement de porteurs professionnels ; en tout cas, ce ne sont pas des membres de l'équipage, qui sont normalement reconnaissables par leurs pagnes renforcés – mais le détail a pu être seulement peint.

files de porteurs, il faut sans doute les associer à un navire plus à droite de la scène et également en cours de déchargement. La position de la hauteur de la voie d'eau sur laquelle sont placés les navires, par comparaison au lit de pose des *talatat* des assemblages A0052 et A0061, rend cette hypothèse plausible. Dans les deux scènes, la ligne supérieure de l'eau est à niveau comparable sur un lit de boutisses, ce qui confirme cette possibilité.

3.12. Le gouvernail

L'unique grand gouvernail du navire appartient très probablement au type de gouvernail axial caractéristique des bateaux nilotiques du Nouvel Empire qu'on retrouve dans la construction des autres bateaux de la série (A0056; A0061). Le dessin du haut safran du gouvernail des navires des assemblages A0056 et A0061 s'arrête clairement en dessous de la ligne de coque du navire. Ce détail confirme la nature axiale des gouvernails de la série. Dans le cas de gouvernails latéraux, le plus souvent la partie haute du safran remonte devant la coque, ce qui n'est pas le cas ici. La barre de gouvernail[80] (*nfryt, ḫry*) est incomplète. Il y a un manque situé à la jonction entre la mèche de gouvernail et la coque, c'est là que se retrouve le timonier en repos. Deux représentations de navires de la série ont conservé ce détail sur l'assemblage A0061[81]. En revanche, on distingue ici parfaitement la saisine entre la mèche du gouvernail et son mâtereau de support. On ne manquera pas de noter qu'il y a deux baux transversaux dans la région du mâtereau de support, apparemment pour renforcer la coque à cet endroit[82]. Il est possible que la ligne située au-dessus du safran, qui est parallèle à la mèche sur la *tal.* 28-455 ([13,1] : à droite), désigne un cordage utilisé pour suspendre le gouvernail dans sa position opérationnelle. Elle est visible sur d'autres représentations de cet ensemble documentaire. Elle pouvait aussi servir à le régler en fonction des conditions de navigation et des hauteurs de fond[83].

80. JONES 1988, p. 171, n. 87 et p. 183, n. 13, «*tiller*».
81. Voir *infra*, § 5.4, p. 60.
82. À ce sujet, voir *infra*, assemblage A0054, § 6.1, p. 63.
83. Voir les commentaires sur le gouvernail du bateau, *infra*, § 6.2, p. 68, assemblage A0056.

4

Des navires à la coque décorée

Référence : A0053 (fig. 28-30).
Thème : déchargement d'un bateau en cours, par la proue, avec une passerelle de débarquement entre la coque et la berge.
Action : des porteurs déchargent des récipients et des volailles.

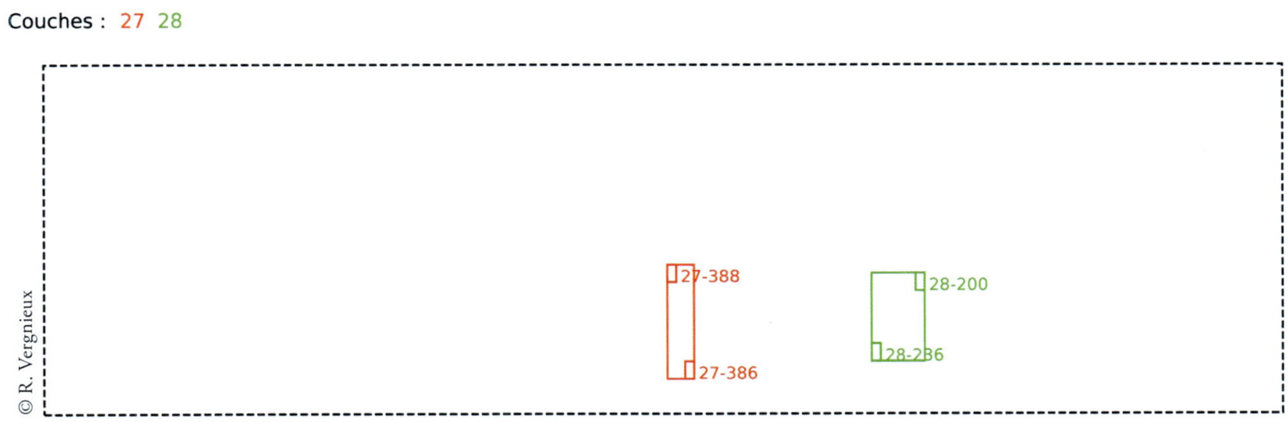

Fig. 28. Dispersion des *talatat* de l'assemblage A0053 dans les couches du IXe pylône de Karnak.

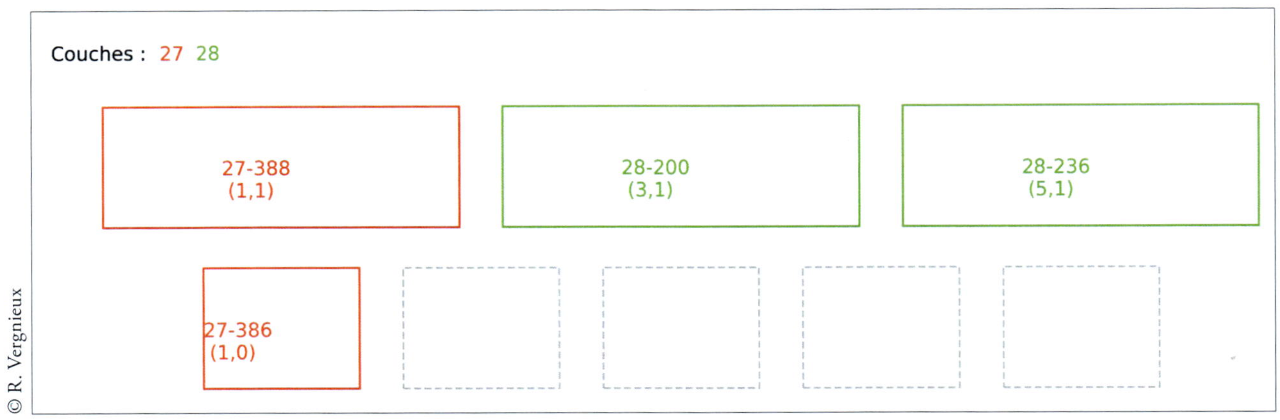

Fig. 29. Position des *talatat* dans l'assemblage A0053.

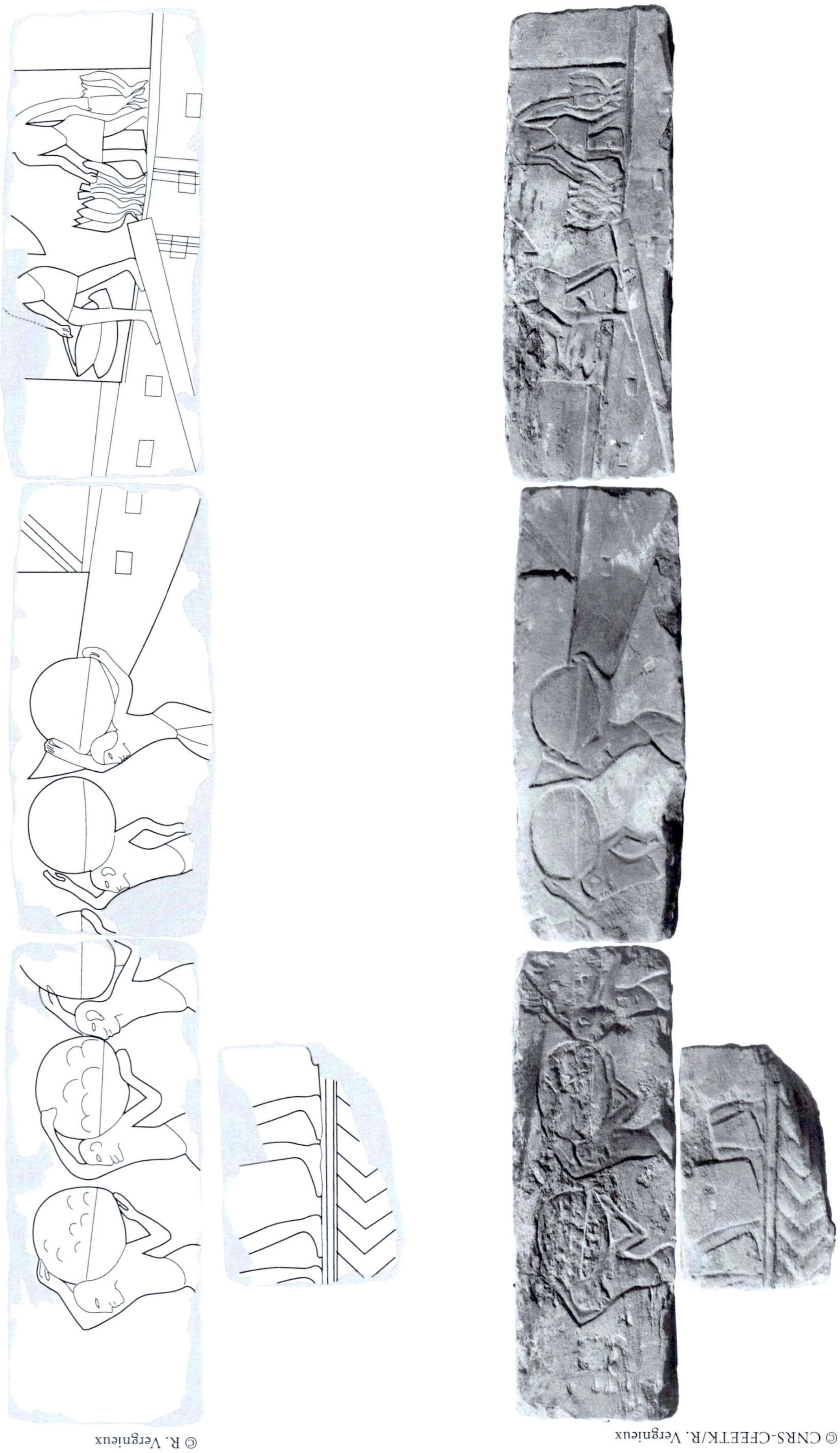

© R. Vergnieux

© CNRS-CFEETK/R. Vergnieux

Fig. 30. A0053 – proue d'un navire qui est en cours de déchargement.

Commentaire archéologique :

L'assemblage A0053 est composé de quatre *talatat* retrouvées dans les couches 27 et 28. La liaison graphique des unicos entre les *talatat* ne pose pas de problème. La ligne supérieure de la coque est parfaitement alignée en passant de la *tal.* 28-200 (A0053[3,1]) à la *tal.* 28-236 (A0053[5,1]). La ligne horizontale du couffin porté par le troisième personnage en partant de la gauche (27-388, A0053[1,1]) présente une bonne continuité avec la partie du couffin visible sur le bloc suivant (28-200, A0053[3,1]).

Description :

L'assemblage A0053 présente la proue de bateau la plus joliment décorée de la série. Elle livre cependant peu d'informations sur la coque elle-même. L'extrémité de la proue du bateau est d'un profil comparable à celle du navire de l'assemblage A0052.

© R. Vergnieux

Fig. 31. Détail *tal* 28-200, A0053[3,1] et 28-236, A0053[5,1].

La proue est appointée vers le haut (fig. 31). Les traces de couleur encore visibles apportent de nouvelles informations. Sur le gaillard du bateau se trouve une cabine rectangulaire sur laquelle sont conservées des traces de bleu (*tal.* 28-200, A0053[3,1]). Le pont à hauteur du gaillard d'avant est bordé d'un trait noir. Il est montré au-dessus de la muraille sur une coque jaune[1]. Dans la partie centrale du bateau de l'assemblage A0053 apparaît une strie horizontale peinte en rouge. Ce peut être la figuration du pavois car les traces de couleur rouge de la jambe du porteur attestent que le pied arrière reste caché au spectateur. Sur la droite du porteur, on distingue la porte de la volière centrale. Le montant gauche est situé à l'arrière-plan du personnage. La jambe arrière est en relief sur le relief dans le creux, ce qui indique la présence du montant. Le battant de porte correspond au rectangle jaune visible sur la droite. Le linteau de la volière devait être dessiné sur le bloc supérieur (comme sur la *tal.* 28-158 de l'assemblage A0061[13,2]). Il est à noter les détails du vêtement du personnage présent sur la passerelle (*tal.* 28-236, A0053[5,1]). Des lignes rouges et des aplats bleus soulignent les plissés de son pagne. Ces traces montrent à quel point les dessinateurs des parois des temples d'Aton étaient soucieux d'apporter une grande précision dans les rendus graphiques. Malheureusement, une partie des rehauts de couleurs a aujourd'hui disparu à la suite du lessivage des blocs par la nappe phréatique (voir fig. 113).

La proue du bateau est colorée en rouge jusqu'au premier bau (*tal.* 28-200 A0053[3,1]), puis en jaune visible sur la droite après la passerelle de débarquement. Cependant, sur le bloc suivant (*tal.* 28-236, A0053[5,1]), la couleur change vers un mélange de bleu et de rouge. Sans doute sommes-nous en présence des restes d'un décor. Ce dernier s'interrompait à l'endroit de la coque sur lequel s'appuyaient les passerelles de débarquement. Au niveau de la passerelle, des lignes verticales de décors bien visibles sur l'assemblage A0053 (ligne rouge sur fond blanc bordée de vert) venaient souligner ce secteur (fig. 32).

1. Sur le fait de supprimer la muraille dans certaines représentations, voir *supra*, p. 14, § 2.9.

© R. Vergnieux

Fig. 32. Détail *tal.* 28-236, A0053[5,1].

Ce type d'organisation des décors se retrouve régulièrement sur les embarcations du Nouvel Empire. Il existe de très beaux exemples dans des scènes de la tombe de Menna (fig. 33). Dans tous ces exemples, les proues sont peintes en rouge puis décorées par une fleur de lotus stylisée suivie de bandes verticales multicolores. On peut donc suggérer que la proue du bateau de l'assemblage A0053 a été décorée, elle aussi, avec un motif de ce type, dont nous pouvons encore voir quelques traces à l'aplomb du gaillard d'avant (fig. 32). La décoration générale du bateau pouvait être assez voisine des bateaux représentés dans la tombe de Menna (fig. 34).

Les motifs composés de lignes parallèles verticales sur la coque des navires semblent souligner une zone laissée intentionnellement vide de décors, correspondant au secteur de la coque où s'appuyaient les passerelles de débarquement. Une situation analogue figure dans l'un des bateaux de la tombe de Menna avec la passerelle de débarquement en place (fig. 35).

© Manna Nader, Gabana Studios Cairo

Fig. 33. Détail de la tombe de Menna (TT69).

© Manna Nader, Gabana Studios Cairo

Fig. 34. Détail de la tombe de Menna (TT69).

© Manna Nader, Gabana Studios Cairo

Fig. 35. Détail de la tombe de Menna (TT69).

À la recherche des parallèles, on constate que ces décors concernaient également les navires de passagers, propulsés par des rameurs, appartenant aux nobles et qui portaient de riches décorations. On peut citer toute la série des maquettes des « bateaux de voyage »[2] de la tombe de Toutânkhamon (XVIIIe dynastie, 1336-1327 av. J.-C.), ainsi que le matériel très contemporain au nôtre dans la tombe de Neferhotep (fig. 36). Comme le bateau de l'assemblage A0053, les bateaux dans la tombe de Neferhotep sont dotés des gaillards d'avant et présentent des décors voisins similaires. Il ne peut pas cependant être question de navire de transport de marchandises.

Fig. 36. Détail de la tombe de Neferhotep (TT49 ; d'après Nina de Garis Davies).

Trois blocs complémentaires (fig. 37) semblaient pouvoir prendre place dans l'assemblage. Si les continuités d'unico semblent possibles entre eux et l'assemblage A0053, la passerelle qui y est figurée (à gauche) est représentée avec des marches alors que la partie correspondante sur l'assemblage A0053, *tal.* 28-200[3,1] n'en présente pas. De même, les amarres gravées ici ne se retrouvent pas sur la partie supérieure de l'assemblage.

Enfin, des motifs verticaux peints sur la droite du bloc sont compatibles avec les traces des deux bandes verticales visibles sur A0053. Mais pour effectuer le raccord avec l'assemblage A0053, il faudrait le placer bien trop à droite, place incompatible avec la grille de construction des *talatat*. Pour l'instant, nous préférons donc les laisser à part.

A-t-on affaire ici à l'acheminement par des bateaux privés et richement décorés, des denrées issues des taxations imposées par le roi ? Faute de décret qui en préciserait l'aspect pratique, nous devons remarquer qu'à cette période, l'approvisionnement en blocs de grès pour la construction des temples avait été placé sous la responsabilité des grands du royaume[3]. En était-il de même pour l'acheminement du produit des taxes ?

2. Dénommés « *travelling ships* » dans Landström 1970, p. 98-105.

3. La participation des « grands du royaume » à ces transports est établie par le texte d'ouverture de la carrière du Gebel Silsila, Murnane 1995, p. 29 et 245. Voir Laboury 2010, p. 99-100.

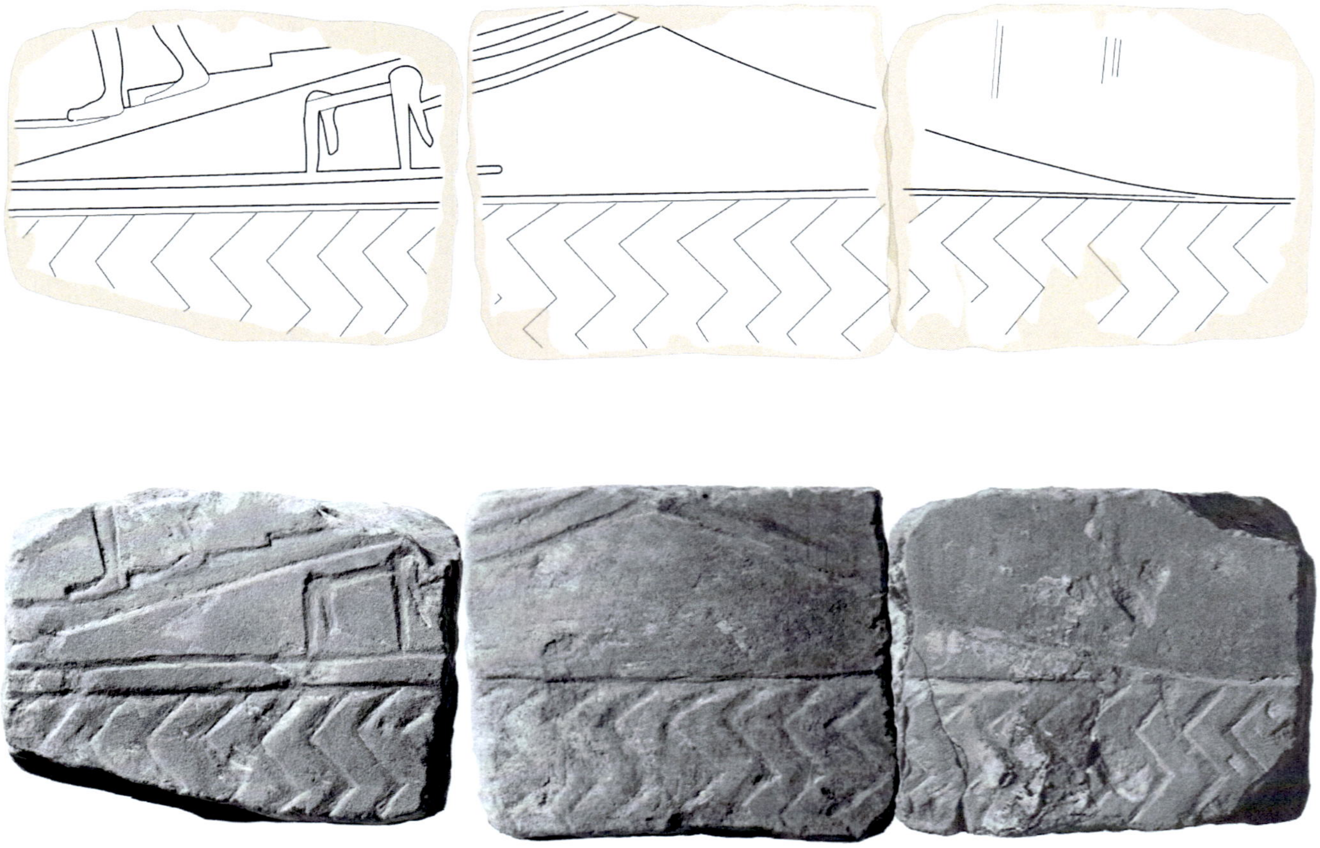

Fig. 37. Compléments hypothétiques pour l'assemblage A0053.

5

Trois navires de transport

Référence : A0061[1] (fig. 38-43).
Thème : trois navires amarrés le long de la berge, voiles ferlées.
Actions : déchargement des jarres par les porteurs, affouragement du bétail, travaux dans le gréement (équipage), repas des membres d'équipage, repos du timonier, porteurs sur le quai.
Cargaison : amphores, bœufs, volailles.
Commentaires archéologiques :

Cette scène est issue du regroupement de plusieurs assemblages. L'assemblage A0061 avait été publié en 1999, mais il ne comportait que les deux bateaux de gauche. L'identification de la *tal.* 27-265 en [7,2], qui correspond

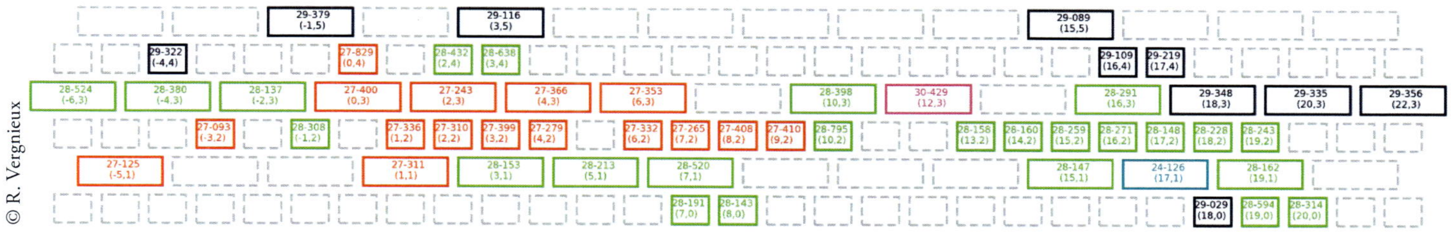

Fig. 38. Disposition des *talatat* de l'assemblage A0061.

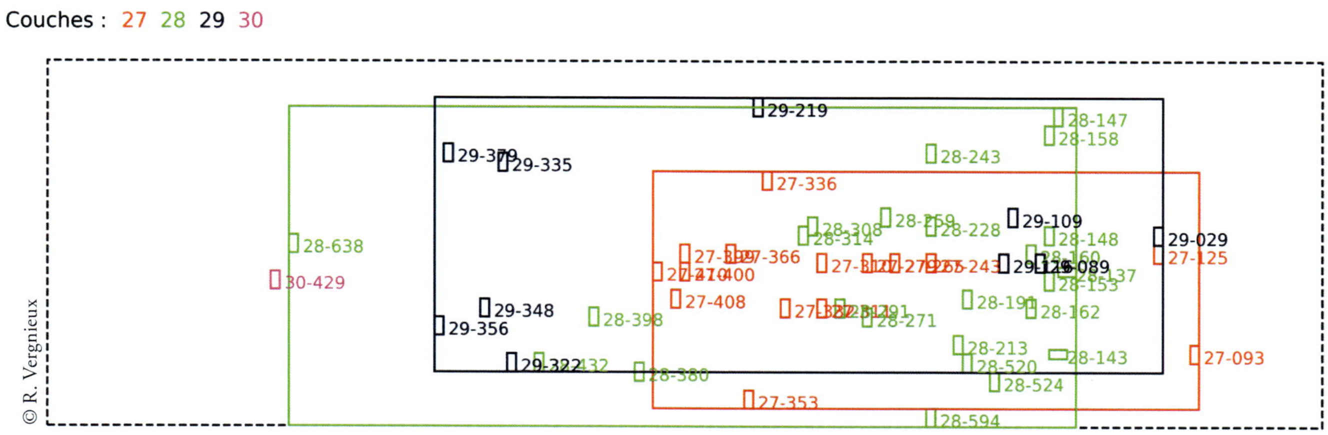

Fig. 39. Dispersion de l'assemblage A0061 dans les couches du IXe pylône de Karnak.

1. Cet assemblage correspond à la fusion de quatre autres (A0061 + A0032 + A0060 + A0062) : cf. Vergnieux 1999a, p. 146 ; Vergnieux 1999b, pl. 79.

à l'encoche pour le passage du gouvernail, a fourni une connexion avec l'ancien assemblage A0032 (1999). La *talatat* de gauche de cet assemblage, ici en [10,3], par chance a gardé les traces de la gravure des extrémités de deux vergues visibles en arrière du personnage. L'extrémité de la voile tendue entre les deux vergues est également visible. Ce détail avait échappé à notre attention lors de la première édition, mais placé ainsi, il a été possible d'identifier une liaison avec l'ancien assemblage A0060 (1999). C'est la *tal.* 30-479 en [12,13] qui a permis d'assurer la liaison entre les deux assemblages. En reprenant les dispersions, nous avons constaté que l'assemblage A0062 (1999) pouvait prendre place dans le mur pour compléter le dessin du navire de droite. Cependant, le bloc le plus à droite (*tal.* 28-617) de la version 1999 de l'assemblage A0062 ne pouvait plus être maintenu, puisque cette place était déjà occupée par la *tal.* 28-228 de l'ancien assemblage A0060 (1999). La faiblesse de positionnement de la *tal.* 28-617 avait déjà été constatée[2]. Enfin, en parcourant les données photographiques couleur dans nos archives, nous avons identifié celle qui pouvait compléter l'extrémité supérieure du mât du navire de gauche. Cependant, elle avait échappé aux séances photographiques et se retrouvait hors inventaire dans la documentation du CFEETK. Les blocs voisins sur notre cliché ont permis d'assurer qu'elle provenait de la couche 29. Par chance, un numéro d'inventaire en chiffres arabes (٣٧٩), porté à la craie sur une face, est encore visible sur notre cliché. Or, ce numéro correspond à un numéro d'inventaire « vide », que nous avions déjà identifié dans la couche 29. Tous ces éléments conduisent à attribuer le numéro 29-379 à la *talatat* située en [-1,5] dans l'assemblage A0061.

Une toute dernière *talatat* a pu être ajoutée à l'extrémité droite du panneau. Elle présente un intérêt tout particulier, car la gravure est restée inachevée. Cela situe la gravure de ces scènes navales au moment où les travaux s'interrompent sur le site de Karnak, alors que ceux d'Amarna étaient engagés.

Description :

Cette scène est la plus grande du corpus avec 7,50 m de long pour 1,50 m de hauteur. Elle comprend la figuration de trois bateaux accostés en cours de déchargement. Par souci de clarté, nous désignerons les trois bateaux, bien identifiables grâce à leurs mâts respectifs, comme « bateau de gauche », « bateau du centre » et « bateau de droite ». Les bateaux de gauche et du centre sont accostés à la berge de telle façon qu'un peu plus de la moitié de leurs coques se superpose dans la profondeur de l'image. Le mât, la voile et le gouvernail du bateau de gauche sont dessinés en arrière-plan de la voile du bateau du centre.

Le bateau de droite est amarré plus loin sur la berge. Les bateaux du centre et de droite sont maintenus à la berge par deux pieux d'amarrage unciformes[3] situés à la poupe. L'artiste a figuré une ligne de sol au-dessus du plan d'eau où sont enfoncés les pieux[4]. Comme pour le navire de l'assemblage A0052, les amarres sont doubles. Elles sont d'un diamètre important et sont fortement tendues entre les coques et les pieux ancrés dans la berge. On ne peut pas juger de la façon dont les amarres ont été capelées à l'intérieur de la coque[5], cependant le retour de cordage figuré sur *tal.* 29-191, A0061[7,0] permet d'avancer l'hypothèse d'un tour mort et deux demi-clefs pour le nœud placé autour des pieux[6]. Les blocs sur lesquels devraient être figurées les amarres de la proue n'ont pas encore été retrouvés.

2. Cf. Vergnieux 1999a, p. 110.
3. Sur les termes égyptiens de l'amarrage, voir *supra*, § 3.1, p. 28.
4. Sur la figuration des berges, voir introduction du § 2.10 (partie I), p. 14.
5. C'est aussi le cas de l'assemblage A0052.
6. Un tour mort et une demi-clef ne sont pas suffisants pour assurer l'amarrage.

imilé).

oto).

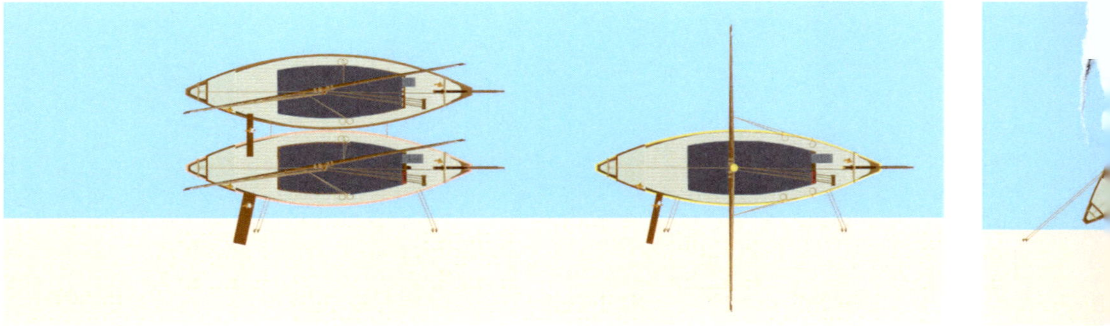

a. b.

Fig. 42a-c. Hypothèses de positionnement relatif des navires de l'assemblage A0061 (modèle 3D d'étude).

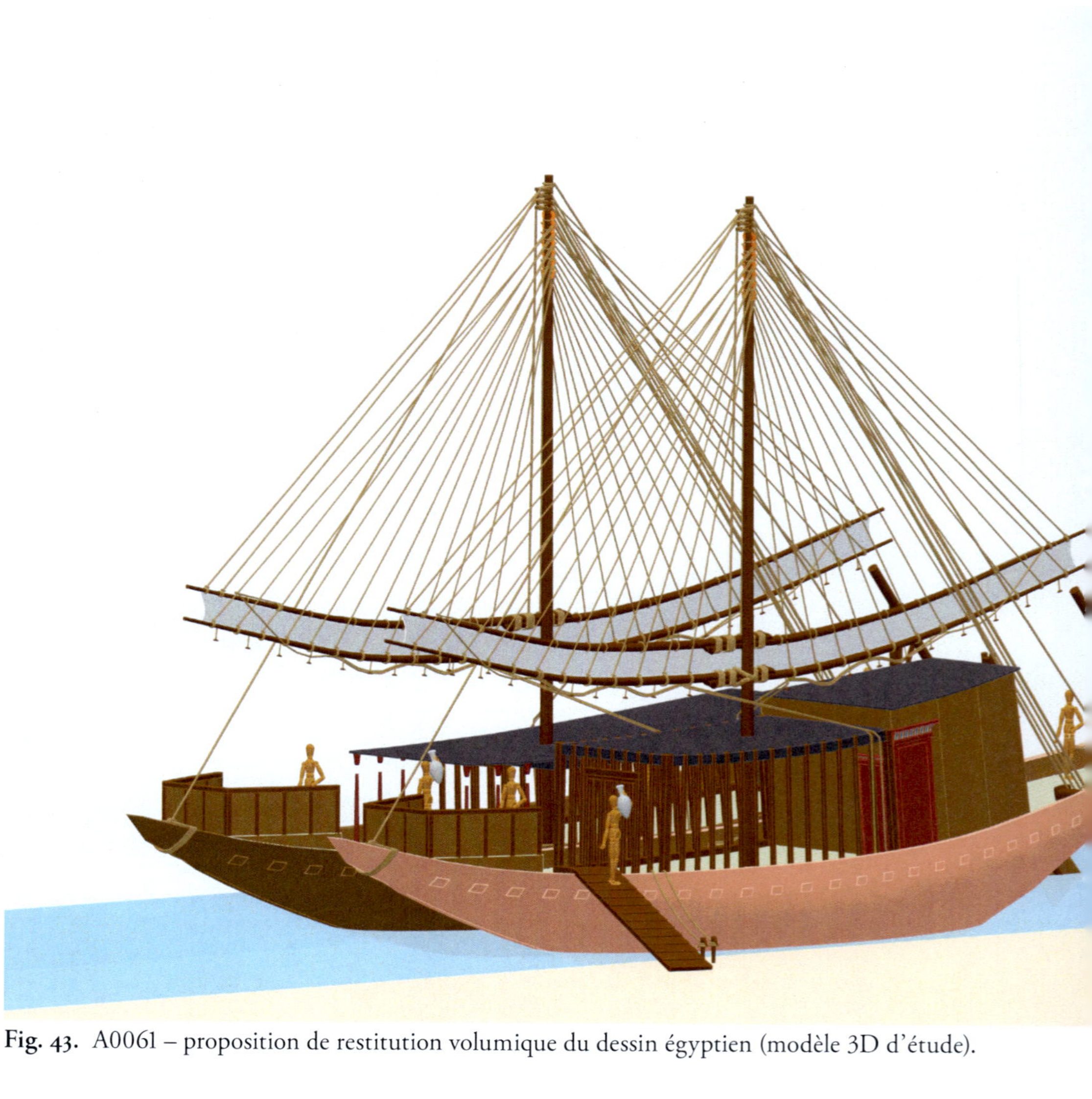

Fig. 43. A0061 – proposition de restitution volumique du dessin égyptien (modèle 3D d'étude).

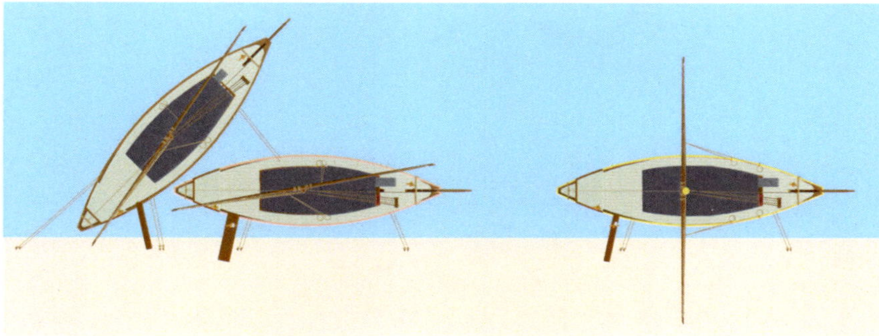

c.

Fig. 40. A0061 – flottille en cours de déchargement (fac-s

Fig. 41. A0061 – flottille en cours de déchargement (ph

5.1. Les coques

Les trois bateaux sont de grands voiliers pontés et l'assemblage A0061 fournit avec les bateaux du centre et de droite deux exemples de lignes de coque parmi les mieux conservés de la série. Elles présentent en particulier une hauteur importante de la muraille[7]. La forme des coques est comparable à celle du bateau de l'assemblage A0052, c'est-à-dire en « cuillère ». Une autre similitude tient au nombre, très important, de baux transversaux, qu'on peut estimer au minimum à une trentaine pour le bateau central.

On remarquera que les personnages embarqués sur les bateaux sont presque tous de la même taille. La proportion des détails iconographiques qui sont en relation physique est également respectée (par ex., les porteurs et les amphores qu'ils soulèvent, les taureaux et les hommes à l'intérieur des cages). Ainsi peut-on déduire un ordre de grandeur pour la longueur de la coque du navire. Un rapide calcul permet de suggérer que la longueur de ce bateau approche des 23 m, dans la mesure où les proportions générales ont bien été rendues par l'artiste[8].

La longueur estimée correspond bien aux données épigraphiques. Les bateaux de charge du type *ousekh* représentés sur les « blocs de Piânkhi » (XXVIe dynastie) avaient une longueur qui variait de 43 à 45 coudées[9]. En prenant la coudée royale de 52,5 cm, ces bateaux mesuraient 22,6 à 23,6 m de long. La longueur des navires de mer de l'expédition au pays de Pount, sous le règne de la reine Hatchepsout, est estimée à 20,3 m[10]. Les Égyptiens étaient cependant capables de construire de très grands bâtiments, comme en atteste le Conte du Naufragé (Moyen Empire), où est mentionné un bateau de mer de 120 coudées de long (environ 63 m)[11]. La même dimension se retrouve dans la biographie d'Ineni (XVIIIe dynastie), pour les barges de transport des obélisques de Thoutmosis Ier (120 coudées de long par 40 coudées de large, environ 63 × 21 m). Des barges de ce type sont visibles sur les reliefs du temple mortuaire de la reine Hatchepsout à Deir el-Bahari et il est possible que ces bateaux aient dépassé alors 60 m en longueur[12]. Il ressort de tout cela que les bateaux de notre corpus documentaire, tout en étant de grands bateaux nilotiques, n'avaient pas des dimensions exceptionnelles.

Des bandes de cordages de renforcement disposées autour de la coque à la poupe du bateau central sont doubles et forment un « V » (*tal.* 28-213, A0061[5,1]). Celles-ci attestent que le bateau était destiné au transport de charges considérables, d'où la nécessité de renforcer sa coque. Les deux bateaux du corpus présentant des bandes de ce type transportent du bétail (A0061, bateau central, et A0056)[13]. Il est probable que les mêmes bandes existaient sur l'avant, mais elles ne sont pas conservées. Les bandes servaient également à renforcer le point le plus solide pour l'amarrage de l'étai et du pataras (voir fig. 43)[14].

Une coque faisant sans doute partie de la paroi n'a pas encore trouvé sa place.

5.2. Les cargaisons et les ponts

Les cargaisons sont respectivement des amphores pour le bateau de gauche, du bétail pour le bateau du centre, des volailles et des poteries pour le bateau de droite.

7. Hauteur comprise entre le dessus des baux et le plat-bord.
8. Ce calcul est fondé sur la taille moyenne d'un Égyptien de la période dynastique, à savoir 170,8 cm d'après Stock *et al.* 2011, p. 355, tab. 14.2.
9. Voir Janseln-Winkeln 2007, p. 355-356. Les blocs conservent également l'information sur la largeur de ces bateaux. Ces données ont été utiles lors de la restitution du bateau de l'assemblage A0052, dont l'approche est présentée *infra*, p. 125, partie III.
10. Voir Ward *et al.* 2012 et Servajean 2016.
11. Grandet 1998, p. 35 et 37.
12. Voir Landström 1970, p. 128-133 pour la discussion et une tentative de restitution.
13. Voir la description de l'assemblage A0056, § 6.2, p. 68.
14. Marx 1947, p. 26. Cette solution technique est traçable sur plusieurs représentations romaines jusqu'à l'Antiquité tardive.

Les blocs sur lesquels était figuré le chargement sur le pont du bateau de gauche n'ont pas été retrouvés, mais on constate toutefois que ce sont des jarres qui sont déchargées par les porteurs qui empruntent la passerelle située à l'avant du navire. D'autres porteurs sont visibles sur le pont, l'un d'entre eux étant plus en hauteur par rapport à ceux qui le suivent (*tal.* 27-093, A0061[-3,2]). Est-ce que cette différence de niveau signifie qu'une partie de la cargaison se trouvait en fond de cale ? Seule la découverte des *talatat* manquantes permettrait de répondre à cette question. Près de l'étai du bateau du centre, à l'aplomb du mât (*tal.* 28-302, A0061[-1,2]), on distingue une jarre et le bras de son porteur là où l'on s'attendrait plutôt à trouver le personnel occupé au déchargement des bœufs. Il faut peut-être en déduire que le bateau du centre, en plus du bétail, transportait lui aussi des jarres. La quantité de jarres transportées était considérable, puisque ce sont au moins sept porteurs qui sont impliqués dans leur déchargement.

Bien que la plupart des bateaux représentés sur les reliefs de la série semblent appartenir au type *ousekh*[15], la nature de la cargaison du bateau central de l'assemblage nous invite à proposer une identification avec le *ḫnt-iḫw*, type de bateau employé pour le transport du bétail[16].

Les bateaux représentés sur un relief de la tombe du vice-roi Houy (XVIIIe dynastie, règne de Toutânkhamon) appartiennent au type *ḫnt-iḫw* selon l'inscription accompagnant les scènes (fig. 44)[17]. Le terme *ḫnt-iḫw* était d'usage courant au Moyen et au Nouvel Empire pour les bateaux spécialisés dans le transport bovin. Si l'on en croit le relief de la tombe d'Houy, ces bateaux ne possédaient pas de gréement ; il s'agissait donc plutôt de barges, qui devaient être remorquées par d'autres bateaux.

On peut établir des parallèles avec un autre relief de la même tombe, sur lequel on distingue des chevaux dans des compartiments demi-fermés (fig. 45). Les passerelles de débarquement de ce bateau devaient être plus solides et plus larges que les passerelles ordinaires, tout comme celles du bateau central de l'assemblage A0061[18].

Les bateaux des assemblages A0061 et A0056 sont des voiliers, qui n'étaient normalement pas conçus pour le transport de bétail. Le bateau central de A0061 transportait également une cargaison secondaire constituée d'amphores[19]. Les grands bateaux convenaient parfaitement à l'acheminement des bovins placés dans des cages qui devaient être particulièrement solides, mais ce n'était probablement pas le cas de tous les bateaux de la flotte du corpus. La différence de taille entre le navire représenté sur le relief d'Houy et celui de l'assemblage A0061 se traduit par le nombre de bovins présents : le premier en transporte quatre, alors que le second au moins six. Selon certaines études, les dimensions des cages variaient de 6,50 à 10,00 m en longueur et de 2,50 à 3,30 m en largeur[20]. La longueur de la cage de A0061, d'après la méthode d'estimation décrite ci-dessus[21], approchait les 8 à 9 mètres.

Comme pour la cage du navire de A0052, la poutraison supérieure est de dimensions importantes et supportait des bottes de paille posées sur le toit[22]. Plusieurs détails sont notables : les cornes des bœufs sont gravées en relief au-dessus de la supposée poutraison supérieure (A0061[1,2 et 2,2]), tout comme la partie supérieure des barreaux verticaux de la cage (A0061[1,2 ; 2,2 et 2,3]). De plus, deux cornes sont figurées passant entre un barreau et la poutraison supérieure (A0061[1,2 et 2,2]). Enfin, l'une des cornes dépasse en hauteur la

15. La racine du nom de ce type de bateau est associée à la notion de largeur (chalande). Le rapport entre la largeur et la longueur de ce bateau était autour de 1 à 3, ce qui facilitait l'embarcation d'un maximum de marchandises. Voir Jones 1988, p. 135, II.23 ; Meeks 1994, p. 257 ; Perdu 2011, p. 226.
16. Grandet 1994, p. 69, n. 253.
17. Jones 1988, p. 143, n. 57. Voir aussi Hagseth 2015, p. 17-22.
18. À l'époque ptolémaïque, les bateaux de mer livraient de grandes quantités d'éléphants pour les besoins de l'armée lagide, voir Burstein 2008. La mosaïque « de la grande chasse » dans la Villa del Casale, Piazza Armerina (Settis 1975, p. 873-994), représente, entre autres, quatre passerelles empruntées par des animaux : en section 5, pour faire monter à bord d'un navire une gazelle et une autruche ; en section 7, pour faire descendre une autruche ; en section 9, pour faire monter un éléphant ; et en section 13, pour faire monter un cavalier. Les trois premières passerelles sont renforcées par un bastingage latéral. Pour la numérotation des sections, voir Kaehler 1973, p. 27.
19. Voir *supra*, § 5.2, p. 51.
20. Borman *et al.* 2013, p. 36 ; Hagseth 2015, p. 70-71.
21. Voir *supra*, § 5.1, p. 51.
22. Pour la restitution de la cage pour le bétail, voir Borman *et al.* 2013, fig. 44.

Fig. 44. Transport des bœufs dans les bateaux *ḫnt-iḥw* dans la tombe du vice-roi Houy (TT40).

Fig. 45. Transport des chevaux dans la tombe du vice-roi Houy (TT40).

limite supérieure de la cage (*tal.* 27-336 A0061[1,2]). Ce dernier détail nous donne à penser que la cage était couverte partiellement ou bien comprenait des parties amovibles sur le haut. La présence d'un relief dans ceux en creux des scènes de cette période aide à l'interprétation des volumes représentés[23]. Même si la compréhension de cette partie du relief nous échappe encore, il n'y a pas lieu de mettre en doute la précision du dessin. Une cage de type ouvert, qui permettait une bonne aération, était sans doute préférable à une cabine fermée pour le transport des animaux[24], l'avantage étant de permettre aux bœufs, d'un poids considérable, de rester calmes pendant la navigation, et ce faisant de garantir la stabilité du bateau. L'ouverture supérieure donnait aussi la possibilité au personnel en charge des animaux d'intervenir.

La cabine habitable à la poupe du bateau central, adjacente à la cage, s'étendait probablement jusqu'au mâtereau du support de gouvernail, occupant ainsi environ un quart de la longueur du pont. On note la présence d'un poteau un peu en avant du mâtereau de support de gouvernail qui est de la même taille que ce

23. Voir *supra*, p. 8 et n. 28.
24. Cependant, la cage du bateau de l'assemblage A0052 est employée pour le transport des grandes amphores. Voir *supra*, fig. 14, p. 25.

dernier (*tal.* 27-353 A0061[6,3]). Ce poteau faisait sans doute partie de la construction de la cabine, puisque le mâtereau devait rester accessible à tout moment. Le poteau est aligné avec une bande de cordages de renforcement de la coque, ce qui n'est sans doute pas fortuit.

Sur les bateaux de droite et de gauche de A0061 et sur les autres navires de la série, on trouve souvent des membres d'équipage sur le toit des cabines en train de manœuvrer ou de s'occuper du gréement. Sur le bateau central, plusieurs personnages occupent l'espace principal de la cabine (espace de repos et coin cuisine), qui ne semble pas compartimentée. Comme sur les autres représentations de la série, les artistes ont associé deux vues – une vue de profil et une vue en plan – pour rendre compréhensibles l'aspect et l'intérieur de la cabine[25].

La grande porte se trouve à la jonction de la cage et de la cabine habitable, mais c'est à cette dernière qu'elle appartient sans doute. Cela est mis en évidence par les manœuvres qui descendent de la basse vergue vers le pont en suivant le coin formé par ces deux superstructures[26]. Cette observation permet de penser que la largeur de la cage était inférieure à celle de la cabine proprement dite. On ne peut pas exclure que la porte donnait également accès à la cage par le passage intérieur à gauche de l'entrée pour l'équipage. Le débarquement des taureaux devait se faire par l'avant du bateau et l'on peut supposer que la partie antérieure de la cage était soit amovible, soit équipée d'une porte[27]. Malheureusement, l'état de conservation du relief à cet endroit [(-1,1)] ne permet pas d'en dire plus à ce propos.

Pour les mêmes raisons, le relief de la cabine du bateau de gauche est peu informatif. On peut seulement en déduire qu'elle occupait également la partie centrale du pont et qu'elle était aussi longue que celle du navire central, comme en témoignent la ligne de toit et l'auvent qui protégeait l'équipage et la cargaison du soleil. Sans doute rendait-il plus aisé l'accès au gréement (*tal.* 27-093 A0061[-3,2]).

5.3. **Les gréements**

Les voiles des trois navires de A0061 ne sont pas complètement rangées, un espace subsistant entre les vergues. Le passage des balancines devant cette zone témoigne de la présence d'une toile entre les deux vergues. La voile n'était donc pas larguée de la basse vergue, ce qui peut signifier soit une escale plus courte que celle de la scène de l'assemblage A0052, soit que le ferlage n'était pas encore accompli[28]. Un marin debout sur le toit de la volière du bateau de droite s'active à hauteur de la voile, c'est le seul. L'analyse des gréements montre que l'assemblage des vergues, composées chacune de deux espars, est rendu très soigneusement pour le bateau central. Les extrémités des vergues sont taillées sous un angle de 45 degrés et l'on peut distinguer au moins quatre (voire cinq) saisines entre les deux moitiés de la vergue volante. Les vergues massives se rétrécissent considérablement vers leurs extrémités et sont toutes légèrement courbées vers le haut.

Il est intéressant de noter pour le bateau de droite que les manœuvres courantes sont amarrées sous la basse vergue par des nœuds (*tal.* 28-271 A0061[16,2], un nœud en haut). Comme dans le cas des deux autres bateaux, il s'agit des bras et des écoutes[29] des deux vergues. Ces manœuvres sont déjà rangées au tribord. En revanche, trois manœuvres (*tal.* 28-259 A0061[15,2] et 24-126A A0061[17,1]) sont visibles au bâbord, dont l'une est deux fois plus grosse que les autres. Il est probable que le marin sur le toit de la cabine soit justement

25. Voir l'assemblage A0052.
26. Ce détail a permis la compréhension d'une structure semblable sur l'assemblage A0052, voir *supra*, § 3.4, p. 30.
27. Comme c'est le cas à l'avant de la cage sur l'assemblage A0054, § 6.1, p. 63.
28. Il est intéressant de remarquer que les cabillots sous la vergue basse (voir la section 3.10 pour la discussion) ne sont pas représentés sous la partie tribord de la vergue du bateau central. Il est possible que les voiles des bateaux de droite et de gauche n'aient pas encore été ferlées. Les cabillots étaient déployés et, par conséquent, ils étaient invisibles pour un spectateur. En ce qui concerne le bateau central, son équipage avait pu larguer une moitié de voile depuis la basse vergue (les cabillots sont défaits et donc visibles), en faisant une pause pour prendre un repas. Une explication alternative est que l'artiste voulait également montrer l'existence de ces petites pièces sous la basse vergue du bateau central.
29. Le terme « écoute » est conventionnel, par référence à ce type de gréement. Voir, dans l'introduction de cet ouvrage, le gréement égyptien.

en train de les ramasser, puisque c'était déjà fait à tribord. C'est pour cette raison que le raban reste encore défait (*tal.* 28-158 A0061[13,2] : petite ligne verticale qui descend de la vergue, visible en haut du bloc). Les deux cordages, de taille identique, qui passent par le même anneau à droite de la *tal.* 24-126A A0061[17,1] (fig. 46) sont de toute évidence les bras bâbord. Le fait que ce bras ait été doublé reste incompréhensible. Quant au gros cordage, il s'agit probablement d'une écoute bâbord qui passe par un autre anneau à gauche de la *tal.* 24-126A. C'est surtout la position de ces anneaux qui aide à identifier les manœuvres, parce que les écoutes sont normalement tournées dans des positions plus proches du mât que des bras.

Les représentations de l'accastillage sont très rares dans l'iconographie égyptienne et les deux anneaux sur la *tal.* 24-126A A0061[17,1] témoignent d'une grande précision, comme du réalisme de l'art proto-amarnien.

Le bateau de droite est figuré légèrement plus petit que celui du centre, chargé de bétail, si l'on en juge par les extrémités des mâts. En effet, les étais et pataras arrivent, pour le bateau de droite, au sommet du mât au-dessus de la cinquième assise de *talatat* (A0061[3,5]), tandis que pour les deux autres bateaux (de gauche et du centre) ils sont visibles dès la cinquième assise (A0061[-1,5]). Cette différence de hauteur peut s'expliquer par la présence d'un décor sur la partie supérieure du bateau de droite, seul navire du corpus présentant ce détail (*tal.* 29-089 A0061[15,5]). Un parallèle peut être établi avec les navires d'une flottille présente sur une paroi de la tombe de Méryrê (époque amarnienne ; fig. 47).

Fig. 46. Deux anneaux pour les manœuvres courantes (deux demi-cercles au-dessus du pavois), *tal.* 24-126A, A0061[17,1].

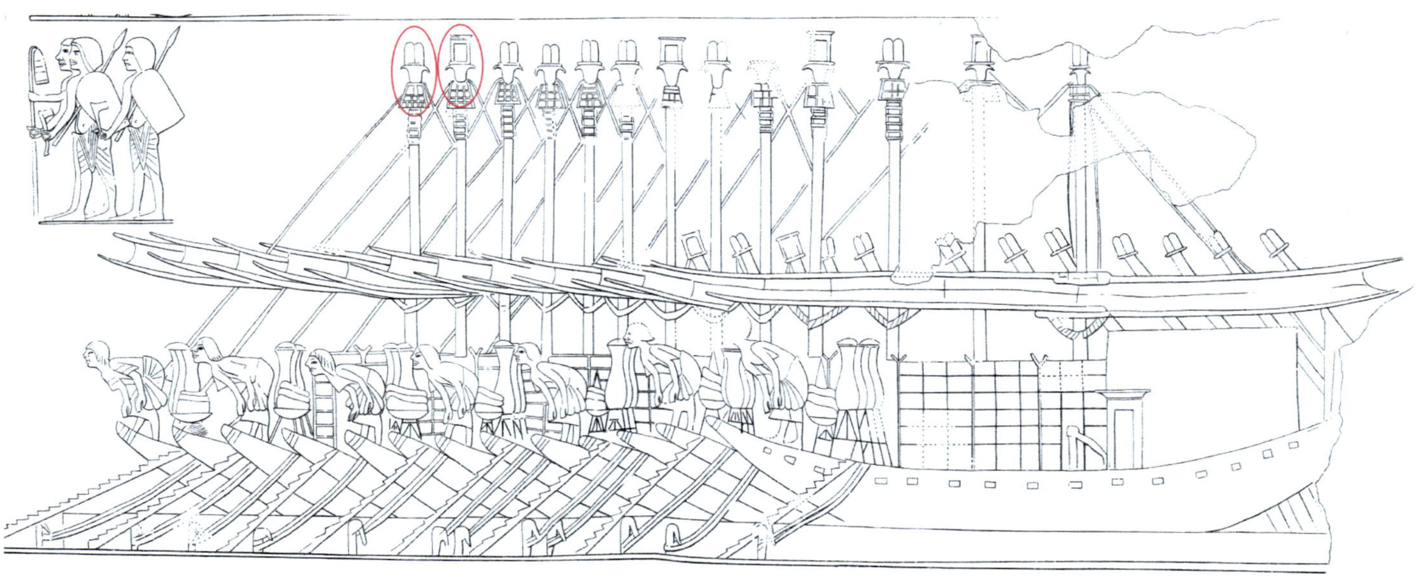

Fig. 47. Détail d'une scène de la tombe de Méryrê (d'après Davies 1903, pl. 29).

Sur la partie gauche de la scène, Méryrê est récompensé par Akhénaton pour avoir collecté le tribut pour Pharaon et le temple[30]. Ce tribut est transporté par douze bateaux représentés dans la partie droite de la scène. Tous les mâts des navires sont surmontés d'un décor, situé au-dessus des cadres pour le passage des balancines (voir cercles rouges sur fig. 47), qui représente une fleur de papyrus couronnée tantôt du double cartouche du dieu Aton, tantôt d'un élément d'architecture. Ces motifs sont repris à l'identique pour décorer le sommet des mèches des gouvernails. Dans le cas de la scène de l'assemblage A0061, le bloc où se trouvait dessiné le sommet du gouvernail n'a pas encore été retrouvé. Mais sans doute en était-il également doté. Le bateau du centre, quant à lui, ne présente pas de décor sur le haut de la mèche de son gouvernail encore visible. Cela explique sans doute la différence de hauteur entre les bateaux : le navire de droite a été dessiné avec un mât plus petit, afin de laisser suffisamment de place pour ajouter un décor à son sommet.

La présence de navires avec et sans décor dans une même scène reflète peut-être une phase pendant laquelle le temple d'Aton n'était pas encore doté d'une flottille indépendante, comme cela semble être le cas dans la scène de la tombe de Méryrê à Amarna.

Pour les trois navires, la présence du cadre au sommet du mât livre des détails intéressants. La *tal.* 29-089 A0061[15,5] fournit une image d'un cadre pour le passage des balancines avec huit orifices. On compte au moins 15 balancines de la basse vergue à bâbord, ce qui porte le nombre total de balancines à 30. Elles sont clairement séparées des deux balancines de la vergue volante qui sont représentées par les deux lignes les plus hautes de chaque côté du mât (*tal.* 29-089 A0061[15,5]).

On distingue également un étai et un pataras qui devait passer par une ouverture quelconque dans le mât, mais à la base de la décoration. Une autre solution pouvait être le capelage de l'étai et du pataras au sommet du mât avant qu'on y installe la décoration. Le pataras descend vers l'extrémité de la poupe, même si l'on ne voit pas comment il y était assuré. En revanche, deux drisses de la vergue volante (les lignes épaisses, un peu en dessous du pataras : *tal.* 29-089 A0061[15,5] et *tal.* 29-109 A0061[16, 4]) n'atteignent pas cette extrémité. On peut suggérer qu'elles étaient amarrées sur le toit de la cabine, dans la zone qui reste malheureusement invisible. Les trois lignes fines situées en dessous de la basse vergue (*tal.* 29-348 A0061[18,3]) correspondent selon toute vraisemblance aux écoutes et aux bras rangés pendant l'escale.

Le grand nombre d'ouvertures présentes sur le mât du navire du centre pour le passage des balancines est une particularité très intéressante (*tal.* 29-116 A0061[3,5]). Treize ouvertures ont été conservées à gauche du mât et onze à droite[31]. Ce détail montre encore ici le souci de réalisme de l'art amarnien. On compte au total trente-deux balancines, seize de chaque côté du mât. À notre connaissance, il s'agit du nombre maximal de balancines qu'on trouve dans l'iconographie égyptienne. Pour citer un exemple, les balancines des navires de mer de l'expédition au pays de Pount de la reine Hatchepsout sont seulement au nombre de seize, huit sur chaque bord[32].

Les trois gros cordages qui partent vers la poupe, visibles sur le bloc du sommet du mât (*tal.* 29-116 A0061[3,5]) mais malheureusement mal conservés, correspondent aux deux drisses de la vergue volante avec, au-dessus d'elles, le pataras. Ce dernier est gravé devant le poteau de la cabine (*tal.* 27-353 A0061[6,3]), puis est présent sous la forme d'un tracé (*tal.* 27-332 A0061[6,2]) qui n'a jamais été ciselé. Ce détail permet d'établir que cette manœuvre était assurée sur le pont[33], dans le bloqueur rond situé juste devant la mèche de gouvernail (*tal.* 27-332 A0061[6,2]). Il peut s'agir également d'une sorte de taquet ou de bitte. En ce qui concerne les drisses, on n'en trouve plus la trace dans la partie conservée du relief, d'où vient l'hypothèse qu'elles pouvaient

30. Davies 1903, p. 34.

31. Les ouvertures ont été représentées de forme carrée, mais on peut suggérer qu'il s'agit d'une contrainte du matériel de dessin qui ne permettait pas de rendre de tels petits détails circulaires.

32. Pour la figuration d'une série d'objets ou de personnages par le dessin, le nombre d'unités représentées est toujours égal ou inférieur au nombre réel ; à ce sujet, voir Golvin 2005.

33. C'est aussi le cas de l'étai du navire de droite.

être tournées dans le bloqueur installé sur le toit de la cabine comme sur l'assemblage A0056[34], et peut-être également sur l'assemblage A0058[35].

Les étais des trois navires sont les plus gros cordages qu'on trouve sur le relief. Il est possible qu'ils soient amarrés aux bandes de cordage de renforcement des coques, comme c'est le cas sur le navire de l'assemblage A0055[36].

Un détail plus intéressant réside dans la manière dont les bras du tribord de deux vergues du bateau central sont rangés dans le coin entre la cage et la cabine habitable (*tal.* 27-399 A0061[3,2]). Si l'on a déjà eu l'occasion de remarquer la façon d'assurer ces manœuvres sous la basse vergue par les rabans[37], les bateaux de A0061 permettent de voir comment les manœuvres étaient rangées avec un bon sens marin[38]. On peut supposer que leurs courants ont été lovés sur le pont, les glènes restant invisibles au spectateur. En revanche, on distingue les bras de bâbord (*tal.* 27-336 A0061[1,2], *tal.* 27-310 A0061[2,2]) qui descendent en diagonale vers l'angle inférieur de la cabine. Un élément arqué dans la partie gauche de *tal.* 28-308 A0061[-1,2] correspond sans doute à la manœuvre du tribord du navire de gauche, qui n'aurait pas encore été assurée.

Fig. 48. Taquet dans la proue du bateau de gauche de l'assemblage A0061 (*tal.* 27-125, A0061[-5,1]).

Au niveau du pont, dans le dos du matelot du navire de gauche[39], on distingue un taquet (*tal.* 27-125 A0061[-5,1] ; fig. 48). Il est d'une forme identique à celui figuré à la proue d'un navire de la tombe de Neferhotep (TT49, fig. 49) ; or celui-ci est orienté dans le sens inverse par rapport à la proue.

Fig. 49. Taquet à la proue d'un navire de la tombe de Neferhotep (TT49). Dessin d'après Landström 1970, fig. 395.

34. Voir *infra*, § 6.2, p. 72.
35. Voir *infra*, § 10.1, p. 106.
36. Voir *infra*, § 7.3, p. 86.
37. Voir l'assemblage A0052 *supra*, § 3.10, p. 36, pour la discussion au sujet de la fonction des petits rabans qu'on voit sous les vergues fixes sur plusieurs représentations de notre collection (A0052, A0055, A0061, A0109, A0112).
38. Cf. l'assemblage A0062, où les manœuvres passent par les organeaux du pavois.
39. Sur ce marin, voir *infra*, § 5.5, p. 60.

5.4. Les gouvernails

L'assemblage A0061 fournit deux représentations de gouvernail axial à grande lame qui fonctionnait comme le font les gouvernails de type suspendu actuels[40]. La mèche de gouvernail axial passe par une encoche dans la poupe, ce qui était assez caractéristique pour les bateaux nilotiques du Nouvel Empire[41].

Les gouvernails nous sont connus par les maquettes de bateaux découvertes en grand nombre dans les tombes du Nouvel Empire, comme celles de la mère d'Ahmose, la reine Ahhotep[42] et surtout Toutânkhamon[43]. De rares vestiges de véritables gouvernails nous sont également parvenus. La barque solaire de Chéops (2566 av. J.-C.) était dotée de rames-gouvernails[44], et des paires de gouvernails latéraux sont connues par les bateaux de Dahchour (Moyen Empire)[45].

Quatre lames appartenant aux gouvernails latéraux de bateaux de mer du Nouvel Empire ont été découvertes à Mersa/Ouadi Gaouasis[46]. Elles ont été trouvées séparément, mais il a été proposé que les lames T1 et T2 fassent partie du même gouvernail[47]. Les quatre pièces sont en essences de bois locales. La longueur des bateaux auxquels appartenaient ces gouvernails a été estimée à 14-20 m pour les lames T1 et T2[48] et à 30 m pour les lames T72 et T85[49].

Tout récemment, les fouilles menées à Thônis-Héracléion ont mis au jour le gouvernail d'un petit bateau de Basse Époque[50], en bois de pin et de sycomore (*Ficus sycomorus*), probablement de type axial. Les lames du gouvernail de Mersa/Ouadi Gaouasis aussi bien que le gouvernail d'Héracléion mettent en évidence un gouvernail compensé de forme asymétrique. Ce type de gouvernail, qui dominait dans les mondes grec et romain, aurait pu devenir populaire en Égypte pendant la Basse Époque. Dans les représentations du Nouvel Empire[51], ce type de gouvernail est exceptionnel, la plupart montrant un gouvernail aux deux lames bien symétriques.

Le gouvernail axial restait le système de choix pour les bateaux de charge nilotiques pendant le Nouvel Empire. L'encoche profonde dans la poupe, qu'on observe sur plusieurs reliefs et maquettes de cette époque, permettait d'augmenter considérablement la verticalité de la mèche et en même temps le relevage du gouvernail restait toujours possible. Par rapport au système de gouvernail axial du Moyen Empire, avec sa mèche très inclinée, celui du Nouvel Empire était beaucoup plus compact[52].

La *talalat* 28-520 A0061[7,1] du bateau central contient le détail d'un cordage qui supportait probablement le gouvernail dans sa position de travail (fig. 50)[53].

Le grand gouvernail axial du bateau de droite est également bien conservé. La mèche du gouvernail passe par une encoche dans la poupe qui n'est pas trop profonde (*tal.* 28-243 A0061[19,2]). On voit également deux petits talons des deux côtés de la partie haute de la lame qui pouvait être liée au système de levage du gouvernail. Il est possible que dans un premier temps le gouvernail ait été soulevé à l'aide de deux bouts

40. Le safran est une partie du gouvernail d'un navire, constitué d'un plan vertical pouvant pivoter afin de dévier le flux d'eau sous la coque et ainsi changer la direction du navire. Voir Paulet, Presles 2005, p. 60.
41. Voir Landström 1970, fig. 313, 316, 321, 354, 356, 390-394, 396, 404.
42. Landström 1970, p. 98, fig. 311 ; Wachsmann 2013, p. 86-97, fig. 3.1-3.5.
43. Jones 1990.
44. Mark 2012.
45. Creasman 2005, p. 66-72, 107-113.
46. Ward, Zazzaro 2009-2010, p. 69, fig. 99 ; Zazzaro 2007, p. 150, 153 ; Zazzaro, Calcagno 2012, p. 69.
47. Ward, Zazzaro 2009-2010, p. 69 ; Ward, Zazzaro, Abd el-Maguid 2010, p. 389 ; Zazzaro 2007, p. 151-152.
48. Zazzaro 2007, p. 153.
49. Ward *et al.* 2010, p. 389.
50. Belov 2022.
51. Belov 2022.
52. Les constructeurs ont ensuite inventé une solution avec un puits de gouvernail, comme cela est attesté par le récit d'Hérodote (II.96) et, tout récemment, par les bateaux de fouilles de Thônis-Héracléion ; voir Belov 2014.
53. « *Rudder preventer rope* » (angl.). Voir Stephens 2022, p. 98-99. Un excellent parallèle iconographique se trouvé dans la tombe de Benia (Thèbes, TT343, XVIIIe dynastie).

Fig. 50. Cordage situé sur la partie droite du safran – lame du gouvernail du bateau central (*tal.* 28-520, A0061[7,1]).

qu'on distingue amarrés à l'arrière du safran (*tal.* 28-162 A0061[4,-1]). Cependant, l'encoche à l'intérieur de la coque pouvait être utilisée comme un crochet pour faire pivoter le safran vers le haut[54]. Les autres détails du gouvernail sont bien dessinés et incluent sa barre (*tal.* 28-228 A0061[18,2]), son mâtereau de support et la saisine placée entre les deux (*tal.* 29-348 A0061[18,3]). Malheureusement, la mèche de gouvernail est incomplète, ce qui ne permet pas de savoir si elle portait la même décoration que le mât, comme c'est le cas pour les bateaux de Méryrê (voir fig. 47). Un petit trait (*tal.* 29-348 A0061[3,1]) perpendiculaire à la mèche peut correspondre à la base d'une telle décoration.

Pour le bateau central et celui de droite, l'artiste a représenté le mâtereau de support et le gouvernail en relief au niveau de la voile (*tal.* 29-348 A0061[18,3] et *tal.* 27-353 A0061[6,3]). Les gouvernails sont ici au premier plan par rapport à la voile, qui est vue de l'arrière[55].

Le gouvernail du bateau de gauche est caché par le bateau central. Seul le haut de la mèche est figuré, dépassant au-dessus des voiles à proximité du mât du bateau central (*tal.* 27-243 A0061[2,3] et *tal.* 28-432 A0061[2,4]). Il est figuré en avant-plan par rapport à tous les cordages qu'il rencontre, sans tenir compte ici des positions relatives dans la profondeur de la scène.

5.5. Les équipages et les porteurs

Les voiles des navires sont serrées, l'accostage est terminé depuis quelque temps, comme le confirment les différentes activités des personnages. Ils sont nombreux sur l'assemblage A0061, pour lequel on peut distinguer cinq groupes.

Probablement fatigué par le trajet, le timonier[56] du bateau central, qui supporte sa tête avec son bras et son genou, s'est assoupi sans quitter son poste. On doit probablement en déduire que l'accostage du navire est achevé depuis peu. Son attitude relaxée contraste avec celle d'autres barreurs de la série, toujours très actifs.

Dans l'iconographie égyptienne, le barreur peut être représenté debout (devant ou derrière le mâtereau de support de gouvernail), assis sur le toit de la cabine ou accroupi dans l'espace entre le mâtereau de support

54. Cf. le gouvernail sur l'assemblage A0056.

55. Pour les voiles figurées depuis l'arrière, voir *supra*, § 2.5, p. 12 ; pour une autre solution graphique, voir *infra*, assemblage A0056, § 6.2, p. 68.

56. Voir Jones 1988, p. 50, n. 7, *ỉmy ḥmww « he who is between the steering-oars, helmsman (?) »* ; p. 64, n. 64, *ỉry pḥwy « keeper of the stern (of a boat), Helmsman »* ; p. 64, n. 66, *ỉry nfr<y>t « Helmsman »* ; p. 65, n. 68, *ỉry ḥmw/ḥmwt « Helmsman »* ; p. 82, n. 140, *ḥmy « Helmsman, Steersman »* ; voir également Fabre 2005, p. 149, *jrw ḥmy « he who is at the poop »*.

et la mèche[57]. Les barreurs des bateaux sur A0056 et ici sur A0061 se trouvent dans cette dernière position. Un autre barreur, celui du bateau de A0058, est debout, devant le mâtereau de support. On peut supposer qu'en cas de mauvais temps ou si le vent soufflait fort, la position debout était sans doute plus avantageuse, permettant d'avoir plus d'appui et ainsi d'appliquer une plus grande force sur la barre du gouvernail.

Les matelots[58], qu'on peut classer dans le deuxième groupe des personnages, s'occupent du rangement du gréement après l'amarrage. On en compte au moins quatre sur le bateau de gauche : un matelot à l'avant et au moins trois de plus sur le toit de la cabine.

Le matelot assis à l'extrémité de la proue du navire de gauche a une jambe pendue le long de la coque, l'autre est repliée et prend appui sur le pont (*tal.* 27-125 A0061[-5,1] et détail fig. 51). Il manipule un maillet en bois. Il existe un parallèle parfait de cette scène sur l'un des blocs du IXe pylône (*tal.* 28-496)[59]. Un autre est attesté dans la tombe TT57, sur le dernier bateau en haut à gauche. Le matelot frappe à l'aide d'un maillet sur une sorte de bloqueur installé sur le pont. À notre connaissance, la représentation de l'opération reste limitée à ces trois reliefs. Il existe des scènes dans les mastabas d'Ancien Empire à Saqqara, dans lesquelles les ouvriers sont figurés en train de frapper sur les cordages avec une masse pour mieux les serrer entre eux[60], suivant une technique utilisée pour la construction des bateaux en papyrus et en bois. En ce qui concerne la *tal.* 28-496 A0061, ainsi que la scène de la TT57, il est probable que les matelots sont en train de serrer les bandes de cordages de renforcement de la coque à la proue, qui se sont détendues lors de la navigation. Le matelot situé sur la gauche de la *tal.* 28-496 est assis à la proue, les jambes pendant du côté visible de la coque. Son activité n'est pas facile à interpréter. Il tient une mailloche dans sa main droite avec laquelle il tape fort sur l'assemblage de deux éléments entrecroisés. De toute évidence, le premier élément, sans doute un outil, se trouve calé dans une encoche creusée dans le second élément posé sur le pont, peut-être un bloqueur pour l'étai qui nécessitait une réparation ou un entretien. Toutefois, on ne voit pas l'étai en place : pourrait-il être temporairement largué pour faciliter les réparations ?

On remarque que dans les trois cas cités, les actions se déroulent à la proue des bateaux. Sur les deux *talatat*, il y a un gros cordage qui se superpose à la coque juste en avant des jambes pendues des matelots, et sur lequel ils posent leur main gauche. Le cordage est un peu incliné dans le premier cas et vertical dans le second. Dans le cas de la scène de la TT55, le dessin ne contient pas de détails qui puissent aider à une meilleure compréhension.

© CNRS-CFEETK, photo n° 17380/A. Bellod — a.
© R. Vergnieux — b.
© Manna Nader, Gabana Studios Cairo — c.

Fig. 51. **a.** Détails de *tal.* 27-125 ; **b.** *Tal.* 28-496 ; **c.** Tombe TT57.

57. Toutes les positions des barreurs sont schématiquement représentées dans Doyle 1998, p. 122-132, fig. 6-54 et 6-61.
58. Voir Jones 1988, p. 66, n. 72, *ỉryw « crew of a boat »* ; p. 66, n. 74, *ỉst « ship's crew, company »* ; p. 67, n. 75, *ỉst wsḫt « crew member of a wsḫt boat »* ; p. 67, n. 77, *ỉsty « sailor (?) »* ; p. 70, n. 87, *ʿprw « sailors, ship's crew »* ; p. 82, n. 138, *hꜣwtyw, hwty « sailor, ship's hand, crew »*.
59. Bloc signalé dans Le Saout, Traunecker 1982, p. 68-69.
60. V^{e} dynastie (2494-2345 av. J.-C.), mastaba D64 d'Akhethotep et Ptahhotep (voir Davies 1900, pl. 21, 25) et tombe de Nefer et Kahay (voir Rogers 1996, p. 90-94, fig. 54-55 ; Pomey 2015b, p. 14, 16, fig. 36).

Dans l'assemblage A0061, le personnage de droite de la *tal.* 28-496 est penché au-dessus d'une surface élevée. Peut-être est-ce la proue d'un autre navire équipé de crochets semblables à ceux visibles dans le dos du marin sur la *tal.* 27-125.

Les *tal.* 27-093 A0061[-3,2] et *tal.* 28-308 A0061[-1,2] mettent en évidence au moins trois matelots accroupis sur le toit de la cabine du navire de gauche. Sans doute rangent-ils des manœuvres : en théorie, il pouvait s'agir des balancines « courantes » de la vergue volante, mais, plus probablement, des bras et des écoutes de deux vergues qu'ils sont en train d'assurer sous la basse vergue. Remarquons que les matelots travaillent avec le gréement du navire de gauche comme les manœuvres du bateau du centre ont déjà été rangées. On distingue une ligne courbe (*tal.* 27-093 A0061[-3,2]), qui est sans doute une manœuvre lovée en glène.

Le troisième groupe des personnages est représenté par les porteurs. On en compte au moins sept sur le navire de gauche. Trois d'entre eux portent de grandes amphores sur leurs épaules. Cela peut être le cas des autres, sauf un – celui sur le haut de la passerelle –, qui semble se déplacer vers la droite, probablement les mains vides ou en charge de l'amarre qui passe devant ses jambes (*tal.* 27-125 A0061[-5,1]). Quatre autres porteurs sont situés sur le même pont[61].

Dans l'espace situé entre le deuxième et le troisième navire, on voit encore trois porteurs sur une ligne de sol tracée pour eux[62]. Ils sont peut-être en train de transporter les volailles du troisième bateau à droite. Enfin, sur la droite du bateau de droite, un porteur de jarre est encore sur le pont, alors que d'autres présents à terre sont sans doute en train de décharger un quatrième bateau plus à droite, dont la gravure n'a pas été achevée (voir *tal.* 29-356 A0061[22,3], fig. 39-40).

Sur le bateau central, du personnel est en charge des animaux. Dans la cage, un berger est en train de saisir la bride d'un taureau, probablement pour le faire sortir. Un deuxième calme un taureau, en lui proposant de la nourriture tout en gardant la bride dans sa main. L'objet rectangulaire qui apparaît entre lui et le taureau, semblable à d'autres stockés sur le toit de la cabine, est probablement une botte de paille. Sur le pont du bateau de droite, un volailler s'occupe des bêtes. Sans doute aide-t-il à les faire entrer dans les paniers suspendus aux balanciers des porteurs, sur la gauche du bateau.

Le dernier groupe compte cinq personnes qui se trouvent à l'intérieur de la cabine du bateau central (*tal.* 27-279 A0061[4,2]). Au registre supérieur, on distingue deux femmes. La silhouette de la première, debout, se dessine à gauche du bloc. La deuxième, assise devant la table, remplit des pots et s'occupe de la cuisine. Elle tient un récipient dans sa main droite. L'extrémité d'un pied (*tal.* 27-279 A0061[4,2]) et la partie d'un visage (*tal.* 27-366 A0061[4,3]) attestent de la présence d'une troisième personne, en haut à droite, mais il est difficile de l'identifier. On peut supposer qu'il s'agit d'un homme en train de manger. Dans le registre inférieur, on voit une femme la main à l'intérieur d'un pot. Derrière elle, un homme assis prend son repas. Toutes les personnes à l'intérieur de la cabine font très probablement partie de l'équipage. Il est possible que les femmes soient celles du capitaine et d'un des officiers du bateau. La cabine était sans doute réservée à des gradés, les simples matelots prenant plutôt leurs repas sur le pont.

De manière générale, l'iconographie égyptienne des femmes à bord des bateaux est assez diversifiée et inclut plusieurs thèmes[63]. Les scènes funéraires dans lesquelles les pleureuses sont sur des embarcations ont été très populaires dès l'Ancien Empire. Les femmes peuvent aussi participer au pèlerinage à Abydos à bord du bateau de leurs époux[64]. Les femmes apparaissent encore dans les scènes de pêche et de chasse dans les marais. Dans certaines scènes, dont la plupart datent de l'Ancien Empire, elles accompagnent leurs maris lors d'un voyage et parfois elles allaitent les enfants à bord du bateau[65]. Les maquettes de bateaux provenant de la tombe de

61. Visibles sous la vergue du bateau de gauche, voir *supra*, p. 49, fig.40.

62. C'est la légère trace de l'extrémité de la vergue du bateau de gauche, visible à l'arrière des personnages, qui atteste de la liaison entre les bateaux, voir *supra*, p. 49, fig. 40.

63. Voir Doyle 1998, p. 255-284.

64. Doyle 1998, p. 261.

65. Doyle 1998, p. 266.

Méketrê[66] incluent des personnages féminins qui s'occupent de la préparation du pain. Dans quelques scènes de l'Ancien Empire, on voit des femmes au poste de timonier. Au Nouvel Empire, on trouve quelques images de femmes qui participent à la navigation. Sur une *talatat* provenant d'Hermopolis, c'est une femme qui s'occupe du gréement du bateau (voir fig. 106)[67]. De même, dans la tombe de Neferhotep, on distingue une femme parmi les matelots accrochés sur la basse vergue. En revanche, il existe très peu de représentations de femmes comme passagères, sauf dans le cas des femmes de haut rang social qui sont montrées dans leurs embarcations privées[68]. Sur un relief de Beni Hassan, un bateau a été interprété comme transportant un harem[69]. Ainsi peut-on conclure que sur les reliefs A0055 et A0061, les femmes sont représentées en tant que passagères ou membres de l'équipage.

Pour résumer, vingt personnes sont représentées à bord sur l'assemblage A0061, dont onze font probablement partie de l'équipage des trois navires.

66. Méketrê était chancelier pendant le règne de Montouhotep II (XIe dynastie, 2055-2004 av. J.-C.).
67. Voir *infra*, p. 107.
68. Doyle 1998, p. 256.
69. Newberry 1893, Part 1. p. 33 et pl. XVI.

6

Les manœuvres des voiles et l'accostage

6.1. Navires avec voiles établies

Référence : A0054[1] (fig. 52-55).
Thème : descente de la vergue volante pour deux bateaux aux voiles établies, dont les coques ne sont pas préservées.
Action : les marins sont parés à serrer les voiles et procéder à l'accostage, des personnages sur la berge s'approchent des navires.
Commentaire archéologique :

Les *talatat* de cet assemblage étaient dispersées dans les couches 27 à 30. La liaison entre les blocs est assurée par les bords verticaux des voiles, ainsi que par les vergues mobiles. Les balancines en relief devant les voiles sont également de bons indicateurs pour positionner les blocs les uns par rapport aux autres.

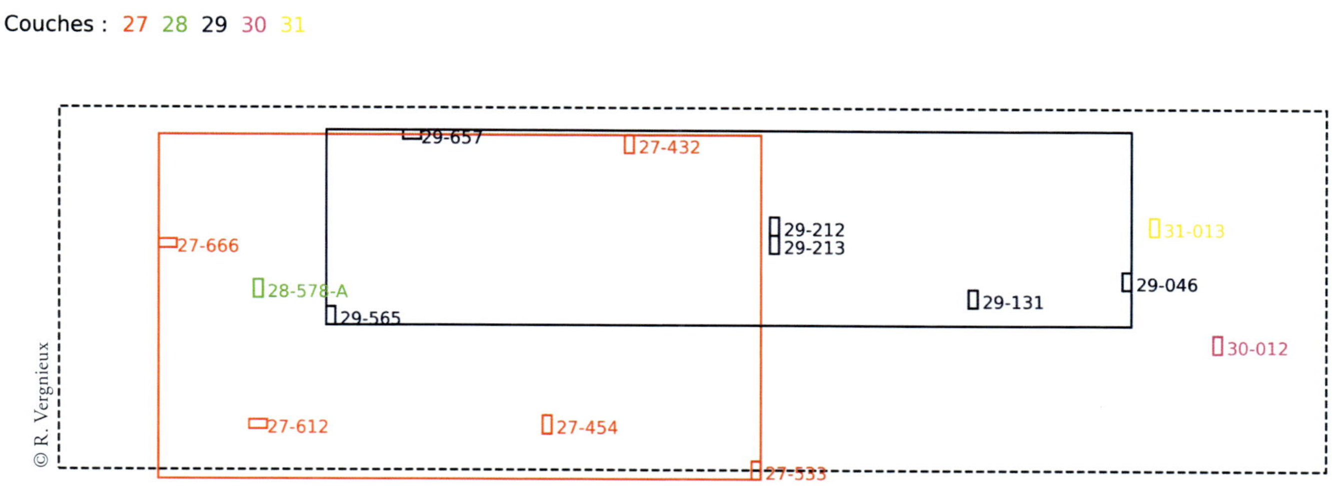

Fig. 52. Dispersion dans les couches du IXe pylône de Karnak des blocs de l'assemblage A0054.

1. Vergnieux 1999a, p. 147-148 ; Vergnieux 1999b, pl. 89.

Ce relief présente la particularité d'être inachevé. La gravure s'arrête brusquement sur la droite selon une ligne verticale. Sans doute avons-nous ici le témoin négatif de l'échafaudage sur lequel étaient installés les graveurs pour effectuer leur travail. Nous avions déjà montré que même si le travail de gravure n'avait pas été achevé, celui de la mise en peinture avait déjà été engagé. En effet, la *tal.* 29-657 A0054[1,1] conserve des traces de couleurs.

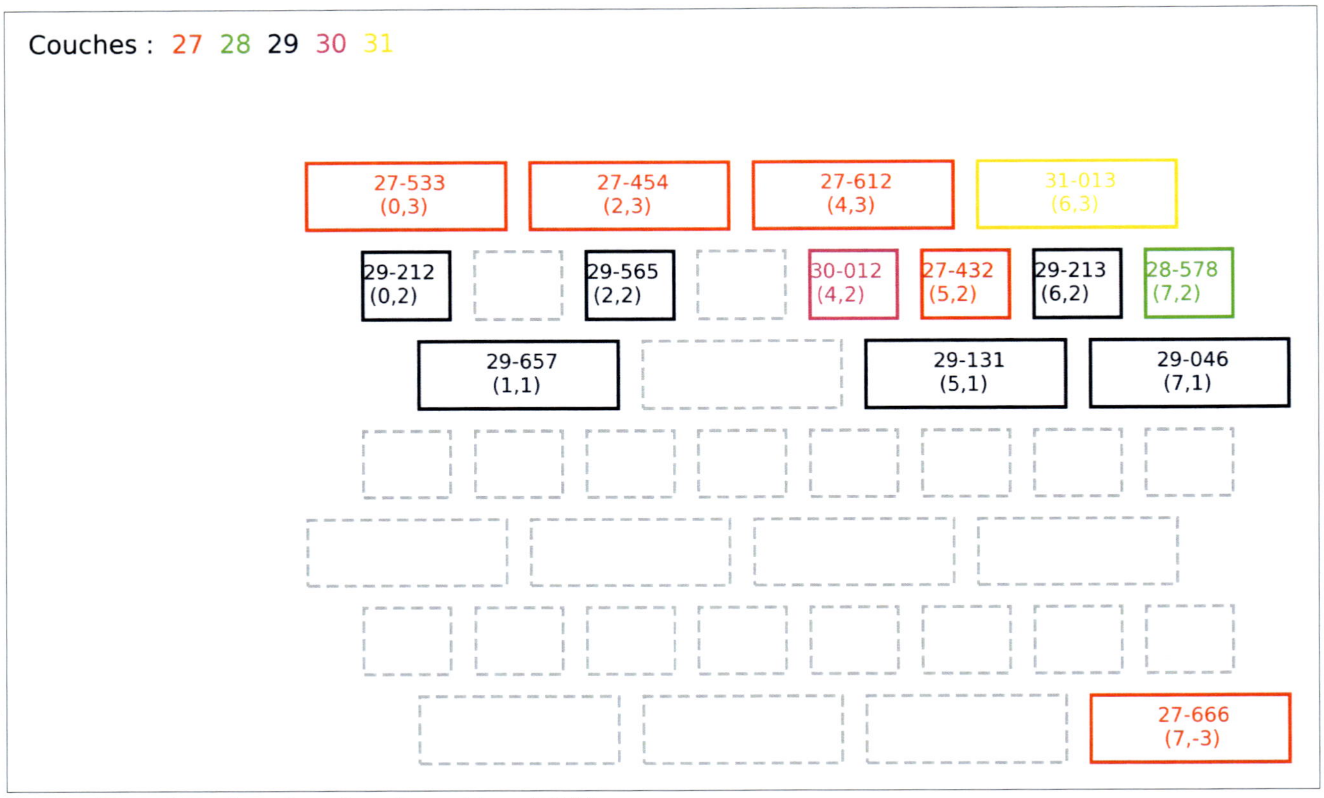

Fig. 53. Disposition des *talatat* dans l'assemblage A0054.

Toutes les phases du travail de réalisation des parois sont présentes : dessin préparatoire avant gravure (A0109) ; gravure en cours (A0054 et A0061 à l'extrémité gauche) ; peinture en cours (A0054 et A0061) ; scènes achevées (tous les autres assemblages). Ce dernier est actuellement composé de 14 blocs (six boutisses et huit carreaux).

L'ensemble de la scène inclut les éléments du gréement et des voiles des deux navires, quatre membres d'équipage, ainsi que quatre personnages et un âne sur la berge. En revanche, la forme et les dimensions des coques de ces navires nous restent inconnues. Le relief est inachevé à droite (voir *supra*) [2].

La mâture est représentée par la partie bâbord de la vergue volante du navire de gauche (*tal.* 27-533 A0054[0,3], 27-454 A0054[2,3] et 27-612 A0054[4,4]), le haut du mât de ce navire étant doté d'orifices circulaires pour le passage des balancines (*tal.* 27-612 A0054[4,3]), ainsi que la partie bâbord de la vergue volante du navire de droite (*tal.* 27-612 A0054[4,3] et 31-013 A0054[6,3]).

En ce qui concerne le gréement, on peut distinguer de nombreuses balancines des basses vergues, toujours celles de bâbord. Au-dessus des vergues volantes, on voit également leurs propres balancines, de bâbord et tribord pour le navire de gauche et seulement celle de bâbord pour le navire de droite. Enfin, on trouve des bras de bâbord et des vergues volantes sur la *tal.* 29-565 A0054[2,2] pour le navire de gauche, et sur la *tal.* 27-612 A0054[4,3], 27-432 A0054[5,2], 29-213B A0054[6,2] et 29-046 A0054[7,1] pour le navire de droite. Le bras de ce dernier était assez mou, ce qui se traduit dans la scène par une ligne courbe.

2. Voir Owen, Kemp 2008.

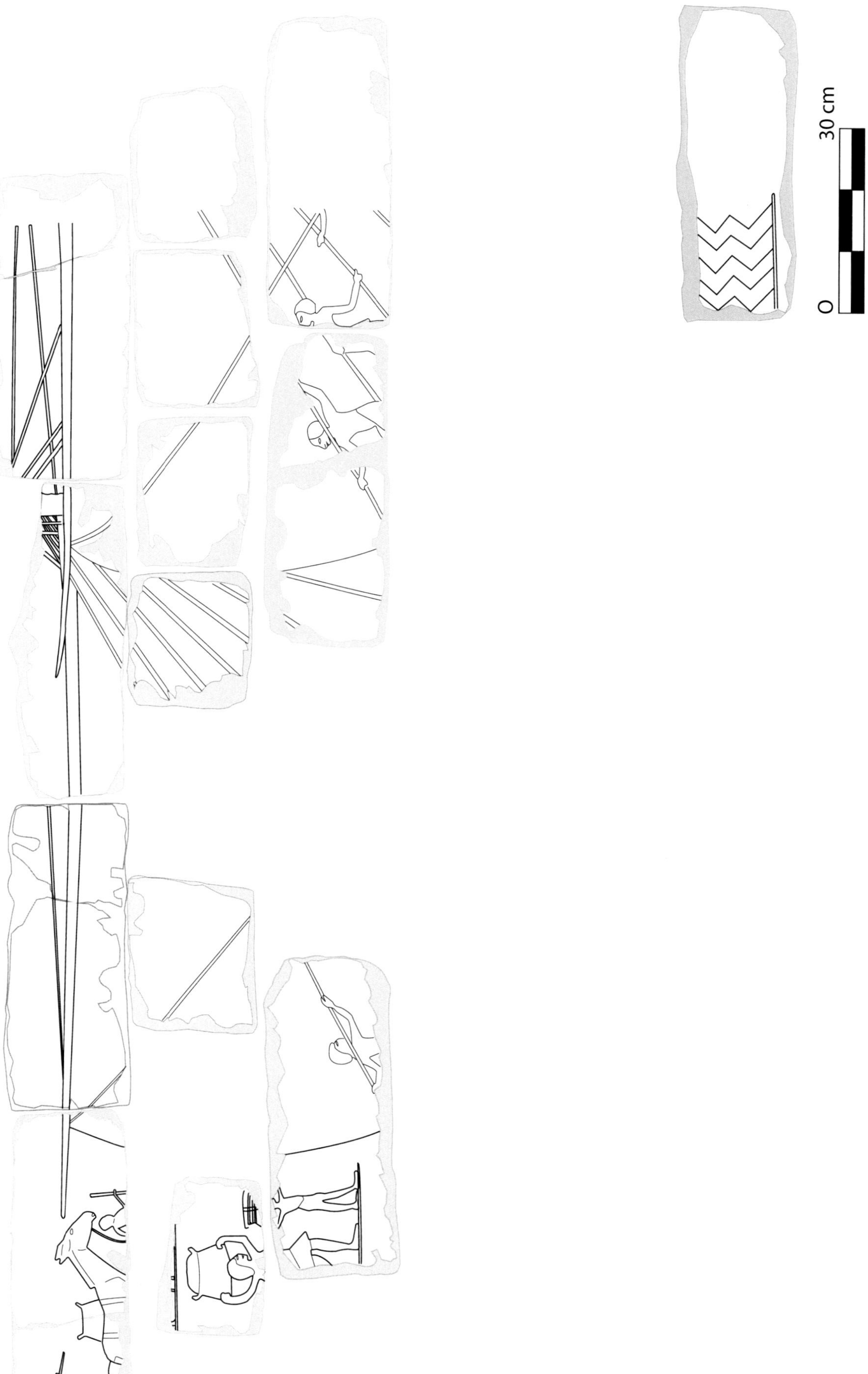

Fig. 54. A0054 – deux voiliers en cours d'accostage (fac-similé).

© CFEETK-CNRS/R. Vergnieux

Fig. 55. A0054 – deux voiliers en cours d'accostage (photo).

Les membres d'équipage sont debout sur les basses vergues de leurs navires respectifs. Il existe de nombreux parallèles dans l'iconographie égyptienne. On voit seulement un matelot de l'équipage du navire de gauche, et trois à bord du navire de droite. Le tracé du troisième matelot, celui de droite, est inachevé, seul son bras a été gravé. Remarquons que les quatre matelots s'accrochent aux balancines. La position des matelots et du gréement est cohérente dans le contexte nautique de la scène et exclut les autres interprétations. Cependant, on peut mentionner des reliefs d'Ancien Empire sur lesquels les matelots manipulent les épieux longs et tirent sur les manœuvres frappées sur le milieu de la chute de la voile. Ces manœuvres sont souvent interprétées comme des boulines[3]. Pourtant, les bateaux égyptiens ne pouvaient pas naviguer au près (contre le vent), c'est pourquoi il nous faut chercher une autre explication. L'analyse du gréement des navires égyptiens d'Ancien Empire permet de considérer les manœuvres frappées sur la chute de la voile comme une écoute et une amure archaïque[4].

La position des matelots nous aide à comprendre que les deux navires sont probablement en train d'accoster. Bien que les voiles soient encore établies, un matelot placé sur la basse vergue du navire de gauche et deux autres sur celle de droite attestent du début de l'opération de la descente des vergues volantes. La figure du matelot du milieu est très caractéristique. Penché vers l'avant, il regarde la vergue volante et fait un geste destiné à ceux qui devaient choquer les drisses assurées à la poupe du bateau[5]. Les matelots ont probablement déjà commencé à faire descendre la vergue du navire de droite, son bras bâbord n'étant pas tendu. On peut s'interroger sur la destination des chargements assurés par les deux adultes et deux enfants. Il ne s'agit pas de files de porteurs professionnels qui viennent pour charger les navires. Les sacs que l'on voit sur le dos de l'âne et sur la tête du docker sont bien pleins (fig. 56).

Fig. 56. Le chargement de céréales sur un bateau dans la tombe de Pahery (XVIIIe dynastie, règne de Thoutmosis III, Elkab).

3. Voir Landström 1970, p. 37, fig. 99, p. 42, fig. 110, p. 43, fig. 116.
4. Dans Belov 2020b.
5. Cf. l'assemblage A0056.

6.2. Préparation à l'accostage

Référence : A0056[6] (fig. 57-60).
Thème : grand bateau de charge avec une partie de toile entre les vergues.
Action : opération d'accostage – les marins replient la voile, leurs collègues préparent les amarres à l'avant du bateau, le timonier est toujours à son poste, les autres membres de l'équipage commencent à faire sortir de la cage les animaux transportés.
Cargaison : bétail.
Commentaire archéologique :

Cette paroi est composée de 12 *talatat* (sept boutisses et cinq carreaux), qui proviennent principalement de la couche 29 du IXe pylône. Trois ont été retirées de l'assemblage initial publié en 1999 et forment désormais un assemblage distinct sous le numéro A0108[7]. En effet, deux personnages ne pouvaient être maintenus en raison de la présence d'une corde tenue au-dessus de leur tête, qui semble incompatible avec la structure de la cabine sur laquelle se déplacent les personnages de l'assemblage A0056 (29-266 A0056[6,3]).

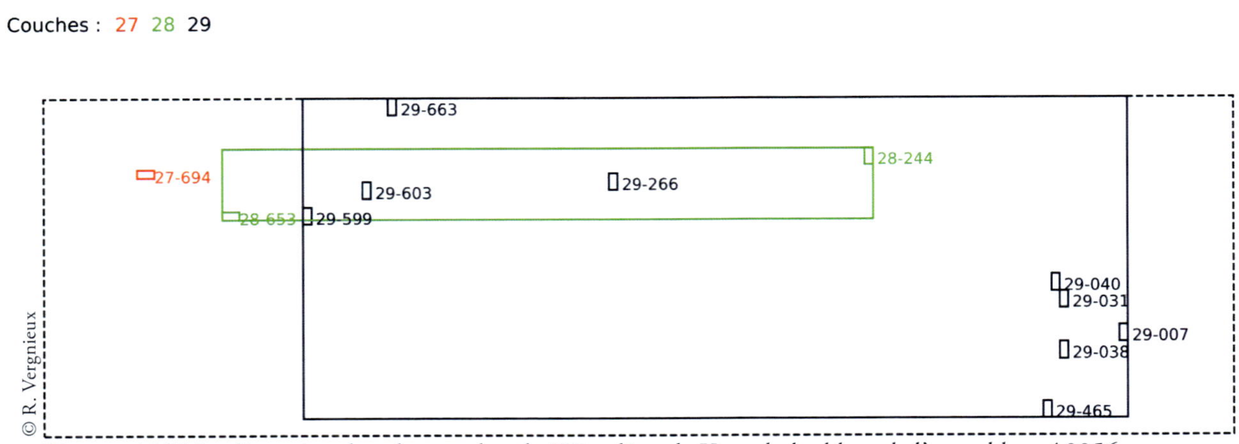

Fig. 57. A0056 – dispersion dans les couches du IXe pylône de Karnak des blocs de l'assemblage A0056.

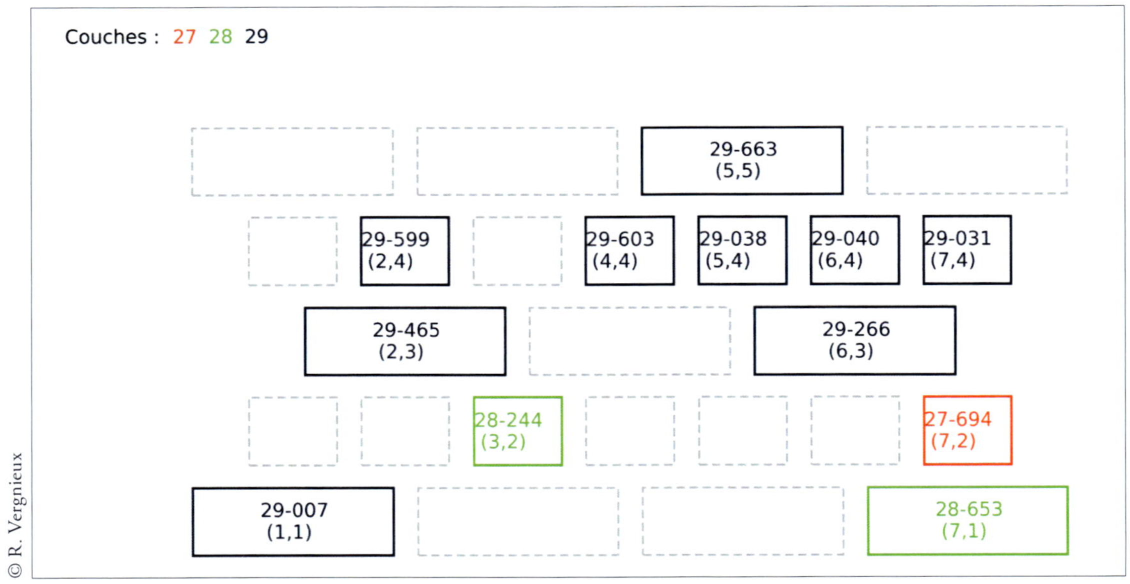

Fig. 58. A0056 – disposition des *talatat* de l'assemblage A0056.

6. Vergnieux 1999a, p. 147 ; Vergnieux 1999b, pl. 87.
7. Voir *infra*, § 7.4, p. 89.

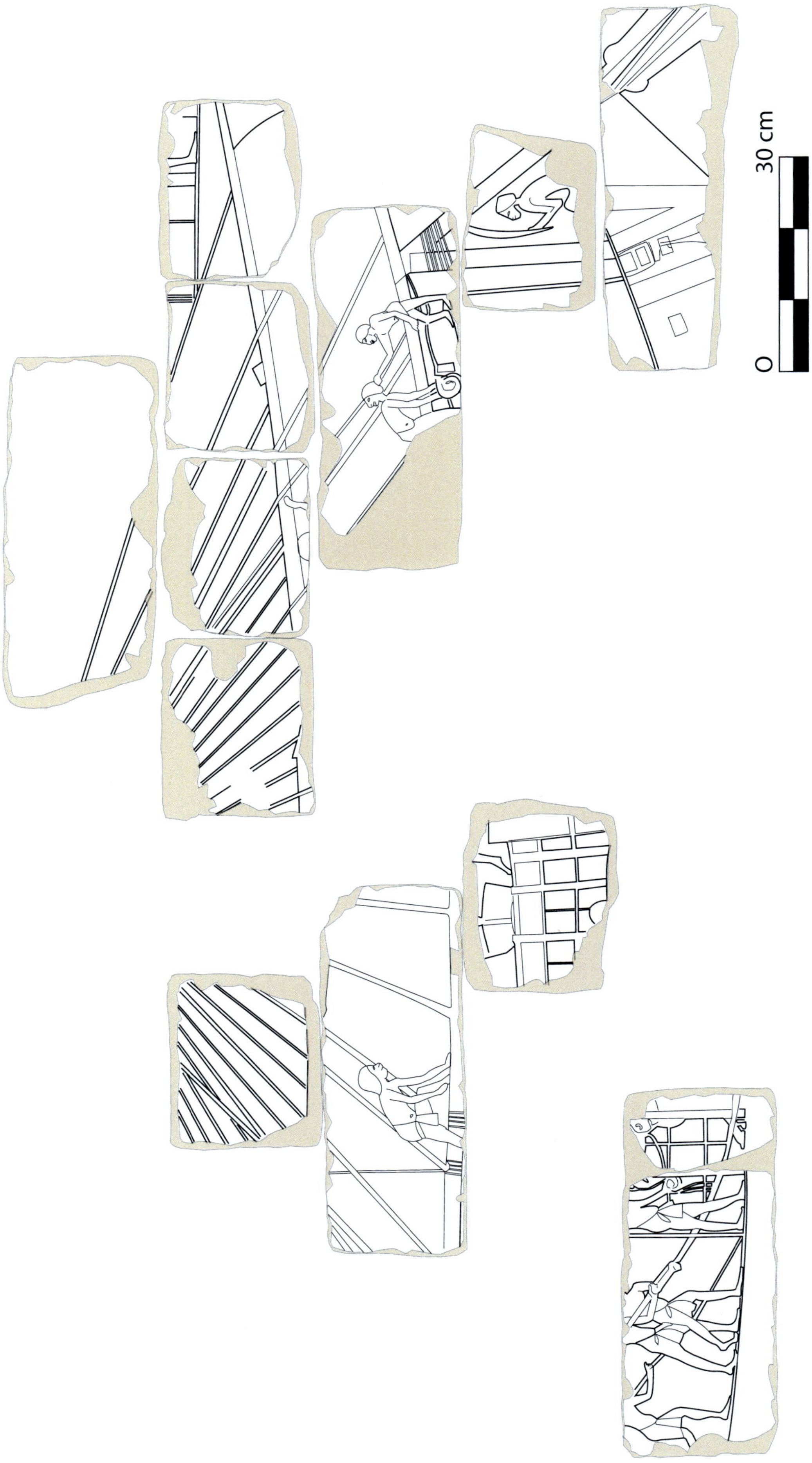

Fig. 59. A0056 – manœuvres d'accostage (fac-similé).

Fig. 60. A0056 – manœuvres d'accostage (photo).

La coque

La scène conserve peu d'informations sur la coque du bateau. On peut seulement constater qu'il s'agit d'un bateau de charge de dimensions assez importantes[8]. On ne voit qu'une partie du pont avant. En revanche, la poupe du bateau fournit un détail très intéressant: des bandes de cordage de renforcement, placées autour de la coque et disposées en forme de « IV » (*tal.* 28-653 A0056[7,1] ; fig. 61, n°s 1, 2, 3)[9]. Ces bandes sont d'une largeur considérable: les constructeurs leur accordaient probablement une grande importance dans le renforcement de la coque. Bien que les cordages qui forment les bandes ne soient pas dessinés individuellement, le dispositif général est rendu de façon très claire et compréhensible.

On distingue ainsi, à peu près à mi-hauteur du cordage n° 2, un petit détail de forme triangulaire (n° 4 ; cordage ?) qui passe entre les baux transversaux n°s 6 et 7. Il est improbable que celui-ci passe à travers le bordé, parce qu'il y a des baux au-dessous et au-dessus. Il est plutôt tenu en place par un fin cordage (n° 5) qui forme probablement un grand « V » avec la bande n° 1, comme c'est le cas des bandes n°s 2 et 3. Le cordage n° 5 passe au-dessus du bau n° 7, dans lequel se trouve une rainure qui maintient le cordage dans cette position. Ce système de bandes est assez complexe et il est possible de faire de nombreuses hypothèses à leur sujet, cependant il ressort assez clairement qu'un tel système répond au souci d'assurer la solidité de la poupe. On ne manquera pas de souligner que la bande n° 2 se trouve dans la même position verticale que le mâtereau du gouvernail n° 8, ce qui suppose qu'il était également inclus dans ce système de renforcement. On distingue également un cordage n° 9, probablement lié au système de suspension du gouvernail (voir *infra*).

Les superstructures

Les traces conservées laissent à penser que la cabine était divisée en deux parties contiguës, comme c'est souvent le cas des bateaux sur les autres reliefs de la série[10]. Apparemment la section avant était destinée aux bœufs, ce dont témoigne le reste d'un museau présent sur la *tal.* 29-007 A0056[1,1] (en haut, à droite). Il appartient à l'animal tenu à l'aide d'une bride par un personnage. Enfin, la présence d'une botte de paille sur le toit de la cabine confirme l'usage de l'embarcation pour le transport des animaux (A0056[7,1]). La tête du deuxième personnage est visible en bas (*tal.* 28-244 A0056[3,2]). Tous deux semblent se préparer à débarquer les animaux. On distingue, d'ailleurs, trois brides dans la main du premier personnage, en toute logique associées aux trois bovins à faire descendre en premier. Ces caractéristiques rappellent beaucoup la composition de la scène sur l'assemblage A0061. La cage se distingue néanmoins par les panneaux qui semblent la recouvrir, suggérés par les lignes plus fines placées entre ses poteaux.

Fig. 61. Photo de *tal.* 28-653 avec les détails constructifs commentés dans le texte.

8. Voir la discussion consacrée au type de bateau utilisé pour le transport du bétail dans la section A0061.
9. Cf. *tal.* 28-213 [5,1], assemblage A0061.
10. Cf. assemblages A0052, A0061, A0062.

Il est plus difficile de deviner la destination de la cabine arrière, très mal conservée. Peut-être s'agit-il des quartiers d'habitation de l'équipage? Le toit de la cabine avant forme un seuil avec celui de la cabine arrière (*tal.* 28-244 A0056[3,2]). Un peu plus bas, on devine le coin de la porte de cette dernière. Enfin, on distingue la cloison arrière (*tal.* 27-694 A0056[7,2] et 28-653 A0056 [7,1]), située un peu en avant du mâtereau de support du gouvernail.

Le mât

La scène fournit très peu d'informations sur la mâture. On peut constater la présence des deux vergues avec la vergue volante, composée de deux espars comme sur les autres bateaux de la série (*tal.* 29-603 A0056[4,4]). Remarquons une petite crénelure sur l'extrémité de l'espar supérieur. Elle devait empêcher la saisine de glisser entre deux espars.

Le gréement

Le gréement conservé inclut de nombreuses balancines des deux vergues, les drisses de la vergue volante et l'étai représenté par une ligne plus épaisse (*tal.* 29-599 A0056[2,4]) qui continue sur le bloc de dessous (*tal.* 29-465 A0056[2,3]).

L'intérêt principal de cette scène réside dans la représentation de l'équipage du bateau en action. Dans la description générale de l'assemblage, nous avions remarqué que le timonier était figuré en train de diriger le bateau. Avec les deux opérations que l'on va considérer ci-après, nous sommes conduits à conclure que le bateau n'a pas encore accosté.

Les personnages

Cinq membres de l'équipage sont impliqués dans la première opération, qui consiste à serrer la voile (*šbw ḥtpw*[11], *ḫ3ʿ p<3> sḫ3*[12]). Deux marins situés sur le toit de la cabine (*tal.* 29-226 A0056[6,3]) choquent les drisses de la vergue volante pour éventuellement affaler la voile[13]. Autrement dit, ils doivent faire descendre doucement la vergue au moyen des drisses qui sont tournées dans le bloqueur visible dans l'espace situé entre les marins[14]. Le trajet des drisses est clairement explicité. Elles descendent du sommet du mât vers la partie arrière du bloqueur et font ensuite un changement d'angle important en passant par le bloqueur en direction de la glène tenue entre les mains du matelot penché[15]. Les drisses des bateaux du Nouvel Empire étaient souvent enroulées sur le toit de la cabine[16], comme c'est le cas, par exemple, des glènes des drisses sur un relief de la tombe de Neferhotep[17] (fig. 62).

De toute évidence, les drisses étaient également lovées en glènes quand on hissait la voile (fig. 63).

11. Jones 1988, p. 226, n. 104, « *reef, furl the sail* ».
12. Jones 1988, p. 218, n. 56, « *lower (the sail?)* ».
13. La vergue volante se trouve dans une position plus haute que celles des bateaux accostés sur les assemblages A0052 et A0061.
14. Sur les grands navires, les drisses des vergues des huniers sont doublées par les bragues de sécurité – les manœuvres qui assurent la sécurité en cas de rupture de la drisse principale. Une rupture pouvait infliger de grands dégâts, en raison du poids important de ces vergues. Les drisses des bateaux de charge égyptiens étaient sans doute doublées pour les mêmes raisons.
15. Remarquons un détail dans la figuration : les drisses sont au premier plan par rapport à la voile, ce qui est normal, mais en même temps elles passent derrière les deux vergues, ce qui est impossible.
16. Landström 1970, p. 136 : « *We can therefore assume that the halyards, on cargo vessels with deckhouses, were made fast to the roof of the deckhouse, perhaps to a fastening of the type we have seen on Amenophis II's models (108, fig. 337), probably anchored to one of the deck-beams.* »
17. TT49, fin de la XVIIIe dynastie, voir Davies 1933. B. Landström (1970, p. 136) décrit ce détail dans les termes suivants : « *The halyards, where these are shown in the pictures, run from the mast-head to the roof of the deckhouse, where there is also a coil of cable.* »

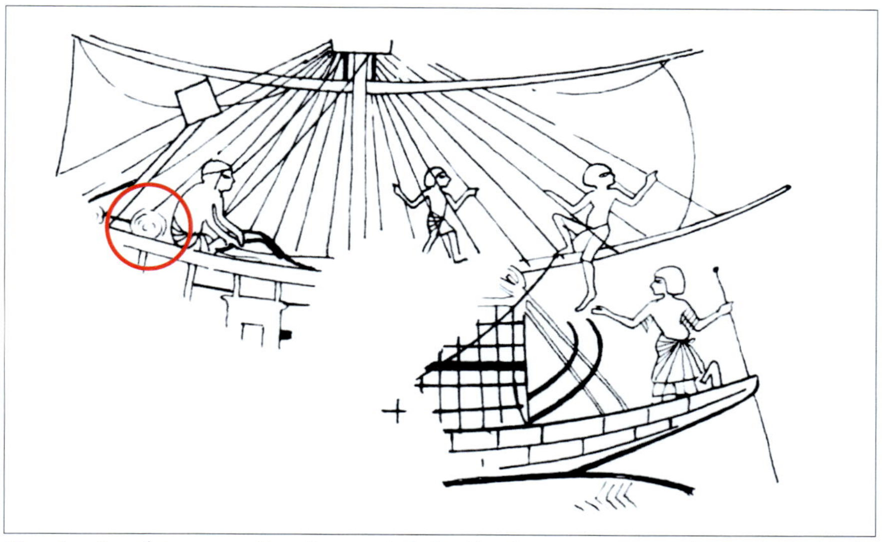

Fig. 62. Les drisses en glène (entourées) derrière le navigateur sur la représentation du bateau de la tombe de Neferhotep (dessin d'après Landström 1970, fig. 395).

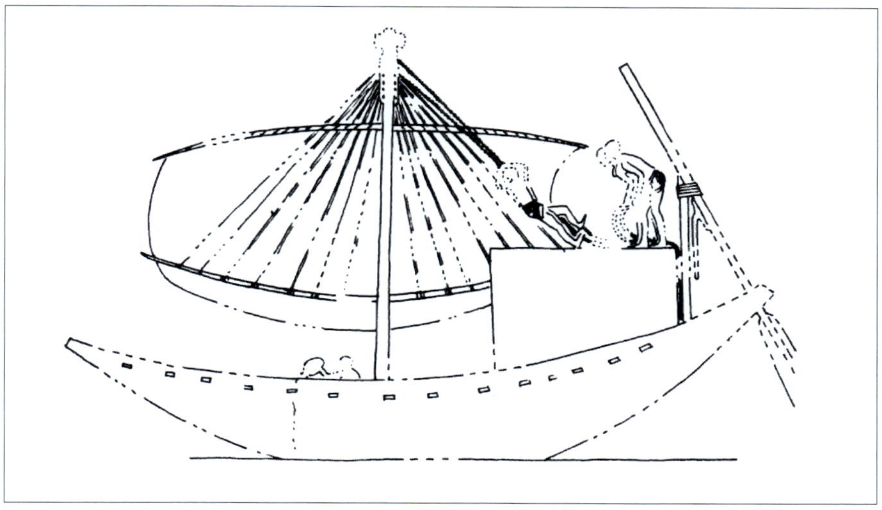

Fig. 63. Les drisses lovées en glène par deux matelots à la poupe sur la représentation du bateau de la tombe du vizir Rekhmirê[18], XVIIIe dynastie (dessin d'après Landström 1970, fig. 399).

Le matelot à la glène sur l'assemblage A0056 choque les drisses et contrôle le résultat en tournant sa tête pour regarder la vergue. Il est aidé par le deuxième matelot qui veille à ce que les drisses ne soient pas « mordues » dans le bloqueur et pèse un peu pour éviter le filage involontaire des manœuvres. Sa position ressemble, à ce titre, à celle du matelot d'une scène de la tombe de Rekhmirê (*infra*), qui pèse de toutes ses forces pour gagner sur les drisses.

On distingue la tête et le bras d'un matelot debout sur la basse vergue (*tal.* 29-038 A0056[5,4]). Il contrôle la descente de la vergue volante jusqu'à une hauteur confortable pour serrer la voile. Un de ses collègues (*tal.* 29-465 A0056[2,3]) est en train de le rejoindre, en montant sur la basse vergue depuis le toit de la cabine. Enfin, le troisième matelot de ce groupe des « gabiers », dont on voit le pied sur *tal.* 28-244 A0056[3,2] (en haut), se trouve probablement à la même position. Dès que la vergue est suffisamment descendue, les marins présents sur le toit de la cabine vont frapper les drisses et les trois matelots sur la vergue peuvent commencer

18. Davies 1935, pl. 61.

à dérabanter le fond de la voile[19]. Ensuite, ils vont plier la toile à la main sous la vergue volante et la rabanter, de façon à la faire encore descendre pour réduire l'écart entre les deux vergues[20].

Parallèlement à cette opération, trois matelots participent à la préparation à l'accostage, à l'avant du bateau (*tal.* 29-007 A0056[1,1]). Ils rangent les amarres, bien identifiables par leur taille (plusieurs hommes sont nécessaires pour les soulever) et par une boucle dont le nœud est visible presque au centre de la *talatat*[21]. La boucle présente un grand avantage lors de l'amarrage[22] au quai équipé de bittons, de taquets ou de bollards. Il est très pratique en effet d'étaler les amarres fournies de boucles, parce que les lamaneurs n'ont pas besoin de faire rapidement un nœud de chaise pour en former une. Ainsi, on peut supposer que le port de destination du bateau en question était probablement doté de ces aménagements. En revanche, l'iconographie confirme que pour amarrer un bateau aux pieux, on faisait un nœud. Apparemment, c'était aussi le cas des anneaux d'amarrage (angl. *mooring loops*) découverts sur un des quais du port de Karnak[23] et aussi dans le port de Kibotos à Alexandrie, datant de l'Antiquité tardive[24].

En tenant compte de la longueur considérable des amarres, on peut suggérer que trois matelots sont en train de les ranger le long du pont en les pliant plusieurs fois afin qu'elles soient prêtes à larguer une fois l'opération de l'amarrage commencée[25]. Il est fort probable qu'initialement les amarres étaient lovées, comme c'est le cas sur le relief de Deir el-Gebraoui (fig. 64).

Fig. 64. Une amarre lovée sur un relief de Deir el-Gebraoui, VIe dynastie (détail d'après Davies 1902, pl. 8).

Le gouvernail

Le gouvernail du bateau est de type axial, mais l'état de conservation du relief ne permet pas de comprendre si sa mèche passait dans une encoche dans la poupe ou à l'extérieur de la coque à bâbord. Pourtant, notre matériel nous incite à privilégier la première hypothèse. Un détail intéressant est la manœuvre avec laquelle le gouvernail a été probablement suspendu (fig. 65). Il pouvait s'agir également d'un système de relevage du gouvernail de l'eau[26].

Dans le cas de l'assemblage A0056 considéré ici, la manœuvre croise la mèche de gouvernail tandis que, dans les autres scènes du corpus, elle est parallèle à la mèche. Il est intéressant de dresser un parallèle avec le gouvernail du bateau de droite de l'assemblage A0061, qui présente une forme particulière sur le haut, pouvant justement faciliter cette opération. On trouve d'autres exemples sur le bateau du centre, toujours dans l'assemblage A0061, ainsi que sur le bateau de l'assemblage A0052.

19. Plus haut, nous avons évoqué l'hypothèse que le fond de la voile était amarré à la vergue basse à l'aide des petits doigts en bois – des cabillots. Voir l'introduction de cet ouvrage (section sur le gréement).
20. Voir Vinson 1994, p. 38-39 et fig. 33 pour la description et un exemple iconographique.
21. Une glène de cordage et plusieurs fragments d'amarres ont été découverts récemment sur l'épave 5 de Thônis-Héracléion en Égypte. Un ouvrage sur la construction de ce bateau (IVe siècle av. J.-C.) est au cours de préparation (Franck Goddio, communication personnelle).
22. Les étapes principales de l'amarrage sont considérées *infra*, § 6.4, p. 76, dans la section sur l'assemblage A0059.
23. Boraik 2010, p. 72, fig. 9.
24. Haggag 2010, p. 47-48.
25. C'est toujours une pratique courante sur les grands voiliers.
26. Voir la restitution d'un des bateaux de la tombe de Toutânkhamon dans Landström 1970, p. 100.

Le gouvernail est figuré passant en arrière de la voile, elle-même montrée de l'arrière. Le dessinateur a donc opéré ici un échelonnement arrière de la mèche du gouvernail, dont l'extrémité est visible sur *tal.* 29-040 A0056[6,4].

Pour terminer l'analyse de cette scène, il reste à faire une remarque sur l'équipage du bateau de l'assemblage A0056. Il est nombreux et compte au moins huit personnes. On ne peut identifier avec certitude que le timonier (*jrw ḥmy*). Comme l'embarcation navigue toujours, on ne voit que les membres d'équipage sur le pont et deux personnes (voire davantage) qui s'occupent de la cargaison de bétail. Même si le bateau avait des passagers à bord, ceux-ci devaient rester dans la cabine jusqu'à la fin de l'accostage.

Fig. 65. Manœuvre de suspension/levage du gouvernail sur *tal.* 28-653, A0056[7,1].

6.3. Procédure d'amarrage

Référence : *tal.* 29-015.
Description :

Les préparations liées à l'accostage à l'avant du navire sont parfaitement illustrées par les quatre matelots regroupés près de l'étai sur la *tal.* 29-015 (fig. 66).

Le premier tient sur son épaule un grand maillet pour enfoncer le pieu d'amarrage porté par le deuxième matelot. Deux autres matelots préparent probablement une amarre qui devait être dessinée sur le bloc inférieur. Les pieux d'amarrage massifs sont attestés sur une autre *talatat* du corpus (*tal.* 27-299).

Fig. 66. *Tal.* 29-015.

6.4. Acheminement des amarres

Référence : assemblage A0059[27] (fig. 67-69).
Thème : grande barge avec un compartiment cargo refermé, membres d'équipage, lamaneurs.
Action : la barge est en train d'accoster, un membre d'équipage puise de l'eau, d'autres se jettent dans le canal pour fixer les amarres à la berge, les lamaneurs s'actionnent pour amarrer le navire.
Commentaire archéologique :

Les traces de couleur jaune visibles sur la coque de la barge sont un élément probant de l'assemblage. Cependant, la *tal.* 28-572 A0059[-1,0] a posé difficulté : incomplète, elle avait été photographiée couchée sur la gauche, ce qui retarda son rapprochement avec les autres blocs. En effet, la *talatat* ainsi positionnée ne semblait pas respecter la grille d'assemblage : le carreau sur lequel elle s'appuie à droite est lui aussi « raboté », accentuant l'effet d'alignement vertical des deux blocs. Cependant en tenant compte des parties manquantes, le positionnement devient alors parfaitement compatible avec la construction des murs de *talatat*. Celles-ci sont signalées en pointillés sur la vue photographique de l'assemblage (fig. 69). La *talatat* en [-1,0] est plus large à droite, et celle en [0,-1] est plus large à gauche. Dans l'édition de 1999, nous avions laissé la distance d'une boutisse entre les *tal.* 28-572 et 29-085 ; avec la réalisation du fac-similé, il apparaît qu'elles peuvent être rapprochées sans perturber la cohérence du dessin.

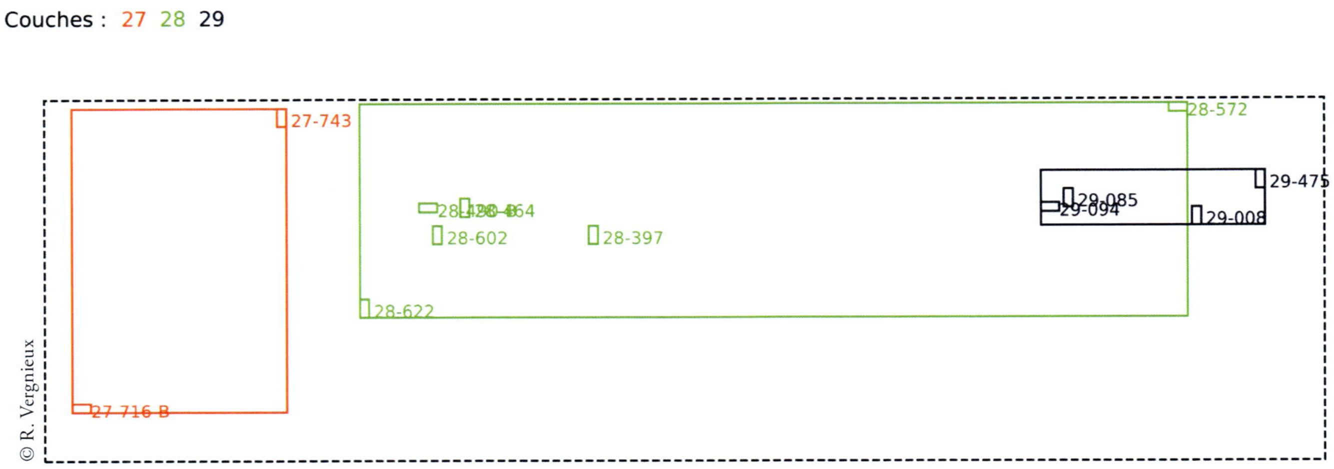

Fig. 67. Dispersion des blocs de l'assemblage A0059 dans les couches du IXe pylône de Karnak.

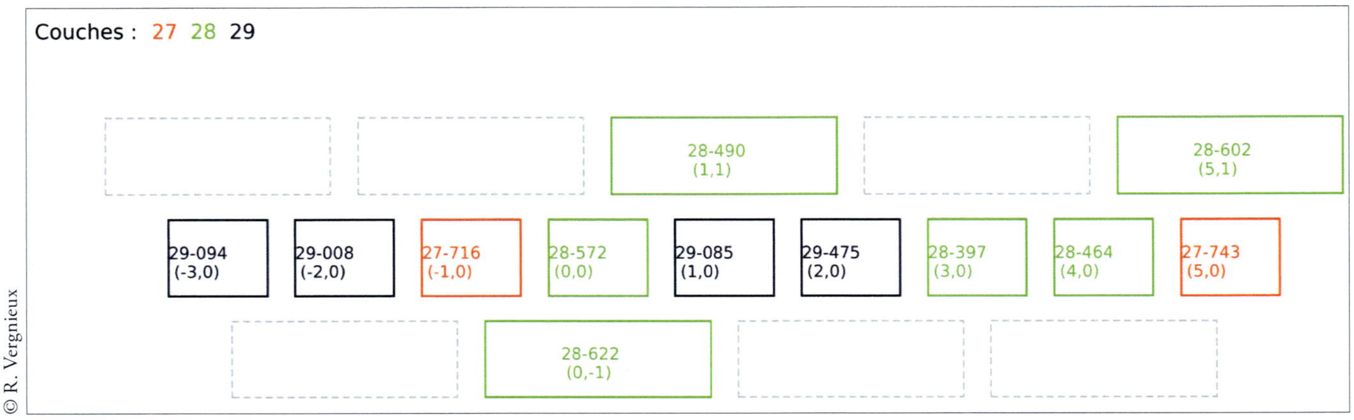

Fig. 68. A0059 – Disposition des *talatat* de l'assemblage A0059.

27. Vergnieux 1999a, p. 146-147 ; Vergnieux 1999b, pl. 85a.

Fig. 69. A0059 – Acheminement des amarres.

Dans la liste des blocs de cet assemblage, deux *talatat* avaient reçu un même numéro, occasionnant l'apparition d'un doublon dans l'inventaire. Après le pointage des numéros non attribués et l'analyse des erreurs récurrentes de lecture, il a été possible de leur réattribuer un numéro. La *tal.* 28-490-B correspond au numéro vide 27-764 et la *tal.* 27-716-B à 27-764. Ce travail est important, car il conditionne la qualité de l'apport d'informations des schémas de dispersion.

Description:

Le bateau de cette scène diffère beaucoup de ceux présents sur les autres reliefs de la série. Les lignes de la coque sont fragmentaires et donc difficiles à interpréter. Comme pour les autres bateaux, on distingue clairement un alignement de plusieurs baux transversaux. Cependant, deux bandes assez larges en dessous et au-dessus des baux sont très singulières, tout comme la superstructure, très haute, qui occupe toute la longueur conservée du pont.

La coque

La grande hauteur du bateau est soulignée par plusieurs détails. En comparant avec la taille du plongeur, en relation physique avec le bateau[28], on peut estimer que le bord de l'embarcation devait dépasser trois mètres de hauteur. On voit également que le matelot puise de l'eau depuis la partie haute du bateau à l'aide d'un cordage long, alors que normalement dans les scènes navales égyptiennes les matelots puisent de l'eau avec une main ou au moyen d'un récipient en se penchant directement vers l'eau depuis le pont ou la coursive[29] (fig. 70).

Notons encore qu'on compte au moins sept personnes occupées à une seule amarre, alors que trois ou quatre pouvaient certainement suffire à amarrer un bateau de taille ordinaire. On peut également déduire que le tirant d'eau de ce navire était considérable; à ce sujet, voir *infra*, la section consacrée à la procédure d'amarrage[30]. Un autre indice très important est qu'on devine le deuxième rang des baux transversaux sous la poitrine du plongeur de la *tal.* 29-085 A0059[1,0]). Dans l'iconographie égyptienne, la représentation de plusieurs rangs de baux est rare. Un bateau à deux rangs de baux transversaux est attesté sur les « blocs de Piânkhi[31] ». Il s'agit d'un grand bateau du type *ḏꜣy* destiné à la navigation fluviale[32] qui s'appelait, selon la légende, le « grand navire de Saïs ». De grandes barges employées pour le transport des obélisques sous

© R. Vergnieux

Fig. 70. Personnage qui puise de l'eau avec un récipient, directement depuis le pont d'un bateau (*talatat* conservée dans la réserve Cheikh Labib, à Karnak).

28. Au sujet des échelles relatives, voir *supra*, § 2.7, p. 13.
29. Voir Landström 1970, fig. 329, 405; même geste dans une scène de la tombe de Menna, voir *supra*, fig. 34, p. 44.
30. Voir *infra*, p. 80.
31. JE 31886, bloc 1.
32. Jones 1988, p. 151, II.88.

le règne d'Hatchepsout, destinées à supporter des charges énormes, ont été dotées de trois rangs de baux[33]. On voit que la ligne des baux du bateau sur l'assemblage A0059 descend sous la ligne de flottaison, ce qui n'était pas le cas du « grand navire de Saïs », de toute évidence destiné au transport de passagers. On peut en conclure que ce bateau était chargé d'une cargaison très lourde.

© R. Vergnieux

Fig. 71. *Tal.* 29-475, A0059[2,0,] avec un fragment de la coque peinte en jaune.

Tous ces indices laissent à penser qu'il s'agit d'une sorte de barge de grandes dimensions, probablement sans voile et remorquée par d'autres bateaux. Cette hypothèse correspond très bien aux bandes sur la coque, qui pouvaient désigner les préceintes (les virures très épaisses d'une section quasiment carrée qu'on incorpore dans le bordé pour renforcer la coque en bois[34]). Dans cette représentation, on peut interpréter la partie du bateau au-dessus de la deuxième préceinte comme étant un compartiment réservé pour le fret ; il devait s'étendre sur toute la longueur du pont. Une telle hypothèse est à privilégier sur celle des parois de protection de cargaison qu'on peut trouver dans l'iconographie égyptienne[35], parce que l'existence d'une plateforme sur laquelle se trouvaient les membres de l'équipage se laisse déduire. Les plongeurs se jettent dans l'eau avec les amarres depuis le haut de ce compartiment destiné à la cargaison et c'est de là-haut que se positionne également l'autre matelot pour puiser de l'eau. Ainsi peut-on déduire que le bateau n'était pas doté de coursives.

Il est intéressant de noter la couleur jaune bien préservée sur la coque de la barge (fig. 71).

Pour un parallèle ethnographique, on peut évoquer une prise de vue des années 1970, qui montre une grande felouque chargée de cannes à sucre près de Louqsor (fig. 72). On peut constater que le compartiment de fret, construit en roseau, est très haut et dépasse de loin la muraille du bateau.

© CPA/Rudmann n° 295 vers 1900 (coll. R. Vergnieux)

© R. Vergnieux

a. b.

Fig. 72a. transport de paille sur le Nil ; **b.** grande felouque transportant des cannes à sucre près de Louqsor.

33. Voir Bell 1934, p. 107 ; Landström 1970, p. 128-133 ; Sleeswyk 1987, p. 305-314 ; Sölver 1943.

34. Théoriquement ces lignes horizontales pouvaient représenter les câbles longitudinaux de renforcement de la coque qu'on trouve sur les reliefs d'Ancien Empire (temple de Sahourê, V[e] dynastie). Dans notre relief, il manque pourtant de la texture croisée caractéristique des cordages qui assuraient la position stable de deux câbles sur la coque. De plus, pourrait-on même suggérer que le câble inférieur était retenu en place par les baux, il est plus difficile d'expliquer comment on assurait l'amarrage du câble supérieur qui se trouve au niveau du pavois du bateau. Notons du reste que de tels câbles ne sont pas attestés dans l'iconographie égyptienne après la fin de l'Ancien Empire, et même les câbles de tension axiaux disparaissent des reliefs dès la fin de la XVIIIe dynastie.

35. Voir, par exemple, des images de bateaux syriens *mnš* : Basch 1987, p. 63-65.

Le compartiment de fret très haut et long du bateau sur l'assemblage A0059 fait penser à un vraquier[36]. Même si l'on ne trouve aucun indice supplémentaire pour nous aider à identifier la nature de la marchandise transportée par ce bateau, on peut penser qu'il s'agissait d'un fret de type céréalier : en effet, les compartiments de fret de ce bateau et ceux d'une embarcation représentée dans une scène de chargement du blé d'une tombe non identifiée de la XVIIIe dynastie se ressemblent beaucoup[37].

La courbe très arquée de l'extrémité de la coque du bateau est bien visible (*tal.* 28-572 A0059[-1,0]) et est soulignée par le livet (*tal.* 28-490B A0059 [1,1] ; fig. 73).

Dans tous les cas, la scène revêt un intérêt exceptionnel du fait de la figuration de la procédure d'amarrage du bateau.

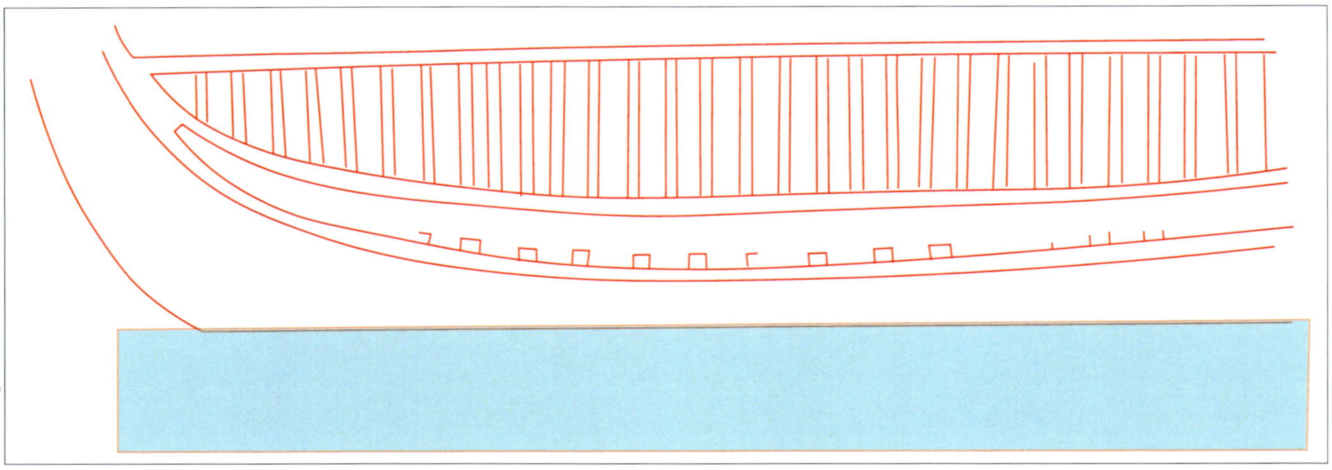

Fig. 73. Restitution de la forme de la coque de la barge de l'assemblage A0059.

L'équipage

Un marin plonge depuis le haut du navire avec un bout dont la boucle est placée autour de son épaule et son cou (fig. 74a). Un second marin nage et se dirige vers la rive toujours équipée d'une amarre (fig. 74b). Un troisième marin déjà arrivé à terre a confié l'extrémité du cordage à ses collègues afin qu'ils amarrent le bateau à quai (fig. 74c).

Les dessinateurs ont décomposé les phases d'amarrage en répartissant les étapes sur plusieurs individus[38].

Pour mieux interpréter ce dessin, il faut rappeler le procédé habituel de l'amarrage. En premier, une touline (cordage fin lesté d'une boule), appelée aussi lance-amarre, est envoyée sur le quai depuis un bateau. Les lamaneurs (les marins sur la berge qui s'occupent de l'amarrage) récupèrent la touline et, par son intermédiaire, l'œil de l'amarre[39]. C'est un cordage très épais et lourd. Dans cette scène, l'amarre est livrée à la berge par un marin qui plonge à partir du haut de l'embarcation. On peut en déduire que le navire était probablement trop loin de la berge pour lancer une touline, ou encore que l'équipage n'avait tout simplement pas de touline à bord. En tout cas, la profondeur de l'eau devait être d'au moins 1,50-2,00 m pour que le plongeur, lesté du poids de la corde, puisse se jeter à l'eau tête la première. Cela atteste également d'un tirant d'eau assez important pour la barge qui ne pouvait donc pas trop s'approcher de la berge[40].

36. Landström 1970, fig. 175-177, 182 (Ancien Empire), 391-396, 404 (Nouvel Empire). B. Landström (1970, p. 136) remarque avec justesse que les bateaux avec les écrans de protection de cargaison démontables pouvaient facilement s'adapter à un autre type de chargement.
37. B. Landström (1970, p. 135, fig. 393) propose le commentaire suivant : « *The three ships are being loaded with grain. The compartments of the cargo space appear to be clad internally with straw mats.* » Une autre scène illustrant le même sujet se trouve dans la tombe of Pahéri (XVIIIe dynastie, *c.* 1450 av. J.-C.), voir Fabre 2005, p. 138.
38. Voir *supra*, introduction, § 2.8, p. 13.
39. Précisions qu'il n'y a pas de nœud visible dans la boucle. De toute évidence, il s'agit d'un œil épissé (épissure).
40. Sur les tirants d'eau, voir *infra*, p. 128.

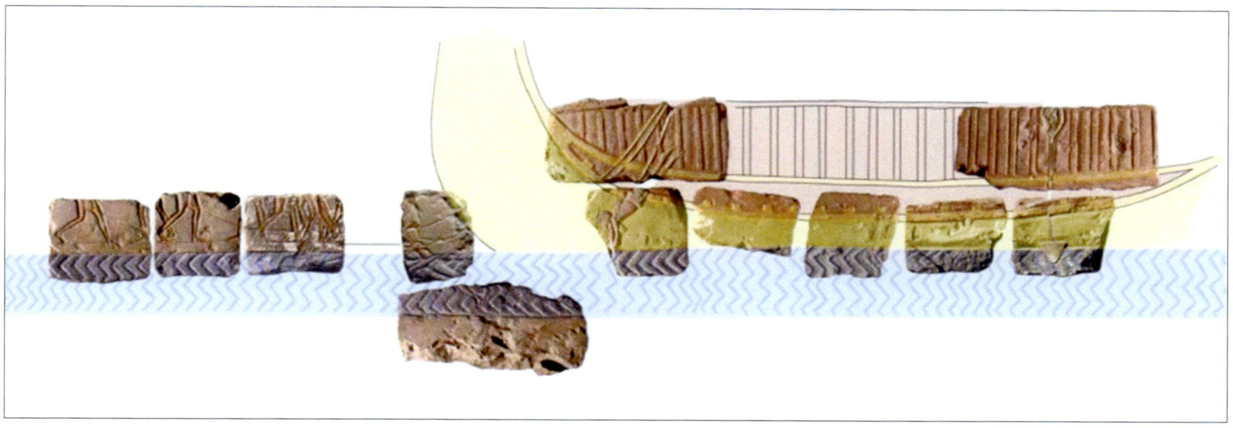

a.

b.

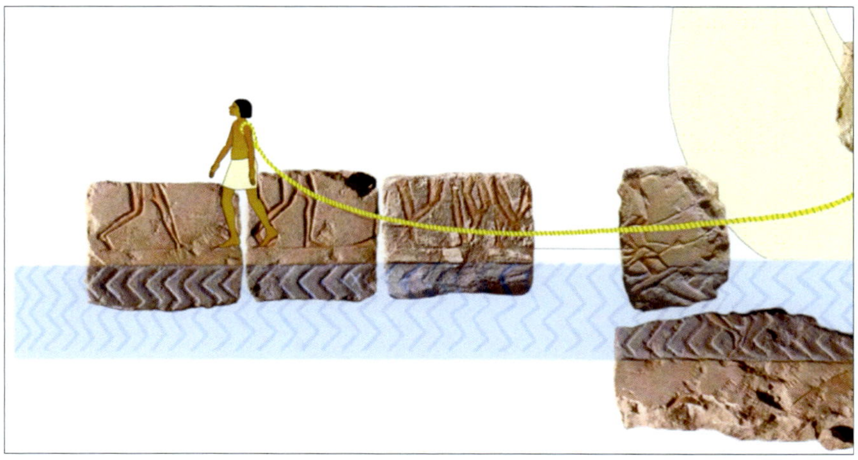

c.

Fig. 74. A0059 – les différentes phases d'amarrage : **a.** un marin plonge depuis le navire avec un cordage à l'épaule ; **b.** un marin arrive sur la berge avec un cordage à l'épaule ; **c.** un marin apporte le cordage aux personnes qui vont amarrer le navire.

On ne peut toutefois pas exclure que la manœuvre représentée dans la scène n'était pas courante et que le matelot devait livrer l'amarre à la berge dans des circonstances exceptionnelles. Par exemple, si le vent ou le courant éloignaient le bateau de la berge, il fallait rapidement intervenir pour accoster la barge, qui ne pouvait pas naviguer sans l'assistance d'une remorque.

Remarquons que le plongeur avance toujours dans le même sens et que les figures des lamaneurs lui sont opposées. Ces derniers vont lui prêter main forte pour amarrer le bateau. Il est intéressant de noter que le premier d'entre eux peut pratiquement toucher la coque avec son bras. Il n'y a pas de contradiction avec nos évaluations d'une distance importante entre le bateau et la berge au moment où le plongeur se jette à l'eau. En effet, la position et le geste de ce personnage peuvent tout à fait être interprétés comme une dernière phase d'approche du bateau vers le quai. Peut-être faut-il la comprendre comme la stabilisation de la proue face à la berge au lieu de débarquement de la marchandise, le navire ne pouvant se placer le long de la berge du fait de son tirant d'eau important.

7

Du monde sur le pont

7.1. Manœuvre à proximité de la berge

Référence : A0111 (de haut en bas : *tal.* 29-264, 28-109 ; fig. 75-76).
Thème : la proue d'un navire avec trois membres d'équipage occupés à la navigation.
Action : des personnages s'activent à la proue pour assurer le départ ou l'accostage du navire.
Description :

En dépit de son état de conservation très médiocre, des détails forts intéressants sont fournis par l'assemblage A0111, qui contient la représentation de trois membres d'équipage positionnés à l'avant du bateau. On voit l'étai qui fait une boucle autour de la coque[1]. Un gros cordage passe en diagonale à travers l'assemblage à hauteur de la ceinture du premier marin. Peut-il s'agir d'un bateau remorqué par un autre[2] ou par les haleurs depuis la berge[3]?

En bas à droite du bloc, on distingue un rectangle correspondant au bau transversal. Le premier marin est debout à l'extrémité de la proue. Tenant une perche dans sa main droite, il se retourne en direction de la poupe du bateau. De sa main gauche, il fait un geste d'avertissement qu'on peut interpréter comme « avance doucement, pas trop vite ! »[4]. Nous pouvons l'identifier au *proreutes*[5], celui qui assiste à l'accostage ou au départ du bateau. Sa position confirme que le bateau est toujours en cours de navigation.

Entre lui et le deuxième marin se trouve un objet massif. Il peut s'agir d'une sonde pour mesurer la profondeur des eaux. L'hypothèse de leste pour lancer la touline sur la berge ne tient pas à cause de la dimension considérable de l'objet. Pour des raisons inverses, on peut aussi refuser l'hypothèse de l'ancre qui paraît trop petite par rapport à la taille du bateau et des personnages. Il serait plus facile de poser l'ancre sur le pont plutôt que de la tenir à la main comme dans la scène. Le troisième matelot, penché vers l'avant, s'occupe à lover une glène de cordage, ce qui paraît logique dans le cadre de l'arrivée ou du départ de bateau. Il pouvait s'agir de la ligne de la sonde ou de la touline.

1. Cf. l'assemblage A0055.
2. Voir, par exemple, les bateaux qui remorquent une grande barge transportant des obélisques sur les reliefs du temple de la reine Hatchepsout (Landström 1970, p. 128-133, fig. 381-388). Les remorqueurs étaient souvent dotés d'un mât spécial à hauteur réduite.
3. Cf. The Epigraphic Survey 1979, pl. 18 et 20.
4. Au sujet de quelques termes de navigation de l'Ancien Empire, y compris celui correspondant au bon cap, voir Servajean 2021a.
5. Voir *infra*, p. 128.

Fig. 75. A0111 – actions à la proue d'un navire (fac-similé).

Fig. 76. A0111 – actions à la proue d'un navire (photo).

7.2. Descente de la vergue volante

Référence : A0112 (de gauche à droite : *tal.* 28-512, 28-009 ; fig. 77-78).
Thème : phase de manipulation des vergues avec des éléments de la mâture, du gréement et de la cargaison.
Action : trois personnages s'activent sur le pont et dans le gréement.
Description :

Les évènements de la scène suivante (fig. 77-78) se déroulent au centre du bateau. À l'intérieur de la cage, on distingue le corps, les cornes et le museau de quatre taureaux[6]. La basse vergue est amarrée au mât par un racage simple dont le type est semblable à celui du bateau de droite dans l'assemblage A0061. On distingue une surépaisseur de forme triangulaire à l'endroit où les deux moitiés de la vergue étaient rassemblées. Sous la partie bâbord de la vergue, on voit trois rabans avec un bossage à leur partie inférieure. Il peut s'agir des doigts (chevilles, cabillots)[7] en bois au bout des rabans qui pouvaient faciliter l'amarrage des manœuvres sous

Fig. 77. A0112 – opérations liées à la descente de la vergue volante (fac-similé).

Fig. 78. A0112 – opérations liées à la descente de la vergue volante (photo).

6. Cf. assemblages A0061 et A0056.
7. « *Toggles* » en anglais.

la vergue basse, comme c'est attesté par les assemblages A0052, A0055, A0061[8]. La voile est hissée, ce qui est confirmé par le rendu des balancines qui, situées en avant-plan, sont gravées en relief. On voit une manœuvre qui descend du côté gauche du dessin en croisant le mât et l'une des jambes du marin positionné sur la vergue. Selon l'axe de ce cordage et sa position, on peut supposer qu'il s'agit du bras bâbord. Deux autres cordages de la même dimension sont à peine visibles. Le premier croise le corps d'un personnage à l'intérieur de la cage aux bovins et l'autre celui du matelot sur le pont. La destination de ces cordages est difficile à établir.

Un matelot dont on distingue la jambe est probablement en train de monter sur la vergue[9]. Remarquons que cette jambe est rendue en relief au-dessus de la vergue (la voile est hissée) et en relief creux en dessous (le vide).

Le deuxième marin, probablement debout sur le pont, est visible jusqu'à la hauteur de la ceinture. De toute évidence, il fait un signe aux autres membres de l'équipage. Son geste signifie clairement « stop, arrête ! » ou, en utilisant le jargon marin, « tiens bon ! »[10]. On peut suggérer ici un parallèle avec l'opération de la descente de la vergue volante décrite dans le paragraphe sur l'assemblage A0056[11]. Ainsi le matelot pouvait diriger la descente de la vergue volante en signalant la hauteur convenable pour serrer la voile. La présence d'un autre matelot sur la basse vergue serait très compréhensible dans ce contexte, étant donné qu'il devait y monter pour commencer l'opération de serrage.

Le troisième personnage, dans la cage, s'occupe des animaux.

7.3. Une possible collision ?

Référence : A0055[12] (de haut en bas, *tal.* 27-719, 28-611, 27-245 ; fig. 79-80).
Thème : des personnages sont installés à l'avant de deux navires figurés côte *à* côte ; fragments de la coque de deux bateaux ; gréement, équipages et passagers.
Action : les bateaux naviguent et l'équipage poursuit des tâches diverses, tandis que les passagers prennent leur repas.
Description :

Cette scène, par son caractère très vivant, témoigne du réalisme de l'art proto-amarnien. En effet, on y trouve des détails très intéressants et inédits. Deux bateaux naviguent à la voile, ce qu'on peut affirmer par la position des manœuvres et celle de certains membres de l'équipage que nous détaillerons ci-dessous. C'est aussi l'une des rares scènes de la série sur laquelle on voit des passagers à bord.

La partie visible des coques est très fragmentaire, mais on distingue avec certitude deux proues et un bau transversal à l'avant du bateau de droite. On aperçoit la cabine du bateau de gauche qui est construite avec des planches qui forment des carrés, suivant une technique assez courante au Nouvel Empire[13]. Elle est ajourée sur sa partie droite (comme en témoignent les barreaux gravés en relief dans le creux), alors que la partie gauche était occultée (barreaux gravés en relief). La structure est encore visible à l'arrière-plan des personnages de droite (deux barres verticales et une ligne horizontale).

La mâture est représentée par un fragment de la basse vergue du bateau de gauche.

Le gréement conservé inclut des étais de deux bateaux, dont chacun est amarré à la proue avec une boucle qui fait le tour de la coque, ce qui est souligné par le passage de la gravure des étais d'une gravure en relief

8. Voir assemblage A0052, section « Gréement » pour le fonctionnement de ces rabans. Pourtant, dans le cas de l'assemblage A0112 la voile est envoyée. Ainsi les doigts sous la basse vergue n'étaient-ils, dans ce cas, pas employés pour l'amarrage de la bordure inférieure de la voile.
9. Cf. assemblage A0056, *tal.* 29-465 [2,3].
10. « *Avast!* » en anglais.
11. Il est possible que ça soit aussi le cas d'un matelot dans la scène de l'assemblage A0055.
12. Vergnieux 1999a, p. 147 ; Vergnieux 1999b, pl. 85c.
13. Cf. Landström 1970, fig. 317, 390-395, 401.

dans le creux à une gravure en relief. On a déjà vu dans la section consacrée à l'assemblage A0061 que les matelots donnaient beaucoup d'importance à l'entretien de cet endroit[14].

On voit également les fragments de deux balancines de la basse vergue du bateau de gauche. Les balancines, montrées en relief, confirment que la voile est hissée. De même, le bras bâbord est raidi. Il passe probablement par l'anneau au niveau du pavois qui nous reste invisible. Les derniers éléments du gréement qu'on peut constater sont des rabans sous la basse vergue pour ranger les manœuvres après l'accostage[15].

Considérons les personnages représentés sur le pont et dans le gréement des bateaux, ainsi que leurs activités, en partant de la gauche du relief.

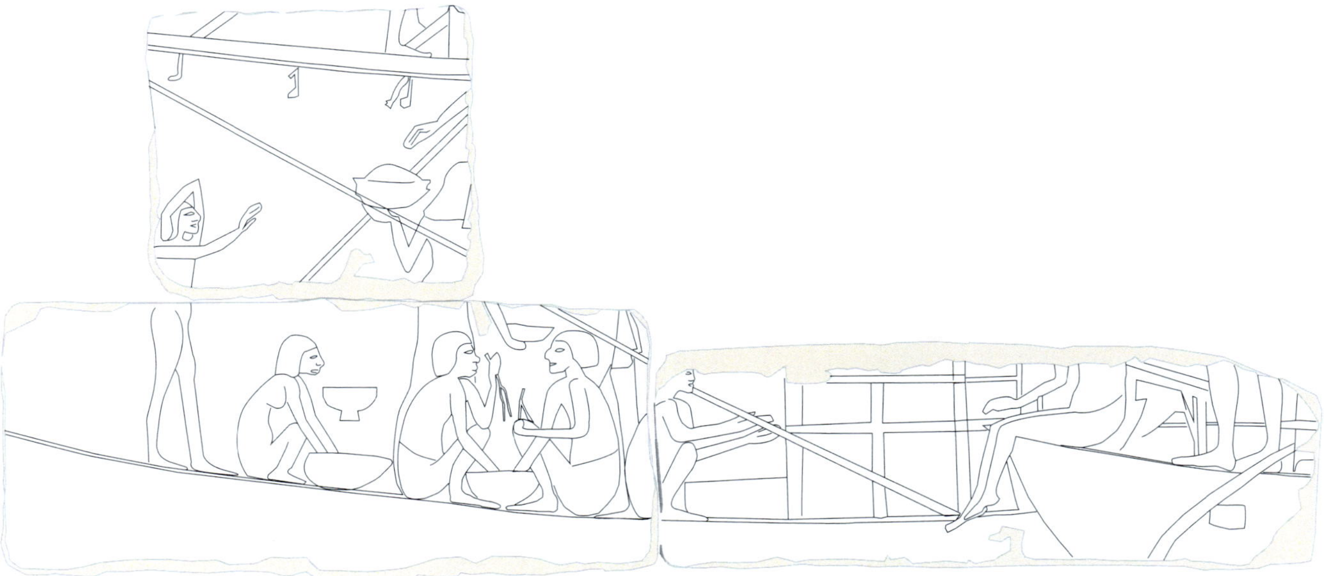

Fig. 79. Assemblage A0055 (fac-similé).

Fig. 80. Assemblage A0055 (photo).

14. Voir *supra*, § 5.5, p. 60, l'assemblage A0061 et fig. 51b, p. 60.
15. Voir les commentaires pour les assemblages A0052 et A0061.

La première figure à l'extrémité de la proue (*tal.* 28-611), dont on ne voit que les jambes, appartient très probablement au *proreutes* (*jry ḥꜣ.t*)[16]. C'était un poste très important qui correspondrait aujourd'hui à l'officier de navigation. Il devait choisir la course du bateau et contrôler la profondeur[17]. Ainsi, il était normalement équipé d'une perche qu'il utilisait pour la mesurer. Malheureusement, l'état de conservation de la scène ne permet pas de vérifier cela ici.

Derrière le *proreutes* se trouve un marin face à la poupe. Il couvre ses yeux, sans doute pour se protéger de la lumière[18], tout en faisant une commande d'arrêt[19] à quelqu'un qui reste hors de notre champ de vision. On peut supposer qu'il s'agit des matelots sur le toit de la cabine, qui s'occupent du gréement. La scène de l'assemblage A0056 peut servir de parallèle, avec un groupe de deux matelots qui font descendre la vergue. Remarquons qu'il y a également des matelots dans le gréement dans la scène considérée. En haut (*tal.* 27-719), on distingue deux pieds sur la vergue et un bras au-dessous appartenant à deux autres membres de l'équipage. À titre d'hypothèse, on peut proposer qu'il s'agit soit de la descente de la vergue lors de la préparation de l'accostage, soit de l'ajustage du gréement. Une autre éventualité, mais moins probable, est que le marin avertit ses collègues du bateau de droite d'une collision imminente, ne présentant pas de danger réel[20].

Ensuite on peut identifier cinq passagers, dont deux hommes en train de manger et deux femmes qui préparent et servent la nourriture. Le cinquième personnage, qui est vêtu d'un pagne à devanteau, se tient debout à l'arrière des deux passagers de droite. L'absence du bloc supérieur à cet emplacement de la scène ne permet pas d'en dire plus sur son activité. La figure du dernier personnage est répartie sur deux carreaux. Il maintient le bras bâbord. Il pouvait à peine aider ses collègues pour haler le bras depuis sa position accroupie et face à la poupe[21]. Il est possible qu'il s'accroche au bras pour se stabiliser[22], surtout – comme le dessin permet de l'imaginer – que les deux bateaux pouvaient légèrement s'accrocher en naviguant si près l'un de l'autre. Une autre hypothèse serait que le matelot vérifie la tension du bras, mais cela nous paraît peu habituel qu'il le fasse avec ses deux mains.

Le marin assis à la proue du deuxième navire (*tal.* 27-425) semble prêt à amortir la collision entre les deux bateaux avec son pied et sa main. Cette solution fonctionne bien pour les embarcations jusqu'à une certaine taille, en l'absence d'un pare-battage ou d'une défense. Ce marin assis ou un autre marin debout peut être un *proreutes* du deuxième bateau.

16. Fabre 2005, p. 148-149.
17. Sur les bateaux de mer, le *proreutes* était également responsable de l'observation des vagues et des étoiles. Voir Fabre 2005, p. 148-149.
18. Il s'agit ici d'une simple action pour protéger les yeux, la scène n'ayant aucun aspect rituel.
19. Cf. *tal.* 29-009 considérée dans la section suivante.
20. Voir la description de l'équipage de ce bateau dans le paragraphe suivant.
21. En revanche, c'est parfois efficace de tirer sur une manœuvre courante avant qu'elle ne passe par un anneau, un cabillot, un taquet ou une poulie. C'est un procédé assez courant dans la marine à voile, qui s'appelle « prendre un retour ». Pour gagner sur un bout, on peut aussi étarquer : cette technique permet de raidir les manœuvres en utilisant le poids de son corps.
22. Si cette hypothèse était juste, cela définirait ce personnage comme un « terrien », parce que les marins ne s'accrochent pas aux manœuvres courantes, dont les bras.

7.4. **Les marins se tiennent aux manœuvres**

Référence : A0108[23] (de haut en bas, *tal.* 28-632, 28-230, 28-225 ; fig. 81-82).
Thème : deux marins sur le pont ; fragment de la coque et d'une cabine.
Action : des matelots se déplacent à l'axe du navire en s'accrochant aux manœuvres.
Commentaire archéologique :

Ces trois *talatat* initialement intégrées dans le fragment de paroi A0056 ne peuvent y être maintenues[24]. Deux observations rendent cette option impossible. En premier lieu, l'échelle relative des deux personnages par rapport aux autres membres de l'équipage serait inhabituelle et fautive. En second lieu, les deux personnages devraient être traités graphiquement en relief et non pas en relief dans le creux, car ils sont supposés être au premier plan, en avant d'une cabine de pont sur laquelle se déplacent les deux matelots visibles devant la voile. Nous devons donc considérer que ces blocs font partie d'une autre scène.

Description :

Ce petit assemblage, composé de trois *talatat*, montre deux marins qui avancent vers l'extrémité du bateau, le plus probablement vers sa proue. Devant eux, on voit la porte d'entrée de la cabine, qui est située sur la gauche et dans laquelle se trouve un dressoir à vases posé au sol. Les marins se tiennent aux manœuvres (une écoute ou un bras ?) situées au-dessus de leurs têtes et probablement rabantées sous la basse vergue.

Fig. 81. Assemblage A0108 (fac-similé).

Fig. 82. Assemblage A0108 (photo).

23. Initialement intégrées à l'assemblage A0060 (Vergnieux 1999b, pl. LXXXII), ces blocs n'ont pas été maintenus en place, voir *supra*, § 5, p. 47 ; l'assemblage A0060 a été intégré dans l'assemblage A0061.
24. Vergnieux 1999b, pl. LXXXII ; il est à noter que ces *talatat* ne peuvent pas non plus être intégrées à l'assemblage A0061, car dans ce cas ni la courbure du pont ne serait respectée, ni le mât ne serait visible à l'endroit attendu, à savoir entre la porte et le personnage de gauche.

7.5. Deux grands navires côte à côte

Référence: A0113 (de droite à gauche, *tal.* 20-034, *tal.* 21-077; fig. 83-84).
Cadre: deux navires échelonnés; traces de deux personnages sur le pont.

On distingue clairement les courbes de la coque d'un bateau de grandes dimensions, si on le met à l'échelle des personnages présents sur le pont, dont il ne subsiste que les pieds. On distingue cinq baux transversaux et une bande de cordages utilisés pour le renforcement de la coque. La présence d'un autre bateau en arrière-plan est attestée par un second gouvernail, plus à gauche que le premier.

Apparemment les deux gouvernails sont du type axial, qui est caractéristique des bateaux représentés sur les reliefs de ce corpus documentaire. Ce serait alors deux safrans correspondant à deux embarcations. Cette seconde explication est rendue possible du fait que le safran visible à gauche ne dépasse pas la coque, ce qui permet la représentation d'un gouvernail à mèche centrale. La grande distance entre les deux lames exclut la possibilité de système alternatif qui était, lui aussi, très répandu dans la marine égyptienne: les gouvernails latéraux[25].

Le gouvernail au premier plan à droite de la *tal.* 21-077 possède une grande mèche. Le safran est ligaturé à la mèche par des cordages, dont la bande qu'on observe vers le haut du gouvernail. On peut supposer l'existence d'une bande semblable en bas de la mèche. On distingue la lanière qui facilitait le levage du gouvernail, que l'on a déjà rencontrée sur d'autres scènes (A0052, A0056, A0061).

© R. Vergnieux

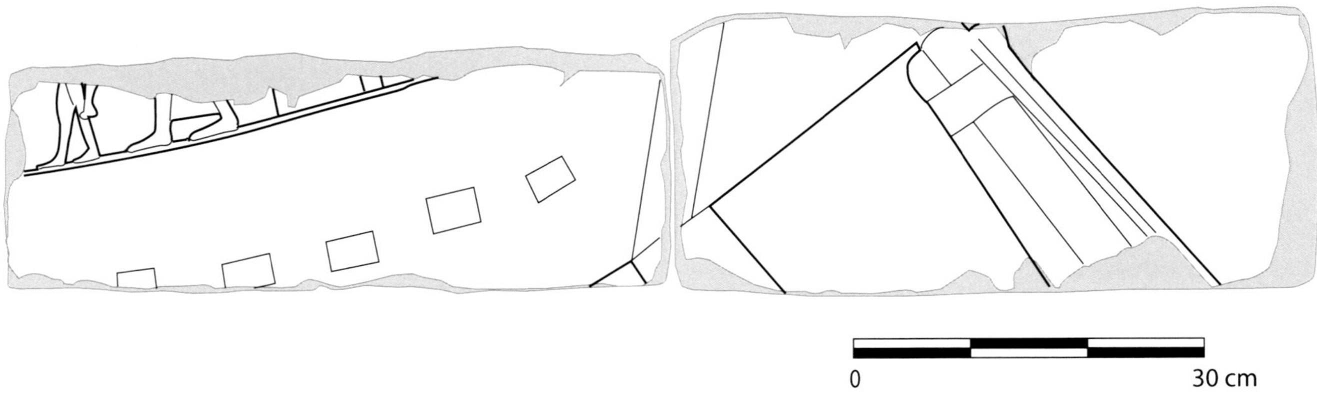

Fig. 83. Assemblage A0113 (fac-similé).

© CNRS-CFEETK/R. Vergnieux

Fig. 84. Assemblage A0113 (photo).

25. Ce système se composait de deux rames-gouvernails qui étaient installées des deux côtés de la poupe, chacune pouvant être maniée indépendamment. Plus généralement, c'était sans doute le système le plus usité dans la marine méditerranéenne antique, voir Casson 1971, p. 224-228; Gillmer 1999.

8

Des marins dans la voilure

8.1. Plusieurs gréements superposés

Référence : A0114 (de haut en bas : *tal.* 20-022, 21-064, 21-004 ; fig. 85-87).
Thème : plusieurs navires très proches les uns des autres, dont les gréements se superposent.
Actions : trois marins sont montés dans le gréement.

Fig. 85. A0114 – marins en action.

Description :

Cet assemblage inclut la partie haute du gréement de quatre navires. Les membres de l'équipage s'activent pour accomplir diverses tâches. La *tal.* 20-022[1] met en évidence un mât qu'on peut suivre sur la *tal.* 21-004, au-dessous. Deux drisses descendent du côté gauche de ce mât. On ne voit pas la vergue de ce premier navire, qui est probablement cachée par celle du deuxième navire, à droite. La longueur des mâts visibles permet de suggérer que la vergue du deuxième navire au premier plan se trouve en position abaissée, mais la voile n'est pas ferlée, comme en témoigne le passage en relief des balancines devant la voile sur la *tal.* 21-004 A0114[1,1]. Les balancines sont rendues très soigneusement. Elles forment une vraie « toile d'araignée » qu'on peut encore observer aujourd'hui en regardant vers le haut les manœuvres depuis le pont d'un bateau de vieux gréement.

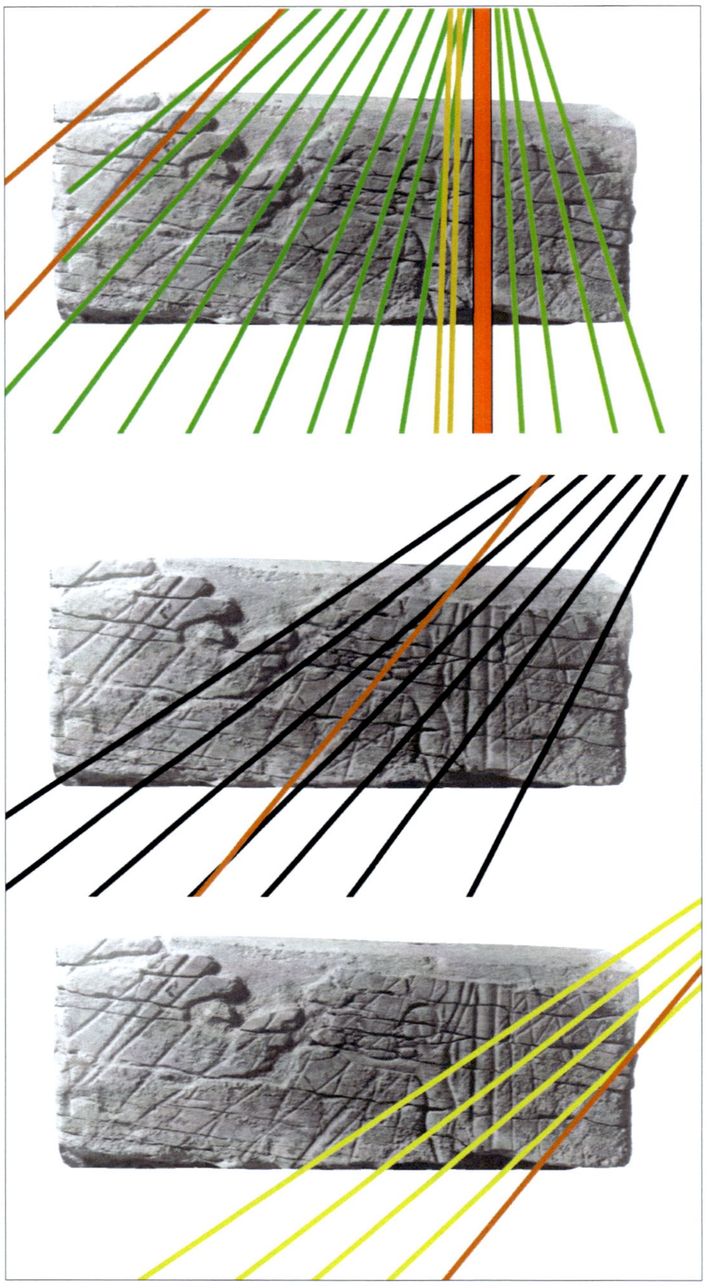

© R. Vergnieux

Fig. 86. Étude et identification des gréements de trois navires.

1. L'analyse de *talatat* issues du IXe pylône de Karnak a été rendue possible grâce à l'important travail de consolidation réalisé sous la responsabilité de Claude Traunecker, sans qui de nombreuses informations scientifiques seraient aujourd'hui perdues. Sur les dégradations des blocs, voir Traunecker 1987.

Un matelot dans le gréement du premier navire se trouve à une hauteur très élevée. L'angle concourant des balancines permet de suggérer qu'il n'est pas loin du sommet du mât. Il est remarquable que ce matelot soit monté si haut. Il s'accroche au mât avec la main gauche, peut-être en saisissant l'orifice le plus bas pour le passage des balancines. Peut-être bénéficiait-il aussi d'une échelle placée le long du mât (voir ci-après) ? Son bras droit est tendu, indiquant à ses coéquipiers sur le pont un repère pour bien choisir le cap du navire ou un danger potentiel à éviter.

La *tal.* 21-004 contient une représentation du mât appartenant au deuxième navire. On voit également les drisses à gauche du mât. Quant à la vergue volante, elle se trouve en position abaissée. Deux matelots s'avancent sur la vergue volante. Si les représentations des membres d'équipage engagés sur la vergue fixe sont très courantes dans l'iconographie égyptienne, elles sont beaucoup plus rares pour des matelots placés sur la vergue volante. Debout sur la vergue, les gabiers devaient s'accrocher aux balancines pour s'assurer en haut. Les deux cordages plus épais sur cette *talatat* sont les étais de l'avant pour les deuxième et troisième navires.

Le mât et deux drisses d'un troisième navire se trouve plus à droite, sur la *tal.* 21-064. On devine également l'extrémité d'une vergue qui devait appartenir à un quatrième navire, encore plus à droite.

Les vergues dans la position basse, les déplacements de l'équipage du deuxième navire, ainsi que le geste du veilleur du premier navire témoignent de l'arrivée d'une petite (?) flotte composée d'au moins quatre navires.

Fig. 87. Présence des marins dans les gréements.

8.2. Une échelle le long du mât

Référence: *tal.* 3690, 3718, 19-018B (fig. 88-89).
Thème: échelle placée le long du mât.
Description:

Au centre de la *tal.* 3690 (fig. 88), on remarque un mât avec probablement deux drisses (lignes verticales) à sa gauche. Ces drisses sont gravées en relief dans le creux, ce qui veut dire qu'il n'y a pas de voile en arrière-plan. Comme sur la *tal.* 3726 (fig. 99), des fragments de cordages passent en diagonale à travers le bloc. Il s'agit probablement des drisses ou des étais des autres bateaux qui nous restent invisibles. La poutre inclinée à côté du mât ne peut être la mèche de gouvernail du même bateau, car elle en est trop proche. Ce peut être la mèche du gouvernail du bateau dont les drisses sont visibles en bas à gauche. À titre d'hypothèse, on peut aussi suggérer que le bloc faisait partie d'un relief représentant le montage ou le démontage de gréement/ornements des bateaux et qu'il est donc à classer dans la même catégorie que les *tal.* 3718 (fig. 89), 24-003 et 25-113 du corpus.

La présence d'une échelle, probablement faite de corde et parallèle au mât, est particulièrement intéressante. Peu courant, ce type d'équipement est toutefois attesté trois fois dans le corpus (voir aussi *tal.* 3718, fig. 89). En effet, les matelots égyptiens savaient parfaitement grimper au mât en s'accrochant à un étai ou un pataras (voir fig. 85), et il n'existait pas de haubans avec des enfléchures comme ceux employés par les marins

Fig. 88. Échelles de corde *tal.* 3690 et *tal.* 19-018B.

Fig. 89. *Tal.* 3718.

de l'époque des voiliers modernes[2]. Il est possible qu'une échelle de corde suspendue le long du mât ait été de mise pour les bateaux de grande taille, ou encore qu'elle était employée uniquement pour des opérations de montage/démontage du gréement afin de faciliter les fréquentes ascensions des gabiers. La poutre serait alors utilisée pour la manutention. Pour la *tal.* 3690, cela pourrait tout aussi bien être la partie haute de la mèche d'un gouvernail.

Une échelle de corde, comme celles identifiées sur les blocs précédents, est également présente dans l'angle supérieur gauche de la *tal.* 3718 (fig. 89), le long du côté gauche du mât. Sur cette *talatat*, on distingue en outre cinq espars, les deux du bas étant probablement les parties bâbord et tribord de la même vergue. Ces espars sont identifiables grâce à la saisine entre eux, figurée par des traits verticaux. On voit aussi un transfilage semblable à celui qui est visible sur le relief de la *tal.* 3726 (fig. 99), sauf qu'il n'y a pas ici de toile sous la vergue. La concentration de multiples espars fait penser à un contexte de montage/démontage de gréement. Il existe un parallèle avec les bateaux amarrés au quai d'Akhétaton (voir fig. 8, à droite, au-dessus d'un bateau accosté). Sur ce relief, les éléments du gréement, tels que les mâts et les vergues, sont stockés ensemble au sol. En bas du décor de la *tal.* 3718, on observe deux personnages en train de transporter un élément très volumineux. On ne peut pas exclure qu'il s'agisse d'une pièce appartenant à la construction de bateau. On trouve des parallèles sur d'autres blocs de la série (par exemple, *tal.* 24-003), ce qui renforce l'hypothèse d'une situation de montage ou de démontage du gréement.

8.3. Installation d'un filet et d'une échelle

Référence : *tal.* 28-309 et 4578 (fig. 90-91).
Thème : filet et échelle le long de la coque.
Description :

Un autre dispositif sous la forme d'un filet peut être disposé le long de la coque (*tal.* 28-309). La ligne d'eau et le quadrillage présents au premier plan du bloc, ainsi que la courbe de la coque d'un bateau au second plan ont été interprétés comme étant un filet accroché au bord d'un bateau (fig. 90). La maille du filet est différente de celle qui se trouve sur un relief d'Amarna[3]. Les *talatat* voisines n'ayant pas été encore retrouvées, il est difficile d'interpréter plus avant sa fonction.

Fig. 90. *Tal.* 28-309.

Fig. 91. *Tal.* 4578

2. Le gréement égyptien n'aurait pas permis l'installation des haubans, parce qu'ils auraient rendu impossible le brassage de la vergue basse (Wachsmann 1998, p. 250). L'emploi du terme « hauban » dans la description du gréement égyptien (*e.g.* Servajean 2021b, p. 231, 235) serait erroné. Les échelles de corde étaient également très caractéristiques de la marine antique méditerranéenne, mais leur raison d'être était différente. Dans ce cas, les haubans étaient dotés de poulies qui ne permettaient pas l'emploi des enfléchures pour monter là-haut. Voir Casson 1971, p. 239-240, fig. 151.

3. Voir Davies 1908, pl. 5. Il s'agit de rectangles et non pas de carreaux ; le clayonnage est représenté en arrière-plan par rapport aux bateaux.

9

Construction et entretien

9.1. Un chantier naval

Références : A0033[1] (fig. 92-95).
Thème : porteurs de jarres et d'amphores à proximité d'un chantier de construction.
Action : transport de vases et de poutrelles.
Commentaire archéologique :

Ces *talatat* étaient dispersées dans la couche 29 à proximité de celles formant les assemblages A0052 et A0061, ce qui nous incite à rapprocher cet assemblage des thématiques navales.

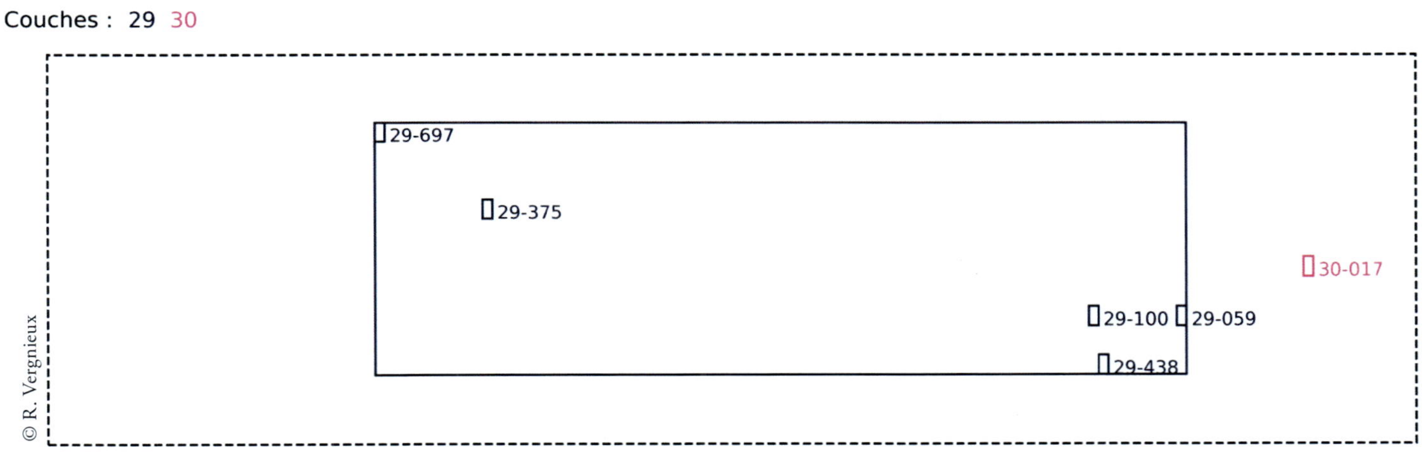

Fig. 92. Dispersion dans les couches du IXe pylône de Karnak des blocs de l'assemblage A0033.

1. Vergnieux 1999b, pl. LXIX.

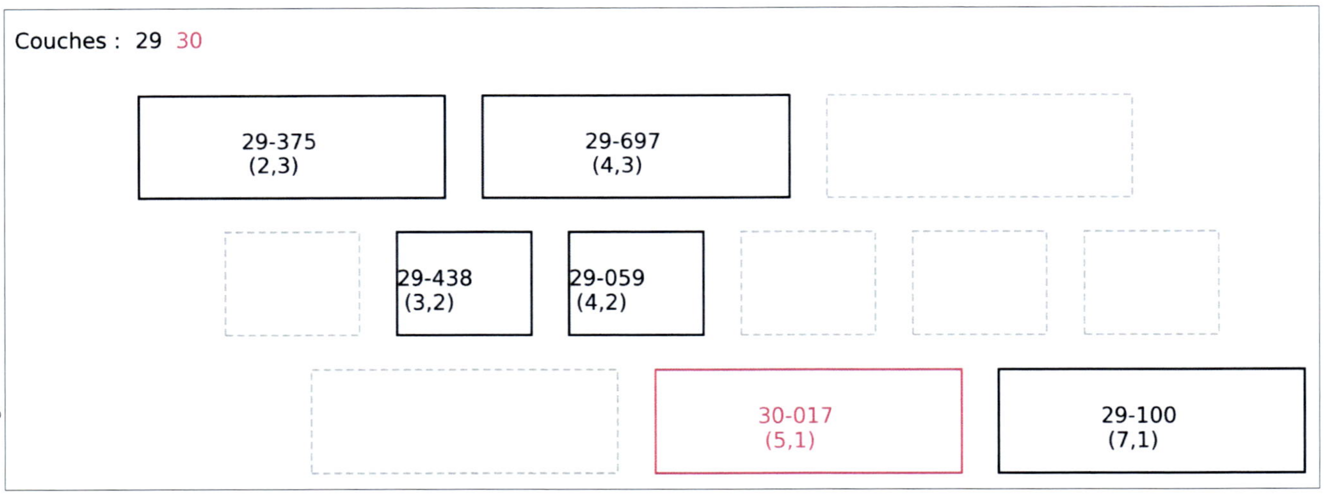

Fig. 93. A0033 – disposition des *talatat* de l'assemblage A0033.

Description :

Ce fragment de paroi présente un chantier en activité. Des individus, deux par deux, manipulent des poutrelles dont certaines semblent assemblées entre elles au premier plan en bas, ce qui doit pouvoir suggérer un contexte de chantier naval[2]. Dans la partie supérieure, des porteurs acheminent des vases dont deux sont de dimensions très importantes[3]. Ils possèdent quatre anses pour en favoriser la manipulation. Ils sont soulevés à l'aide d'une barre de portage. Les jarres sont suspendues par une lanière complétée par un filet tressé. Le filet n'est pas gravé ici et devait seulement être peint, mais d'autres scènes en ont conservé l'aspect (*tal.* 2846)[4]. Les récipients de grandes dimensions utilisés pour les dépôts d'offrandes à Aton sont de formes différentes[5].

La ligne de sol sur laquelle se déplacent les porteurs étant simple, nous pouvons affirmer que les deux activités (chantier et portage) doivent être comprises comme concomitantes et pour le moins proches l'une de l'autre. Nous n'aurions pas ici une procession de vases destinés aux offrandes à Aton, mais peut-être l'approvisionnement du chantier naval en produits liquides. L'apport de poix minérale (asphalte) pour étanchéifier les coques des navires[6] peut être une hypothèse recevable pour l'usage de ces grandes jarres.

2. Voir par exemple le chantier naval de la tombe de Djâou ; Davies 1902, pl. XVI.
3. D'autres porteurs avec des jarres identiques : *tal.* 22-013, 23-033, 3700, 3702 ; *idem* avec le filet de portage détaillé en relief : *tal.* 2840.
4. Ce sont peut-être ces filets de transport que l'on aperçoit tenus à la main sur le fragment de paroi A0026 (Vergnieux 1999b, pl. LXIII).
5. Vergnieux 1999b, pl. XLV, A0046.
6. Pomey 2006, p. 241.

Fig. 94. Assemblage A0033 – chantier naval (fac-similé).

Fig. 95. Assemblage A0033 – chantier naval (photo).

9.2. Un navire dématé

Référence : A0110 (de gauche à droite : *tal.* 25-113, 24-003 ; fig. 96-97).
Thème : chantier naval ; mât en position inclinée, deux porteurs et le toit du kiosque de pont.
Action : personnage portant un objet encombrant, très probablement un élément du gréement.
Commentaire archéologique :

Ces *talatat* font partie des couches qui ont été fortement altérées à l'intérieur du IXe pylône. Les possibilités de trouver des blocs complémentaires sont minces, la majorité d'entre eux ayant été réduits en sable au fil des siècles. Il faut rappeler ici le travail exceptionnel et laborieux de restauration entrepris sous la responsabilité de Claude Traunecker pour sauver le maximum de fragments[7]. Sans ce travail minutieux, de nombreux documents ne seraient plus accessibles aujourd'hui.

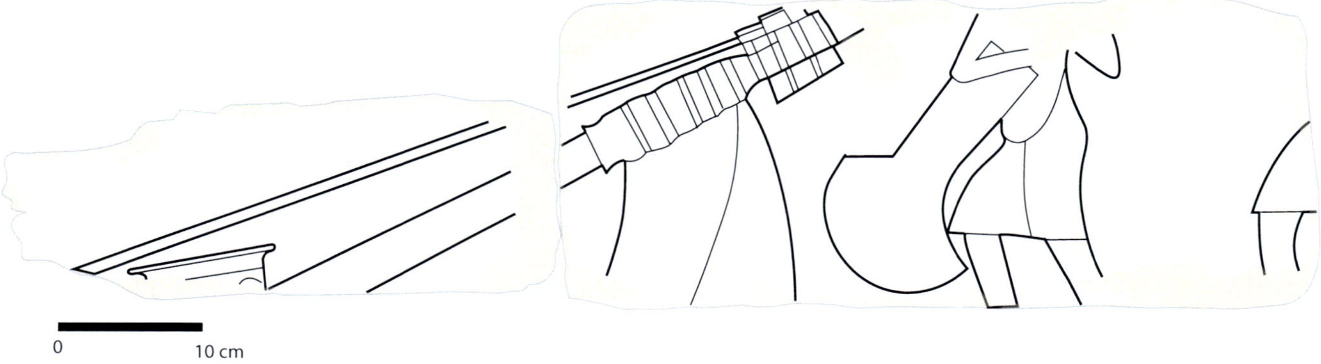

Fig. 96. Assemblage A0110 (fac-similé).

Fig. 97. Assemblage A0110 (photos).

7. Voir *supra*, p. 2 et n. 8.

Description :

Ce fragment issu d'une autre scène est très intéressant : il contient la représentation d'un mât en position inclinée, dont la tête présente les cadres pour le passage des manœuvres[8]. Le mât est retenu par la manœuvre de gauche, probablement le pataras, qui est bien raidie. La scène figure l'opération de mâtage, ou de démâtage, dont les images sont assez rares dans l'iconographie égyptienne[9]. La toile descend depuis des orifices circulaires, peu détaillés graphiquement, comme l'atteste l'espace gravé en relief dans le creux entre les lignes externes. La ligne médiane étant rendue en relief, on peut suggérer qu'il s'agit soit de deux toiles indépendantes, soit d'une manœuvre quelconque située en avant de la voile et qui descendait du sommet du mât (par exemple, un étai). Il existe des représentations de bateaux égyptiens dont la proue ou la poupe sont ornées d'une paire d'oriflammes (fig. 98), mais une telle ornementation est improbable, car elle aurait entamé le bon fonctionnement du gréement dans la zone de passage des manœuvres courantes. Il est également difficile d'y voir un élément de voile. Est-on en présence d'une erreur du graveur, qui a rendu les balancines qui descendent du sommet du mât en relief dans le creux ? Ou, tout simplement, nous est-il impossible d'interpréter correctement cette étape de l'opération de mâtage ou démâtage ?

Le dessin du mât sur la *talatat* de gauche est conservé jusqu'au toit de la superstructure, dont on voit la corniche. Cette cabine était probablement installée sur le gaillard arrière du bateau. L'angle d'inclinaison du mât fait effectivement penser qu'elle se trouvait sur la partie très élevée du pont (cf. fig. 98). On ne sait pas si le mât passait devant ou derrière cette structure. Il est possible qu'il s'agisse d'un kiosque, comme on en rencontre régulièrement sur les bateaux royaux du type *bỉk*[10].

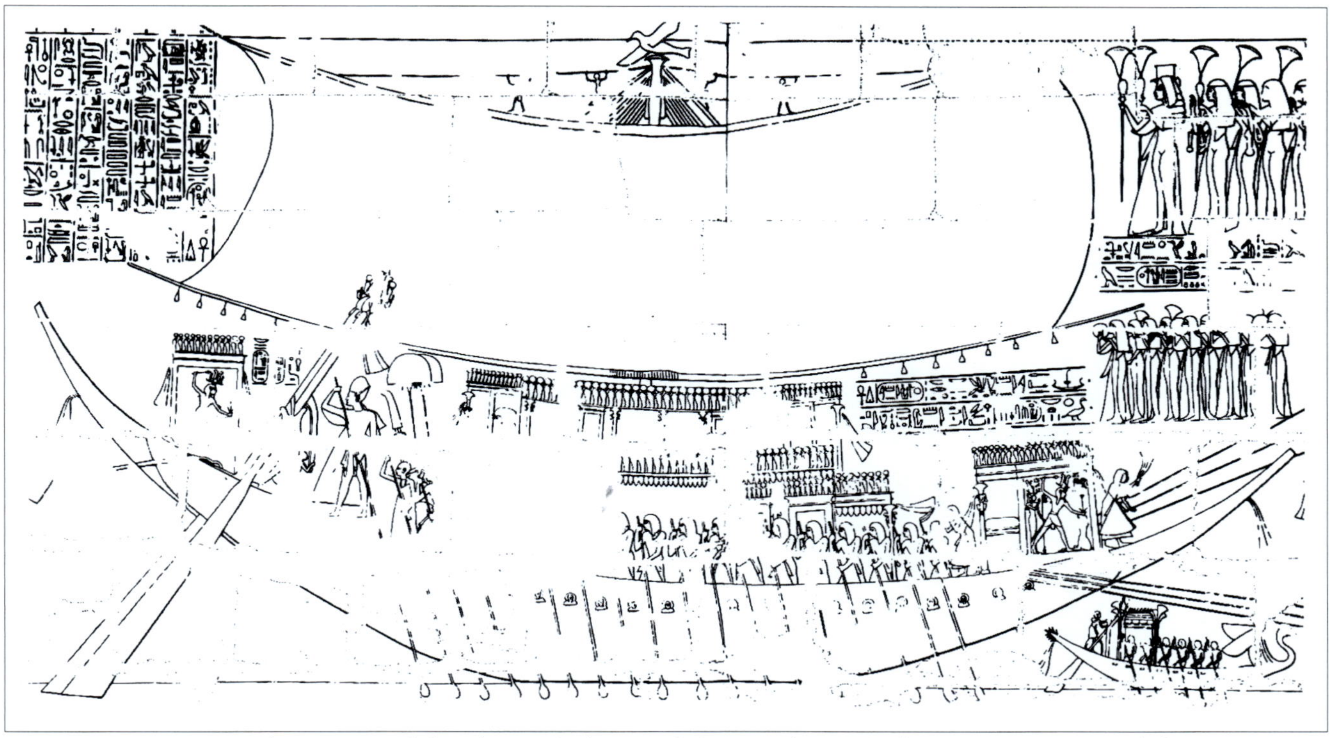

Fig. 98. Représentation du navire royal dans le temple de Karnak (XVIIIe dynastie), d'après Jones 1995, p. 64, fig. 58.

8. Cf. assemblages A0052 et A0061.
9. Une seule scène est connue pour l'Ancien Empire, voir Landström 1970, p. 47, fig. 125. Pour le Nouvel Empire, il existe des représentations de mâture désarmée auprès des bateaux, mais non pas de l'action de désarmement. Selon l'étude de Servajean (2022b), le redressage d'un mât lors la préparation à la navigation au sud a été rendu par l'expression *sʿḥʿ ḫt-ṯ3w*.
10. Pour les bateaux du type *bỉk*, voir la discussion au chapitre 12 (ARCE).

À droite de A0110 on voit le corps d'un marin portant un objet imposant, de forme singulière. Il pourrait s'agir d'une décoration de proue ou de poupe en forme de fleur de papyrus[11]. La pièce est toutefois droite, tandis que de telles décorations étaient normalement courbes, puisqu'elles épousaient la forme en croissant de la coque sauf dans le cas des bateaux papyriformes[12]. La scène représente donc le désassemblage partiel ou le réassemblage d'un bateau, voire même de plusieurs, comme cela pouvait se pratiquer[13]. Le gréement démonté est représenté sur quelques autres reliefs de l'époque amarnienne[14], mais toujours stocké soit au sol dans un chantier, soit sur le toit de la cabine.

9.3. Le ferlage des voiles

Référence : *tal.* 3726, provenant de la couche 14 du IXe pylône.
Thème : plusieurs navires placés côte à côte avec les voiles ferlées.
Description :

La *tal.* 3726 (fig. 99) représente une partie d'un mât (au premier plan à droite) et plusieurs vergues (au moins trois). Le mât semble renforcé par un collier de serrage en corde, visible en bas à droite. Des segments de cordage passent en diagonale à travers le bloc et les toiles sont présentes sous les vergues. On distingue également le buste d'un personnage (matelot ?) au centre de la partie inférieure. Le rendu graphique de la voile au premier plan est très intéressant : celle-ci est amarrée à la vergue (probablement la vergue volante) en transfilage – c'est-à-dire avec le cordage qui passe en spirale entre la toile et la vergue ou d'un cordage cousu à la voile qui est lacé à la vergue. La première méthode impose la présence d'ouvertures spéciales renforcées, appelées « cosses ». Il est difficile de reconstituer l'ensemble de la scène, mais de toute évidence elle représentait plusieurs navires rassemblés dans un espace limité. La partie gauche du bloc permet de compter jusqu'à cinq voiles dont l'avant-dernière présente un bord courbe, alors que la dernière est complètement ferlée. S'agissait-il ici d'une représentation séquencée du procédé de ferlage[15], du même type que celle figurant l'amarrage sur l'assemblage A0059 ?

Fig. 99. *Tal.* 3726.

11. Landström 1970, p. 110, fig. 340-343. Bien que l'origine de la décoration papyriforme soit très ancienne, c'est seulement à partir du Nouvel Empire qu'on commence à retrouver les extrémités des bateaux décorées avec des fleurs de papyrus.
12. Cf. Landström 1970, fig. 357-362, 365.
13. Pour le démontage des bateaux entre deux périodes d'utilisation, voir Tallet, Marouard 2016.
14. Cooney 1965, p. 80, fig. 51a ; Davies 1908, pl. 5. On peut citer aussi un exemple un peu plus tardif dans la tombe d'Ipy (probablement XXe dynastie, 1186-1069 av. J.-C.). Deux assortiments des vergues et des mâts sont stockés sur les toits des cabines de deux bateaux, voir Davies 1927, pl. 30.
15. F. Servajean (2022b) propose les verbes *šbw*/*šbwj* pour le ferlage des voiles.

10

D’autres modèles de bateaux

10.1. Un gréement sans basse vergue

Référence: A0058[1] (fig. 100-104).
Cadre: éléments du gréement d’un bateau et deux membres de son équipage.
Action: le timonier est à son poste, son coéquipier s’occupe des manœuvres.
Commentaire archéologique:

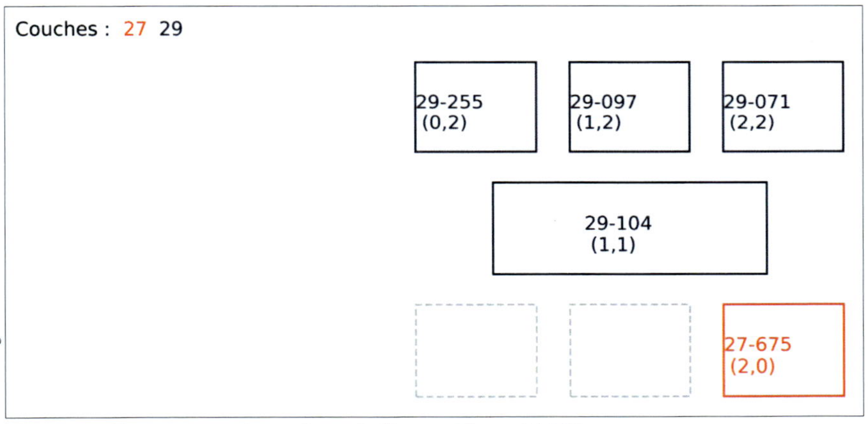

Fig. 100. Disposition des *talatat* de l’assemblage A0058.

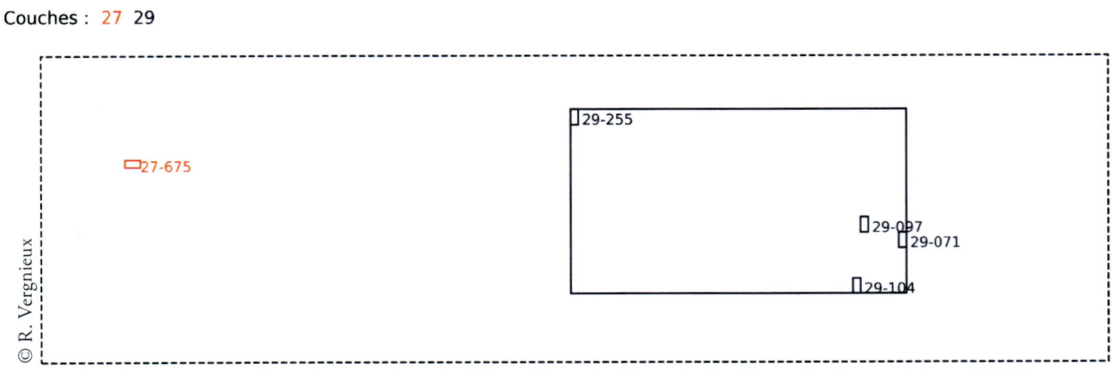

Fig. 101. Dispersion dans les couches du IXe pylône de Karnak des blocs de l’assemblage A0058.

1. Vergnieux 1999a, p. 147 ; Vergnieux 1999b, pl. 85b ; Belov 2019a.

L'assemblage, qui respecte parfaitement la grille de montage des murs de *talatat*, est composé de quatre blocs provenant de la couche 29 du IXe pylône et d'un bloc de la couche 27. En raison des conditions de conservation à l'intérieur du pylône, des concrétions se sont formées sur le bas de la face décorée de la *tal.* 27-675, compliquant la lecture du dessin. Un nettoyage de la surface devrait permettre de mieux apprécier la façon dont était organisée la superstructure du navire ; il est possible qu'une partie du bloqueur était figurée.

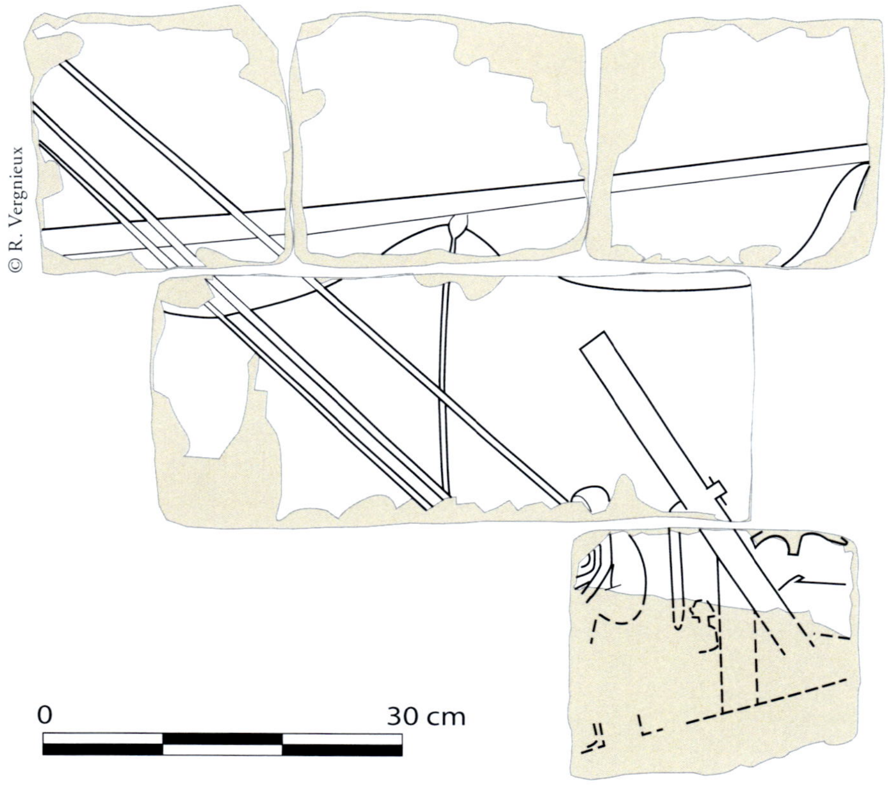

Fig. 102. A0058 – modèle de voilier sans basse vergue (fac-similé).

Fig. 103. A0058 – modèle de voilier sans basse vergue (photo).

Commentaire de la scène :

En dépit de la taille modeste de cet assemblage, composé de seulement cinq *talatat*, et de son état de conservation très médiocre, des détails très intéressants peuvent être relevés. En effet, le modèle de bateau est assez rare. Comme sur tous les reliefs du corpus, c'est le bâbord du bateau qui est représenté ; la partie tribord de la vergue et du gréement est conservée. On distingue deux personnages à la poupe du bateau. La figure du timonier, la barre à la main, est à peine visible devant le mâtereau de support de gouvernail, sur lequel une petite clavette assure le joint entre la barre et la mèche (*tal.* 27-675 A0058[2,0], au centre).

À gauche du bloc se trouve le corps d'un autre marin dont la tête est gravée sur un autre bloc (*tal.* 29-104 A0058[1,1]). Il s'est installé sur le toit de la cabine[2] et l'on voit le cordage qui est lové devant lui. Le pataras est représenté par la ligne à part passant au-dessus de deux drisses. Toutes les trois manœuvres sont montrées en relief dans le creux au-dessus et en dessous de la vergue, mais elles sont gravées en relief dans la zone où elles se superposent aux éléments du gréement dessinés en arrière-plan.

La voile du bateau se trouve sous la vergue, qui est légèrement inclinée. En effet, on voit nettement deux sacs de toile en dessous et la gravure des manœuvres passe d'une gravure de relief en creux à une gravure en relief à cet endroit. Il n'y a donc pas de toile au-dessus de la vergue. Sur le bloc 29-104 A0058[1,1], on peut distinguer également une ligne verticale centrale qui correspond à un cordage, dont on discutera plus bas.

Remarquons qu'il n'y a qu'une seule vergue visible. La position de la voile indique qu'il s'agit de la vergue volante dans la position abaissée. Les drisses et le pataras permettent de localiser approximativement le mât (fig. 104).

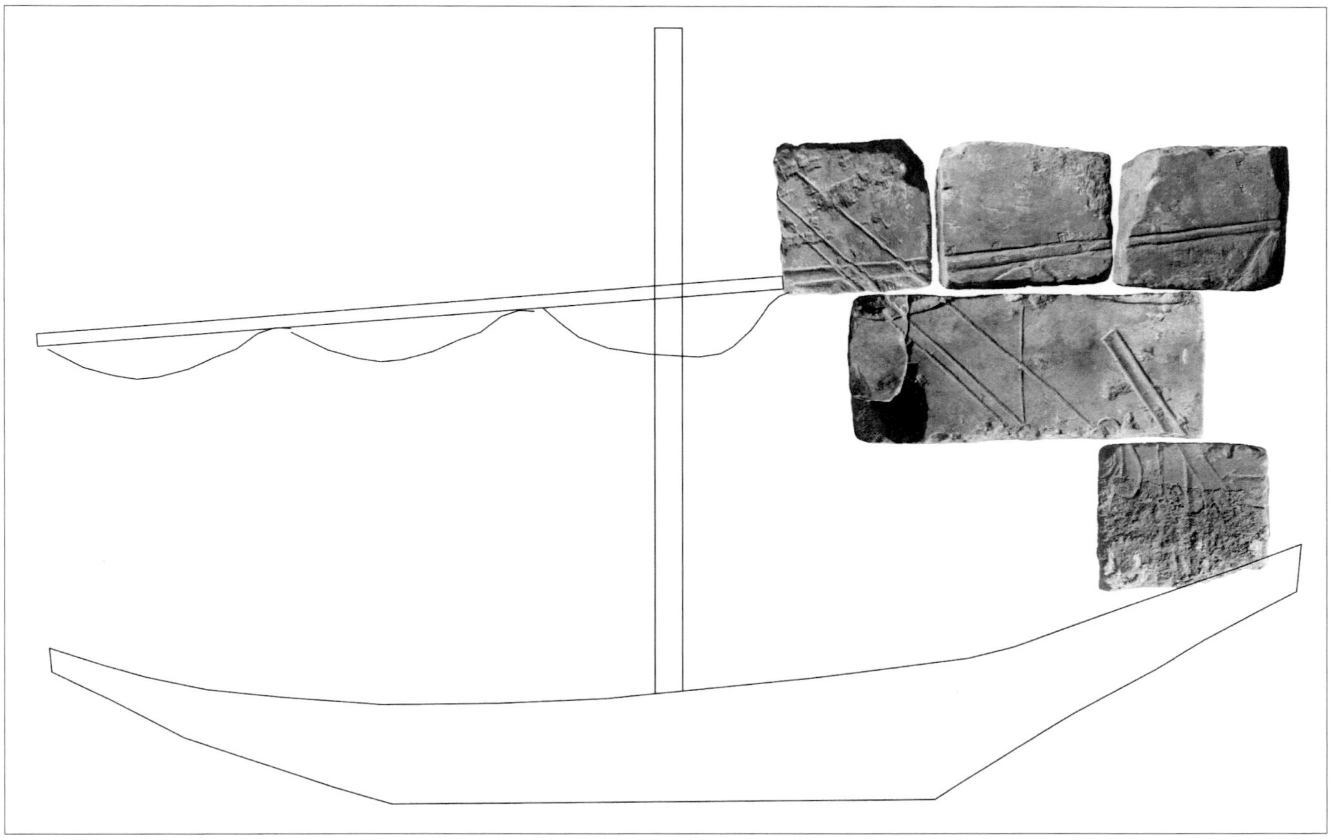

Fig. 104. A0058 – restitution de la position du mât et des sacs de toile du bateau.

2. Cf. les reliefs du Nouvel Empire : LANDSTRÖM 1970, fig. 394, 395, 399 et aussi assemblages A0056, A0061.

Même si l'extrémité de la vergue n'est pas visible, on sait qu'elle se trouvait normalement au même niveau que celle de la coque. Il n'y a donc pas de doute sur le fait que les sacs de toile représentés sont les derniers du tribord. Cela nous permet de suggérer qu'il y en avait initialement cinq, conformément au standard de la période considérée. Les sacs de toile sont clairement en liaison avec un cordage vertical qui descend d'une sorte de boucle placée sous la vergue (*tal.* 29-104 A0058[1,1]). Le plus probable est qu'il s'agit d'une cargue qui facilitait le serrage de la voile depuis le pont ou depuis le toit de la cabine. À titre d'hypothèse, on peut même suggérer que la glène qu'on voit dans les bras du matelot posé sur le toit appartient à la cargue. Elle pourrait également appartenir aux drisses lovées.

En résumé, on est en présence ici d'un gréement sans basse vergue et d'une voile carguée. Les représentations de ce type de gréement étant très rares, l'assemblage A0058 en devient d'autant plus important. Considérons le matériel disponible sur ce sujet.

Le relief bien connu du temple mortuaire de Ramsès III à Médinet Habou représente une bataille navale opposant la flotte du pharaon à celle des Peuples de la Mer[3]. Depuis longtemps cette scène attire l'attention[4] et est considérée comme la représentation la plus ancienne de voiles carguées. L'invention des cargues a rendu la manipulation des voiles plus facile, permettant de mieux équilibrer la coque en naviguant à l'allure du près. Cependant, Steve Vinson a suggéré une date antérieure pour l'apparition des voiles carguées en Égypte[5], tandis que Julian Whitewright a proposé une origine minoenne[6].

Au Nouvel Empire, on ne trouve que quelques représentations de voiles égyptiennes sans basse vergue ou avec celles-ci équipées d'une sorte de système de cargage. S. Vinson cite cinq représentations antérieures à celle de la bataille navale de Ramsès III à Médinet Habou[7].

Sur les papyrus Turin 2032 et 2033, qui datent du début de la XIXe dynastie[8], deux bateaux au gréement avec des basses-vergues sont représentés. Les voiles de ces bateaux sont ferlées sous la vergue volante, comme en atteste la présence de sacs de toile – neuf pour le bateau de gauche et huit pour celui de droite. Le sac le plus grand est situé près du mât et correspond au fond de la voile.

Le relief Berlin 24025 représente la mâture de deux navires, ainsi que deux gréeurs. Ce relief se situe entre les premières années du règne de Toutânkhamon et le début de la XIXe dynastie (fig. 105)[9]. La voile du navire est carguée et cinq sacs de toile sont représentés. Le gréeur étendu sur la vergue est en train de ferler la voile et son collègue va bientôt lui prêter main-forte.

La représentation dans la tombe de Neferhotep à Thèbes (TT50), presque contemporaine de notre matériel, date du règne de Horemheb[10]. Même si la représentation est assez schématique, elle montre le gréement avec une basse vergue et la voile qui est carguée, formant trois sacs de toile sous la vergue volante.

Le plus ancien des reliefs considérés par S. Vinson est la *tal.* PC-103, découverte à Hermopolis mais provenant sans doute à l'origine d'Amarna (fig. 106). Même si le relief n'est pas complet, S. Vinson suggère une restitution du gréement sans basse vergue avec la vergue volante apiquée pour remonter au vent. Il interprète le trait sur le milieu de la toile et parallèle au bord au vent comme une cargue[11]. Les cargues étaient un moyen très efficace pour changer la géométrie de la voile et, de ce fait, la position du centre vélique. Le fait d'avancer

3. Edgerton 1930b.
4. Basch 1987, p. 67-69 ; Bradbury 1996, p. 50-52 ; Casson 1971, p. 37 ; Emanuel 2014 ; Faulkner 1941, p. 9 ; Jones 1995, p. 59-60 ; Landström 1970, p. 11-113 ; Mark 2017 ; Marx 1946 ; Roberts 1991, p. 55 ; Vinson 1994, p. 44-45 ; Whitewright 2018 ; Wachsmann 1981 ; Wachsmann 1998, p. 29-32, 251-254.
5. Vinson 1993 ; Vinson 1994, p. 41-43.
6. Whitewright 2018, p. 29-30.
7. Vinson 1993.
8. Voir Vinson 1993, p. 139-142.
9. Vinson 1993, p. 136-139.
10. Vinson 1993, p. 142-143, fig. 8 ; Wachsmann 1998, p. 251-252, fig. 11.6.
11. Vinson 1993, p. 135-136.

Fig. 105. Fragment du relief Berlin 24025 (entre 1336 et 1186 av. J.-C.).

Fig. 106. *Talatat* en provenance d'Hermopolis (PC-103).

le centre vélique permet d'obtenir un meilleur contrôle du navire. Cependant, il serait impossible de modifier la forme de la voile avec seulement quatre cargues : une telle tentative finirait par faire faseyer la voile[12].

L'assemblage A0058 est donc le deuxième document qui prouve l'existence des voiles sans basse vergue dès la période proto-amarnienne. Ce type de voile est donc attesté au moins 150 ans plus tôt que les reliefs de Ramsès III à Médinet Habou. Peut-on supposer que les Égyptiens en avaient connaissance bien avant ? Sous Amenhotep IV, le dessin figuratif est très réaliste et d'une grande précision. Est-ce que les artistes des périodes antérieures auraient pu facilement omettre les détails d'un gréement expérimental qui ne correspondait pas aux usages ? Cela paraît difficile, car l'absence d'une seconde vergue dans le dessin n'est pas de l'ordre du détail. Elle s'inscrit dans la structure d'un gréement spécifique. Ce type de voile étant plus rare, il est sans doute moins présent dans les scènes. Peut-être que de nouveaux documents permettront un jour de faire remonter son apparition plus haut dans le temps.

Si le navire dessiné sur la *tal.* PC-103 représente un petit navire, ce n'est pas le cas du bateau de l'assemblage A0058. La longueur moyenne d'un bateau du corpus approche les 23 m[13]. Il s'agissait donc de bateaux de charge de dimensions considérables.

Il existe une différence importante entre l'usage des cargues en Égypte et en Méditerranée antique. D'après les sources iconographiques à notre disposition, les bateaux grecs n'avaient pas de basse vergue. Les cargues étaient donc des manœuvres fixées au fond d'une voile qui remontaient vers la vergue en passant par les anneaux de cargue interfoliés dans la toile. Elles contournaient ensuite la vergue et descendaient vers le pont où elles étaient tournées. Les représentations égéennes des VIe-Ve s. av. J.-C. révèlent que ces cargues étaient assez nombreuses : sept à quatorze dans la plupart des cas, seulement quatre ou cinq sur de rares images[14]. La réplique historique du navire marchand grec du IVe s. av. J.-C., Kyrénia II, est dotée de dix cargues[15] et celle du bateau cousu grec du VIe s. av. J.-C., Gyptis, huit[16].

Les cargues permettaient de changer la forme de la voile pour l'adapter au mieux aux conditions de navigation[17]. En revanche, les cargues étaient plus archaïques dans la tradition égyptienne et leur fonction principale était de faciliter le maniement de la voile. Le nombre de cargues qu'on observe sur les reliefs égyptiens n'est pas suffisant pour changer la géométrie de la toile. Les voiles des navires de guerre de Ramsès III ne possédaient que quatre cargues, tout comme les bateaux du relief Berlin 24025 et probablement aussi ceux de l'assemblage A0058, tandis que le navire sur la *tal.* PC-103 ne semble en avoir eu que deux. On peut imaginer que les artistes n'ont pas représenté toutes les cargues, suivant l'usage de la réduction des séries généralement constatée dans les dessins. Cependant, cela est peu probable si l'on prend en compte le réalisme de l'art amarnien ou les représentations égyptiennes des voiles à basse vergue, comme le navire de la tombe de Neferhotep (TT50 ; XVIIIe dynastie) et le navire royal sur la scène du temple de Khonsou à Karnak (vers l'an mille av. J.-C.)[18], qui ont tous deux les voiles carguées en trois gros sacs.

Les voiles des bateaux représentés sur les papyrus de Turin 2032 et 2033 (1295-1186 av. J.-C.) sont dotées des basses-vergues et de huit à neuf cargues. S. Vinson a suggéré qu'il s'agit d'une erreur de l'artiste[19]. Cependant, il n'y a pas vraiment de contradiction entre la présence des basses-vergues et celle des cargues, même si, dans

12. Voir Vinson 1993, fig. 2b.
13. Voir *infra*, § 13, p. 128.
14. Voir Basch 1987, p. 207-228, fig. 428-474.
15. Katzev, Katzev 1985, p. 173.
16. Pomey, Poveda 2018, p. 7.
17. Voir Roberts 1991, pl. 19-20.
18. Voir Vinson 1994, p. 38-39, fig. 33.
19. Vinson 1993, p. 140. Les représentations antiques contiennent parfois des erreurs, mais des détails sont aussi souvent omis (voir Baud 1978, p. 40), rendant les dessins parfois difficiles à interpréter. Les gréements des navires à voile, techniquement complexes et dont le fonctionnement n'est pas toujours compris par les dessinateurs eux-mêmes, ne sont pas faciles à reproduire avec précision. Un survol rapide des ouvrages modernes sur la thématique de la mer vient à l'appui de cette conclusion. Les chercheurs ont aussi parfois tendance à affecter ce qui n'est pas compris à une erreur des dessinateurs.

ce cas, les cargues ne pourraient pas servir au changement de géométrie de la voile[20]. Toutefois, les facilités qu'elles procurent pour le maniement des voiles restent toujours considérables. Il s'agit même probablement de leur fonction première[21].

Les reliefs égyptiens expliquent comment le serrage d'une voile était réalisé en présence des basses-vergues. L'assemblage A0056 du corpus, qui en fournit un bon exemple, implique cinq membres d'équipage. Sur la *tal.* 29-009[22], un officier donne les ordres. On peut supposer que deux matelots de plus étaient nécessaires pour accomplir l'opération par mauvais temps. Il était alors obligatoire de maintenir les bras bien raides lors de la descente de la vergue volante pour éviter son balancement. Dans une scène plus tardive, celle du bateau royal de Hérihor au temple de Khonsou à Karnak (*c.* 1076-1074 av. J.-C.)[23], on voit dix gabiers sur la basse vergue et quatre autres qui s'occupent des manœuvres courantes[24]. Les cargues permettent d'effectuer l'opération depuis le pont avec un équipage moins nombreux. Leur usage est parfaitement justifié, même en présence des basses-vergues. Cependant, l'équipage devait malgré tout monter pour dérabanter la voile ou pour la ferler. C'est précisément ce que l'on voit sur les papyrus Turin 2032 et 2033 (voir *supra*).

À part le fait de faciliter le travail avec la voile, les cargues avaient aussi un rôle important pour la sécurité[25]. Pour bien en comprendre l'avantage, nous pouvons rappeler ici les procédures à bord d'un bateau de vieux gréement de l'époque moderne. Pour déventer les basses voiles (voile de misaine et grand-voile) en urgence, il faut tout d'abord peser les cargues-points, puis les cargues-fonds et les cargues-boulines. Les basses-vergues, trop lourdes, restent fixes lors des manœuvres courantes, à la différence des vergues des huniers et des perroquets (respectivement deuxième et troisième étages) que l'on peut faire rapidement descendre. Les vergues des bateaux égyptiens du Nouvel Empire étaient elles aussi très lourdes, étant composées de deux espars très longs et costauds. Les sources littéraires nous confirment que les grains pouvaient être très violents sur le Nil[26]. Les voiles des bateaux du Nouvel Empire n'étaient pas hautes mais très larges, et leurs extrémités pouvaient toucher la surface de l'eau avec la gîte. Leurs dimensions auraient davantage compromis la stabilité du bateau déjà mise à rude épreuve[27]. Les cargues offraient un moyen plus sûr et plus rapide pour déventer la voile que la descente de la vergue volante.

L'origine des cargues a été le sujet de vives discussions. Selon l'opinion générale, cette innovation importante a été développée sur la côte syro-cananéenne[28]. Dans son article, Lionel Casson ne développe guère son hypothèse. S. Vinson croit que les Égyptiens ont adopté les cargues des Peuples de la Mer[29]. D'après lui, la *tal.* PC-103 représenterait un des premiers témoignages de ce nouveau type de gréement, tandis que les gréements traditionnels restaient courants sur le Nil. Shelley Wachsmann[30], quant à lui, a analysé les représentations égyptiennes des vergues en forme de courbe descendante, surtout celles représentées dans la tombe de Nebamon (règne d'Amenhotep II, 1427-1400 av. J.-C.) et de Kenamon (règne d'Amenhotep III,

20. *Contra* Georgiou 1996, p. 219-220 et fig. 4.
21. Roberts 1991, p. 57 et pl. 17 : « *Without doubt the early Aegean form of brails was of the sort shown in use in Ramses III fleet and that of his enemies though it seems that at first a stiffer yard was used. Some drawings show straight yards even when the sails are brailed up hard. These suggest that their major use was to furl the sails, that is the sails were in use or they were not. At that stage the use of the brails as an extension of sail control is not obvious. The limited use would arise from the continued use of the all-round type of brail.* »
22. Voir *supra*, A0112, § 7.2, p. 85.
23. Vinson 1994, p. 38-39, fig. 33 ; Wachsmann 1998, p. 251-252, fig. 11.7.
24. Wachsmann 1998, p. 251.
25. Vinson 1993, p. 146.
26. Somaglino 2015, p. 133-136.
27. Roberts 1991, p. 56.
28. Casson 1971, p. 37-38 ; Emanuel 2014, p. 31-39 ; Vinson 1993, p. 146-150 ; Wachsmann 1998, p. 252-253.
29. Vinson 1993, p. 149 : « *The argument, then, for attributing the technology of brailed sails to the northeast Mediterranean is based principally on this apparently contemporaneous appearance of new sea-faring peoples associated with that area, a new sailing technology strongly associated with those people in later historical records, and new words for ships that would appear to be related to the new technology.* »
30. Wachsmann 1998, p. 252-253.

1390-1352 av. J.-C.). Il en conclut que ce type de vergue, apparemment en liaison avec les cargues[31], ne s'inscrit pas dans la tradition égyptienne. Jeff Emanuel[32], de son côté, considère les bateaux de guerre de Ramsès III comme des vaisseaux hybrides qui avaient une coque égyptienne, mais un gréement d'origine étrangère. Selon lui, les cargues ont été empruntées par les Égyptiens aux Chardanes un siècle avant le temps de Ramsès III[33].

Dans un article récent, Samuel Mark[34] cite sept représentations de bateaux égyptiens dotés des vergues en courbe descendante datables de la XVIIIe dynastie (1550-1295 av. J.-C.), dont certaines sont plus anciennes que les reliefs de Nebamon et Kenamon. S. Mark défend l'origine égyptienne de ce type de vergue[35]. Il arrive à la conclusion que le navire de Nebamon était d'un type développé en Égypte et qu'il reflète des innovations profondes dans la construction navale égyptienne, telles que l'utilisation de joints à mortaise et tenon dans le bordé et l'abandon du câble de tension[36]. Défiant l'avis général sur le conservatisme dans la construction navale égyptienne, S. Mark souligne son caractère innovant et privilégie une origine locale pour le système des cargues[37]. Cette conclusion, d'ailleurs, suit celle de D. Jones[38]. Même si les habitants des îles égéennes, « les pirates, les attaquants et les commerçants étaient les plus inventifs avec une grande expérience dans la construction des bateaux[39] », il ne faut pas oublier que c'était également le cas des Égyptiens.

En résumé, à ce jour, on connaît trois représentations égyptiennes de gréement sans basse-vergue, trois autres des cargues en présence de la basse-vergue et sept des vergues en courbe descendante. Toutes ces images sont plus anciennes que la scène de bataille navale de Ramsès III. Il n'existe pas de matériel comparatif méditerranéen datant de cette période.

Le Nil était un espace de navigation très particulier qui pouvait servir de bassin d'essai pour toute sorte de gréements, surtout pour les petites embarcations. La voile typique d'Ancien Empire, par exemple, était haute et étroite. La basse vergue se posait sur le pavois et dans plusieurs représentations on peut voir l'équipage assis sur la vergue[40], probablement pour éviter que la basse vergue ne se soulève, et ainsi maintenir la forme optimale de la voile. Sous la VIe dynastie (2345-2181 av. J.-C.), les Égyptiens ont introduit des balancines de basse vergue[41]. On trouve toutefois la trace de solutions alternatives. Le relief de Deir el-Gebraoui datant de la VIe dynastie représente deux petits bateaux aux voiles triangulaires (fig. 107), sans doute plus facile à manipuler, comme l'a suggéré B. Landström[42].

Au Moyen Empire, les voiles sont devenues basses et larges, probablement pour assurer une plus grande stabilité.

Pour clore la discussion, on peut également renvoyer à un passage instructif d'Hérodote (*Histoires* II, 36), qui évoque la coutume égyptienne d'installer les anneaux de cargue sur la face arrière de la voile, alors que chez les Grecs et les Romains ils étaient cousus sur la surface frontale. La tradition égyptienne était toujours vivante à la période ptolémaïque, comme en témoigne un relief du temple d'Edfou[43]. Sur la mosaïque nilotique

31. Roberts 1991, p. 55.
32. Emanuel 2014, p. 42-43, 46.
33. Emanuel 2014, p. 35-36.
34. Mark 2017, p. 73.
35. *Contra* Wachsmann 1998, p. 252-253.
36. Mark 2017, p. 76-80.
37. Mark 2017, p. 78.
38. Jones 1995, p. 61 : « *There is no evidence that the innovations shown in the Medinet Habu relief (the new style of the hull, the mast with simplified staying, a fighting top and the loose-footed sail) were borrowed by the Egyptians from neighboring countries. Although their straight profile and angular ends seem at first sight to have their origin in the Aegean world [...] there is no compelling reason to ascribe such developments to an external influence and just as good a case can be made for native Egyptian ingenuity.* »
39. Georgiou 2012, p. 527.
40. Voir Landström 1970, fig. 108-109, 112, 165.
41. Landström 1970, p. 47, fig. 122-123.
42. Landström 1970, p. 48, fig. 129, 131-132 et n. 23.
43. Jones 1995, p. 60 et fig. 56.

Fig. 107. Deux bateaux aux voiles triangulaires sur un relief de Deir el-Gebraoui (VIe dynastie, 2345-2181 av. J.-C.), d'après Davies 1902, pl. 19.

de Palestrina en Italie (ancienne Praeneste, *c.* 125 av. J.-C.), deux bateaux de charge ont été identifiés comme *kubaia* et baris[44]. Il est intéressant de constater que dans cette représentation les cargues sont indiquées à l'avant de la voile.

Même si l'iconographie des cargues en Égypte est plutôt fragmentaire et n'est attestée qu'à partir de la XVIIIe dynastie, elle reste la plus ancienne au monde. De plus, on peut distinguer plusieurs étapes dans l'évolution de cette technologie[45]. Dans certaines représentations (Turin 2032 et 2033, TT50), les cargues sont appliquées en présence des basses-vergues, tandis que dans d'autres (PC-103, A0058) elles sont absentes. Il semble logique que les cargues aient d'abord été uniquement utilisées pour carguer la voile, avant que leur rôle ne s'étende par la suite au contrôle de la voile.

10.2. **Deux navires royaux**

Référence : A0109[46] (fig. 108-110).
Thème : navires royaux, gréement, fragments de gouvernails et d'une cabine.
Commentaire archéologique :

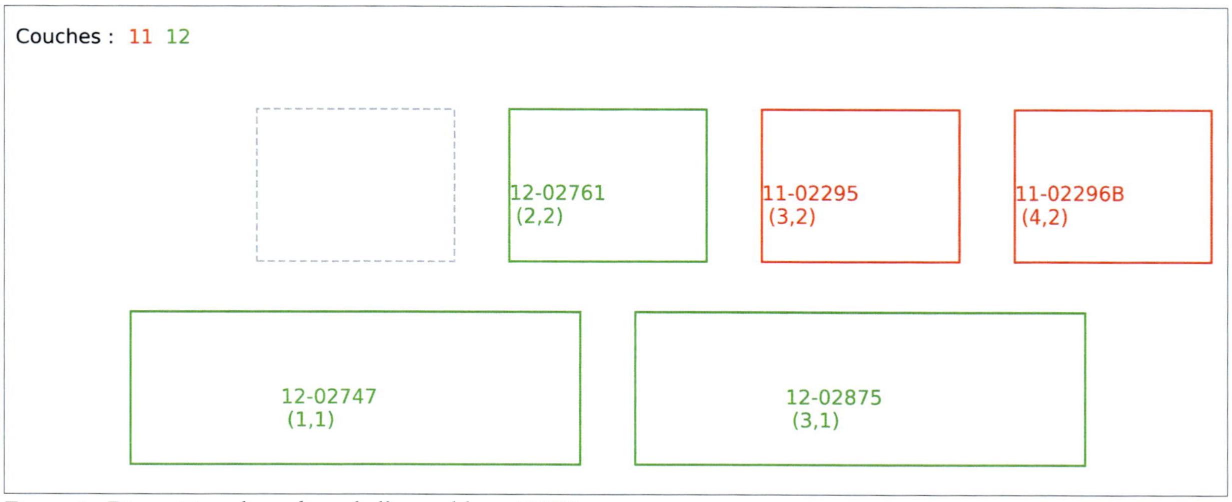

Fig. 108. Disposition des *talatat* de l'assemblage A0109.

44. Pomey 2015a, p. 161-166.
45. Jones 1995, p. 60.
46. Vergnieux 1999a, p. 145 et n. 41.

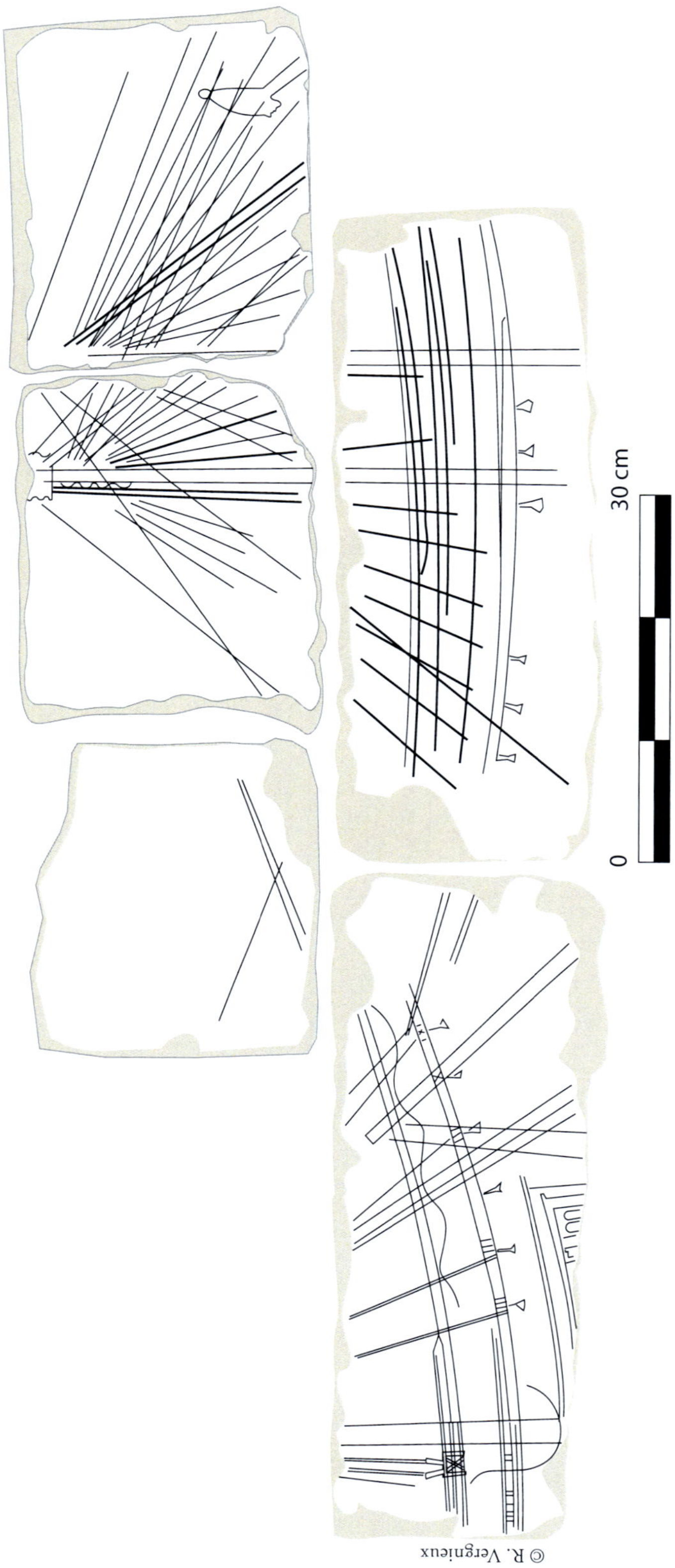

Fig. 109. A0109 – modèle de voilier *bik* (fac-similé).

Fig. 110. A0109 – modèle de voilier *bik* (photo).

Les blocs proviennent des couches 11 et 12 du IXe pylône. Nous ne disposons pas de données de dispersion pour ces couches de *talatat*. Ces cinq blocs font partie d'une scène inachevée. Seul le dessin a été réalisé, la gravure n'ayant pas été exécutée[47]. La continuité des *unicos* dans deux axes permet de caler les blocs entre eux. D'autres font sans doute partie de la même paroi, mais restent difficiles à interpréter. Des photographies à l'aide de capteurs ultra-violet pourraient apporter des résultats significatifs.

Description :

Le dessin encore visible met en évidence trois barques royales. On voit un mât, deux vergues, le fragment d'une cabine ornée et les mèches de deux gouvernails (*tal.* 02747 A0109[1,1] et *tal.* 0296B A0109[4,2]). Les vergues qui sont composées de deux espars ligaturés au centre sont fortement courbées vers le haut. On distingue également les nœuds des balancines sur la basse vergue, ainsi que les rabans sous la vergue[48]. Les drisses et un étai descendent vers le pont à l'arrière de la cabine. Un détail notable est le point d'amarrage des drisses à la vergue volante dont la suspente est montrée par les lignes croisées (*tal.* 02747 A0109[1,1]).

Deux bateaux de plus sont mis en évidence dans la partie droite de l'assemblage (*tal.* 2875 A0109[3,1], 2295[3,2], 2296B[4,2]). Deux mâts et deux paires de vergues sont représentés avec le même gréement que pour le bateau de gauche, bien que le dessin des nombreuses balancines soit mieux conservé. On voit également les cadres pour le passage du gréement au sommet des mâts de ces deux bateaux.

La mèche du gouvernail du bateau à droite (*tal.* 0296B A0109[4,2]) est décorée de la tête du roi portant la couronne blanche munie d'un *uræus*. Les traits du visage sont bien reconnaissables et appartiennent sans doute à Akhénaton. Les décorations de ce type étaient habituelles pour les bateaux royaux[49].

Les termes de la navigation égyptienne ne sont pas toujours faciles à interpréter, cependant il suffit de quelques détails figurés pour identifier les embarcations représentées sur l'assemblage A0109 comme des bateaux-*bik*. Attardons-nous donc un instant sur la signification de ce terme.

Le terme *bik*, connu par les documents datant de la XVIIIe dynastie, est le plus souvent traduit par « bateau royal » ou « bateau-faucon[50] ». Dans certains contextes, il est également traduit par « bateau d'or[51] », en restant pour autant toujours rattaché au domaine royal. E.K. Werner identifie le bateau-*bik* comme un bateau de guerre royal décoré des représentations du dieu Montou, dont il considère les éléments iconographiques comme déterminants[52].

Il existe des représentations de ces bateaux dans les tombes du vice-roi Houy[53] (fig. 119) et du vizir Rekhmirê[54] pour les plus détaillées. La collection du Musée égyptien du Caire compte quatre maquettes provenant de la tombe d'Amenhotep II (KV35), qui consistent en des bateaux-*bik*[55].

47. Voir assemblage A0054, *supra*, § 6.1, p. 63.

48. Voir assemblage A0052, section « Gréement » pour la discussion de la fonction de ces rabans.

49. Comme parallèles, on peut citer les maquettes des bateaux de la tombe de Toutânkhamon dont les gouvernails latéraux sont décorés de la même façon à la seule différence qu'il s'agit de la couronne-*atef*, voir Landström 1970, p. 102, fig. 322, 324. De même, le gouvernail d'un bateau dans la tombe de Ramsès III à Thèbes est décoré avec la tête du roi portant le *pschent*, voir Landström 1970, p. 114, fig. 352.

50. Faulkner 1894, p. 81 – *"falcon" ship of king* ; Jones 1988, p. 136, n. 26 – *falcon ship, warship, bark belonging to a temple* ; Redford 1984, p. 31 – *hawk-boat* ; Toth 2013, p. 143, 149 – *"falcon" is the name of the royal vessel* ; *Wb* I, 445 – *Schiff des Königs* ; Werner 1986 – *falcon-ship*.

51. C'est la signification du terme *bik* proposée par Habachi 1972, p. 33 et Smith H., Smith A. 1976, p. 60. Selon ces auteurs, dans le texte de la stèle de Kames ce terme s'applique au navire amiral du roi.

52. Werner 1986.

53. Datant du règne de Toutânkhamon, voir Gardiner 1926.

54. Représentation située entre la seconde partie du règne de Thoutmosis III et le début du règne d'Amenhotep II. Voir Davies 1935 ; Landström 1970, p. 106-107, fig. 327.

55. Landström 1970, p. 107-108, fig. 338-339 ; Werner 1986, p. 110-120.

Dans la tombe de May à Amarna[56], on trouve la représentation de deux bateaux royaux amarrés dans le port d'Akhétaton[57] (fig. 120-121). L'inscription qui l'accompagne évoque expressément des bateaux-*bik*[58]. Le taquet de la mèche de gouvernail du bateau du roi (à gauche) est décoré de la tête sculptée du roi portant la couronne-*atef*, pour ce qui concerne le bateau de la reine (à droite), l'ornement choisi est la couronne à double plume.

Les représentations des bateaux-*bik* d'Akhénaton et de Néfertiti sont aussi partiellement conservées sur trois *talatat* qui font probablement partie de la même scène[59]. Le bateau de la reine Néfertiti a été justement identifié comme tel grâce à la décoration des taquets des mèches de gouvernail et le témoignage du respect des membres de l'équipage[60].

E.K. Werner soulève une question très intéressante sur la décoration des bateaux-*bik* à l'époque amarnienne[61]. En dehors de cette période, les bateaux-*bik* étaient décorés avec des représentations du dieu Montou, c'est pourquoi ils ont aussi été appelés « bateaux-faucons[62] » . Si on ne retrouve plus les images de Montou accompagnant des bateaux royaux durant le règne d'Amenhotep IV-Akhénaton, elles sont rétablies dès le règne de Toutânkhamon[63].

Si le statut royal des bateaux-*bik* est bien attesté, le terme se rattachait-il à un type du bateau particulier ? Björn Landström ne trouve pas de différence entre la forme de la coque des bateaux-*bik* et celle des bateaux de voyage (angl. « *travelling ships* ») du Nouvel Empire[64]. Michael A. Stephens parvient à la même conclusion à l'issue de son étude détaillée de la typologie des coques des bateaux égyptiens[65]. Cet auteur attribue les bateaux-*bik* au type ETH 13, qu'il décrit en ces termes : « Ils [les bateaux de type ETH 13] sont identifiables par la coque incurvée et effilée, prolongée par des saillies à l'avant et à l'arrière. Les ETH 13 avaient une section transversale arrondie, et la partie centrale du pont était plus basse que le pavois qui la flanquait, avec des ponts bas et surélevés à l'avant et à l'arrière[66]. » M. Stephens conclut que le terme *bik* ne s'appliquait probablement pas à un type de bateau spécifique mais était utilisé pour signaler la présence du souverain à bord d'une embarcation[67].

On ne peut pas souscrire sans réserve à cette conclusion après l'étude des documents iconographiques bi- et tridimensionnels qui composent le dossier des bateaux-*bik*. Non seulement ces bateaux portent de grandes superstructures (kiosques ou encore baldaquins) sur l'avant et l'arrière, mais invariablement ces dernières arborent une riche décoration ayant pour thème le roi-triomphant ou telle ou telle divinité. Ces kiosques ne nous paraissent pas facilement amovibles, ils sont le fruit d'un travail de grande qualité de graveurs sur bois, et portaient des symboles très importants lors les sorties militaires, festives ou rituelles du roi. De même, des surfaces considérables de la coque des bateaux-*bik* étaient décorées, avec des thèmes variés. Un autre trait spécifique des bateaux-*bik* réside dans le sommet des mèches de leurs gouvernails, souvent orné des têtes

56. Davies 1908, p. 3-4, pl. 5.
57. Sur le port d'Amarna, voir *supra*, p. 17.
58. Werner 1986, p. 120-121. L'auteur souligne : « *Whereas Montu figures on the fore- and stern- castles added magic protection to the falcon ships of other reigns during the Dynasty XVIII, warlike figures of Akhenaten and Nefertiti evidently replaced him on these structures on the falcon ships of the Amarna Period. Therefore if the royal ships in the harbor at Akhenaten can be equated with the bik reference in May's tomb, the term may cautiously be applied to the Montu-ships of which they were a short-lived variation.* »
59. *Talatat* dans la collection du musée de Boston. Voir Cooney 1965, p. 80-85, fig. 50, 51, 51a. Edward K. Werner cite deux autres reliefs fragmentaires d'Abydos et de Memphis avec les images de bateaux-*bik* (Werner 1986, p. 120). Le bateau-*bik* est également représenté sur une *talatat* de Médamoud. Voir Cottevieille-Giraudet 1932, p. 39, fig. 40.
60. Objets 63.260, 64.521. Voir Cooney 1965, p. 82, fig. 51, 51a.
61. Werner 1986, p. 120-121.
62. Werner 1986, p. 107-110.
63. Werner 1986, p. 122.
64. Landström 1970, p. 108.
65. Stephens 2022, p. 53-54.
66. Stephens 2022, p. 11-14, en particulier p. 11 : « *They are identifiable by a curved, tapering hull, extended fore and aft by projections. ETH 13 had a rounded cross section, and the central area of the deck was lower than the bulwark, which flanked it, with low, raised decks at the bow and stern.* »
67. Stephens 2022, p. 53-54.

sculptées du roi ou de la reine. La destination des encoches à l'avant et à la poupe, assez caractéristiques de ces bateaux, présente un problème qui n'est pas encore résolu à ce jour[68]. On peut accepter que la forme de la coque des bateaux-*bik* ne soit pas éloignée de celles des autres types de bateaux égyptiens, cependant les éléments qui viennent d'être évoqués permettent inconstestablement d'identifier les bateaux-*bik* à des embarcations réservées au domaine royal. À notre avis ce type de bateau n'était pas désigné par la forme de sa coque, mais facilement reconnaissable par la conception de ses cabines spacieuses[69], les kiosques en avant et en arrière, et sa riche décoration[70].

D'après plusieurs éléments de construction et de décoration, il est possible d'affirmer, à l'analyse du matériel de notre corpus documentaire, que les bateaux représentés sur l'assemblage A0109 et sur des *talatat* des collections de l'ARCE (voir le chapitre 12) appartiennent au type *bik*.

L'appartenance des bateaux de l'assemblage A0109 au type des bateaux royaux est renforcée par la cabine ornée des scènes rituelles[71], deux paires de cartouches conservées sur les blocs[72], la mèche du gouvernail décorée et par la forme particulière des vergues. Nous pouvons aussi nous interroger sur le nombre d'embarcations royales. Les scènes de Karnak informent pour le moins sur le fait que de tels bateaux avaient déjà été construits alors que la cour royale était encore installée à Thèbes. Cependant l'état d'inachèvement des gravures permet d'avancer que les scènes ont été tracées sur les murs des temples d'Aton peu de temps avant le départ pour Amarna en l'an 6 du règne.

Une *talatat* (*tal.* 3481 ; fig. 111) à la gravure également inachevée offre des précisions sur un décor particulier. Elle fait sans doute partie de la paroi précédente (fig. 119). Malgré la petite surface conservée, on arrive à identifier le lieu représenté. Il s'agit de la poupe d'un bateau avec une mèche et la barre de gouvernail à gauche. La mèche est ligaturée à son mâtereau de support qui se trouve au centre. On voit quatre glènes[73] de cordage, qui sont couronnées par le même nombre d'images évoquant la tête du dieu Rê-Horakhty. Au Nouvel Empire, la tête de faucon était souvent la décoration retenue pour les sommets des mèches de gouvernail et de son mâtereau de support pour les bateaux rituels[74]. L'iconographie de la tête du dieu Rê-Horakhty couronnée par le globe solaire est beaucoup plus rare dans le contexte naval. Dans la tombe de Khons (XVIIIe dynastie), la tête de ce dieu décore le sommet des mèches de gouvernail d'un grand bateau utilisé pour le remorquage d'un bateau rituel[75]. Ces motifs sont à mettre en relation avec le dieu Aton, puisque ce dernier est la forme aboutie de Rê-Horakhty en Ânkh-Rê-Horakhty[76].

Fig. 111. *Tal.* 3481.

68. Sans trop nous écarter de notre sujet, on peut suggérer que ces encoches servaient à l'installation des décorations de la proue et/ou de la poupe en forme de fleurs de papyrus, décorations probablement indispensables dans le cadre de certaines cérémonies.
69. La cabine centrale du bateau-*bik* de la tombe de May était à deux étages. Voir aussi les cabines des bateaux-*bik* sur les reliefs du temple de Louqsor (Dorman 1993, pl. 28, 68, 76).
70. Cf. Landström 1970, p. 102 – par référence à deux maquettes de la tombe de Toutânkhamon : « *luxury vessels with gilded castles and baldachins fore and aft* ».
71. Cf. la scène sur les *talatat* de Boston.
72. Une paire sur la cabine du bateau de gauche (*tal.* 02747 [1,1]) et la deuxième paire à gauche du bloc central (*tal.* 2875 [3,1]).
73. Cf. l'iconographie des glènes de cordage dans un relief de la tombe de Rekhmirê (TT100 ; règne de Thoutmosis III (1479-1425 av. J.-C.), Hatchepsout (1473-1458 av. J.-C.) et Amenhotep II (1427-1400 av. J.-C.).
74. Voir Landström 1970, fig. 358, 362, 365, 369.
75. Voir Landström 1970, p. 115, fig. 354.
76. Vergnieux 1999a, p. 189 *sqq.*

10.3. Un navire étranger

Référence : *tal.* 3711 – couche 14 (fig. 112).
Thème : importante jarre fixée sur le pont d'un navire.

La boutisse *tal.* 3711 contient la représentation d'une grande amphore du type cananéen[77] qui est ligaturé à un objet cylindrique. On peut interpréter ce dernier comme le mât ou l'étrave d'un bateau. La première interprétation ne tient pas à cause de l'épaisseur changeante de l'objet qui semble s'épaissir vers le haut. De plus, une amphore au pied du mât serait très gênante pour effectuer les manœuvres avec la voile.

Les bateaux syriens représentés dans la tombe de Kenamon (TT93, règne d'Amenhotep II, *c.* 1450 av. J.-C.) possèdent chacun une amphore ligaturée à la proue. Les amphores contenaient sans doute de l'eau potable, d'une importance vitale pour de longues traversées en mer[78].

Sur la *tal.* 3711, on distingue également le visage et les bras d'un personnage qui s'appuie sur une amphore aux dimensions importantes – presque 150 cm de hauteur si l'on en croit la taille des personnages – ligaturée à l'étrave par cinq tours de saisines. Au premier plan, l'amphore est croisée par un cordage, le plus probablement un étai. Un parallèle sur une *talatat* provenant d'Hermopolis montre une amphore attachée sur le pont[79]. L'origine étrangère de l'embarcation est confirmée par la présence de passagers syriens. Les échanges diplomatiques avec les monarques moyen-orientaux étaient courants à l'époque d'Amenhotep III et d'Amenhotep IV, mais les dons en matériaux comme le bois pour la construction navale étaient aussi de mise, comme en témoigne la correspondance officielle retrouvée à Amarna[80].

Fig. 112. *Tal.* 3711.

77. Voir *supra*, p. 165, IV.22.2, type F5. Pour un parallèle archéologique récent, voir Batcharov 2021.
78. La réserve d'eau potable à bord d'un bateau nilotique n'était pas vraiment nécessaire, puisque l'eau restait toujours disponible. Dans l'iconographie égyptienne et même dans notre matériel (A0059), on voit des personnages qui boivent en se penchant par-dessus bord ou puisent de l'eau à l'aide d'un récipient.
79. Parallèle : Cooney 1965, p. 85-86.
80. Moran 1987, par exemple EA40 (lignes 12-15) ; EA160 (lignes 14-19) ; EA161 (lignes 54-56).

11

Remarques sur les couleurs des embarcations

La conservation des couleurs sur les *talatat* est intimement liée à la position de remploi des blocs à l'intérieur du IXe pylône. L'élévation progressive du niveau de la nappe phréatique au cours des siècles a endommagé les blocs placés dans la partie inférieure du pylône (couches n° 24 à 42) : plongés en permanence dans les eaux, bon nombre d'entre eux ont intégralement perdu leurs couleurs, à l'exception du rouge. Les couches n°s 17 à 23, touchées annuellement par la partie supérieure de la frange capillaire de la nappe phréatique, ont presque entièrement été réduites à l'état de sable (fig. 113). Les couches supérieures (n°s 1 à 16) n'ont, quant à elles, jamais été atteintes par les eaux et ont ainsi conservé l'intégralité des couleurs d'origine appliquées sur le fond blanc de la paroi[1]. Les seules dégradations présentes sur les *talatat* sont apparues alors qu'elles étaient encore en place dans le mur originel, ou lors du démontage de la paroi, de leur transport et de leur pose à l'intérieur du IXe pylône.

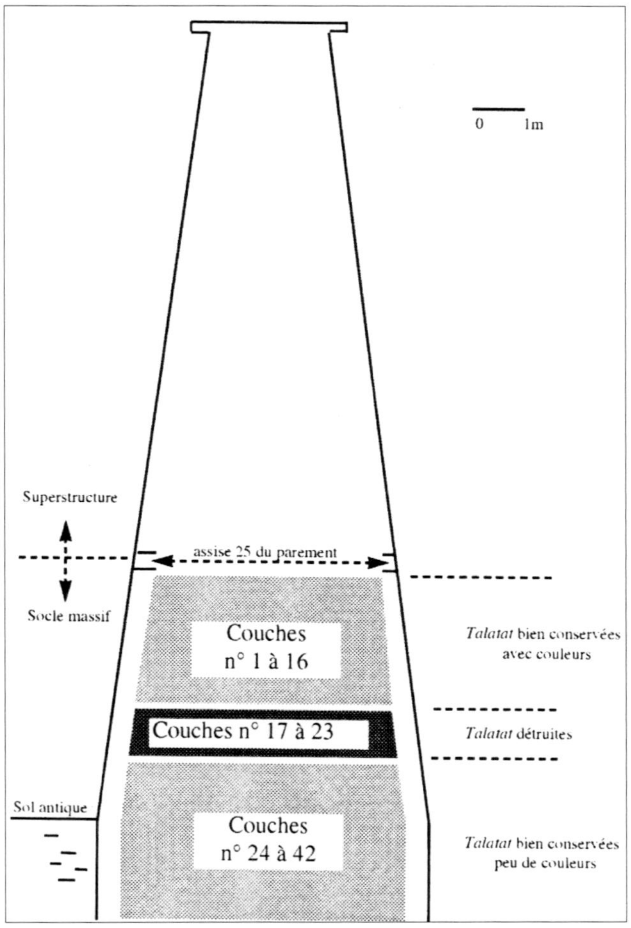

Fig. 113. Coupe schématique du môle ouest du IXe pylône, d'après Vergnieux 1999a, p. 46, fig. 24.

1. Cette observation est à l'origine de l'idée selon laquelle le monument aurait été construit à l'aide de *talatat* blanches : Smith, Redford 1976.

Une fois le ravalement des parois exécuté, les scènes étaient tracées à la peinture noire[2]. Une scène inachevée, composée de *talatat* provenant de la partie supérieure du IXe pylône, a ainsi conservé son tracé préparatoire (assemblage A0114)[3]. Dans les parties basses du pylône se trouvaient également des scènes inachevées, mais l'état de conservation des couleurs n'a pas permis de retrouver les tracés préparatoires. La gravure de ces scènes a été exécutée exclusivement en relief dans le creux, à partir de ces dessins au trait. Les couleurs ont ensuite été appliquées pour parachever le travail de décoration des parois[4]. La technique employée ici pour la pose des couleurs est semblable à celle d'autres époques. Les teintes de vert, bleu, ocre jaune, rouge et brun foncé ont été appliquées sur un fond blanc, des traits noirs ou rouges venant rehausser par le détail certains motifs, tels que le plissé d'un vêtement.

Le décor de la scène de l'assemblage A0054, dont la gravure est restée inachevée, nous indique que l'application des couleurs suivait de très près la gravure, et pouvait même débuter, parfois, avant l'achèvement de la scène. On remarque en effet qu'un bloc de l'assemblage a été peint avant l'achèvement de la gravure du bloc voisin. De même, sur un autre assemblage, des porteurs de jarres ont été gravés et mis en couleur avant que la gravure de la partie droite ne soit terminée (*tal.* 29-356 A0056[22,3]). L'alignement vertical de l'arrêt de la gravure dans l'assemblage A0054 prouve que les graveurs se sont servis d'un échafaudage, qui a été également utilisé par les peintres avant d'être déplacé. C'est la première fois qu'une telle particularité peut être établie, qui nous informe sur l'organisation du travail de décoration[5]. Ce dispositif indique également que la scène était située dans la partie haute du mur. L'état d'inachèvement de ces scènes de navigation suggère qu'elles furent entreprises peu de temps avant l'arrêt des travaux de construction à Karnak, au moment du départ de la cour pour Amarna.

Les coques des bateaux du corpus sont peintes soit en rouge, soit en jaune. Il apparaît que la couleur rouge domine (fig. 115), mais les conditions de conservation différentielles au sein du IXe pylône incitent à la prudence quant à toute interprétation (fig. 114).

La coque de la grande barge représentée sur la scène de l'assemblage A0059 était peinte en jaune (voir fig. 71). Il semble que les cabines étaient colorées le plus souvent en rouge. Pour la mâture, il y a des traces d'application de rouge ou de jaune, tandis que les manœuvres du gréement étaient plutôt rendues en jaune (fig. 117). Parfois, les traces de rehauts rouges traduisent une volonté de simuler les tressages des bouts (fig. 116).

Toutes les parties du système de gouverne (le safran, la mèche de gouvernail, son mâtereau de support, la barre) ont été régulièrement peintes en rouge (voir fig. 14, *tal.* 28-520 A0061[7,1]). Des rehauts de peinture ont été conservés sur le mâtereau de la *tal.* 29-126 A0052[12,3] et l'on peut distinguer des bandes de couleur rouge foncé encadrant une large bande vert-bleu (fig. 118).

Les restes de bandes multicolores qui composaient initialement la décoration de la proue du bateau de l'assemblage A0053 (voir fig. 31, *tal.* 28-236) sont riches d'informations. Nous avons vu qu'elles pouvaient correspondre à un marqueur visuel pour l'emplacement réservé à l'installation des passerelles de débarquement.

2. Vergnieux 1999a, p. 37.
3. Voir *supra*, § 8.1, p. 91.
4. Le paragraphe est tiré de Vergnieux 1999a, p. 39-40.
5. Vergnieux 1999a, p. 39 et fig. 21.

Assemblage	Coque		Décor proue	Cabine	Gréement								Voile	Gouvernail				Passerelle de débarquement
	Lignes	Peinture			Mât	Vergues	Brelage	Étai	Drisses	Bras	Balancines	Écoutes		Mèche	Mâtereau	Barre	Safran	
A0052	rouge	jaune	blanc?	rouge		jaune	jaune	blanc?	rouge		jaune?	jaune	blanc?	rouge	rouge			jaune
A0053	rouge	rouge/ jaune	multi-colore	jaune/ bleu														jaune
A0056		rouge												rouge			rouge	
A0059		jaune																
A0061* (bateau central)		rouge			rouge	rouge							jaune?, blanc?	rouge	rouge	rouge	rouge	
A0061* (bateau à droite)		jaune?		rouge	jaune?	jaune?	jaune?			jaune		jaune			rouge?	rouge		

Fig. 114. Traces de couleurs sur les blocs du corpus dans la collection du CFEETK.

Fig. 115. *Tal.* 28-213 de l'assemblage A0061.

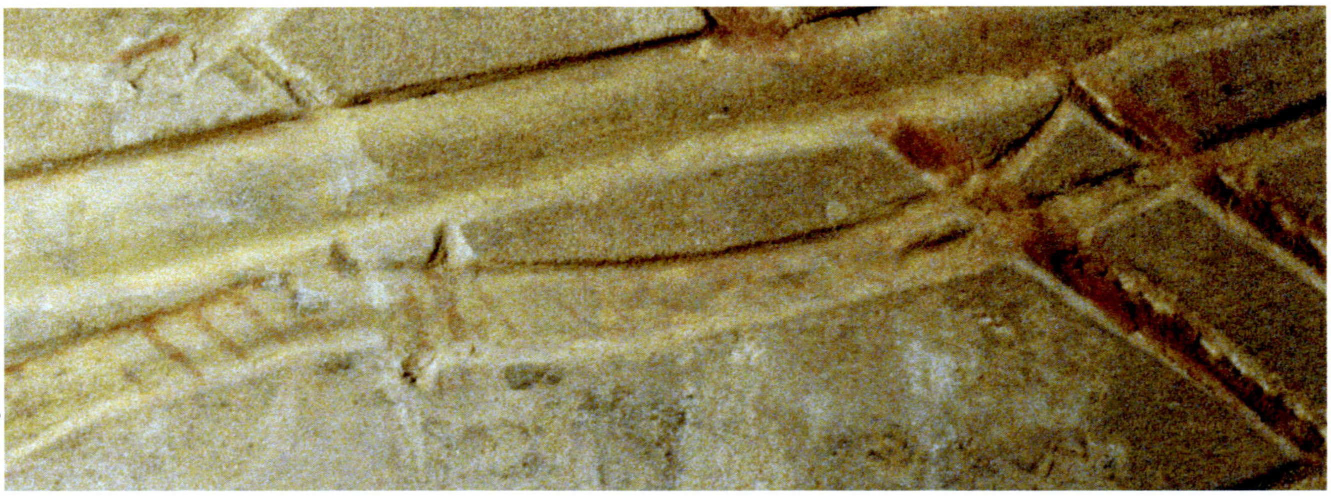

Fig. 116. *Tal.* 29-381, A0052[10,3].

Fig. 117. *Tal.* 28-271, A0062[4,2].

Fig. 118. *Tal.* 29-126, A0052[12,3].

12

Talatat nautiques dans les collections de l'ARCE

La base de données de l'American Research Center in Egypt (ARCE)[1] compte 24 *talatat* nautiques (*tal.* ARCE.050220, 050231, 050714, 050733, 070163, 070686, 070703, 090057, 090344, 110531, 111084, 130068A, 130809, 150247, 170387, 170517, 190412, 190777, 210208, 210672, 210825, 230149, 230257, 230393). Conservées dans les réserves archéologiques des temples de Karnak, elles ont été enregistrées dans le cadre de l'Akhenaton Temple Project[2]. Elles proviennent en majorité des fouilles archéologiques menées dans les fondations de la salle hypostyle et à l'intérieur des môles du IIe pylône de Karnak[3]. Toutes en grès, elles faisaient partie des parois des temples dédiés à Ânkh-Rê-Horakhty-Aton. Leur intégration à notre étude permet d'avoir une vision la plus large possible des embarcations de la période proto-amarnienne.

Fig. 119. La représentation d'un bateau dans la tombe du vice-roi Houy (d'après Gardiner 1926, pl. 12).

1. Nous tenons à remercier la direction de l'ARCE de nous avoir permis de joindre ces documents à la présente étude.
2. Smith, Redford 1976.
3. Smith, Redford 1976, p. 1-2.

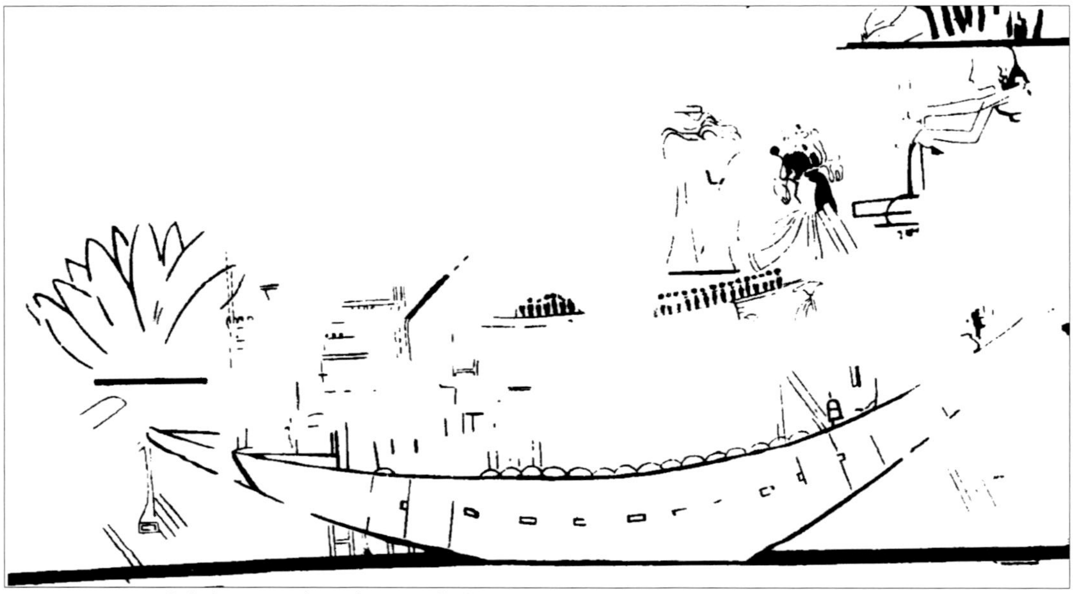

Fig. 120. Détail de la scène dans le port d'Akhétaton : le bateau du roi du type *bỉk* (d'après Davies 1908, pl. 5).

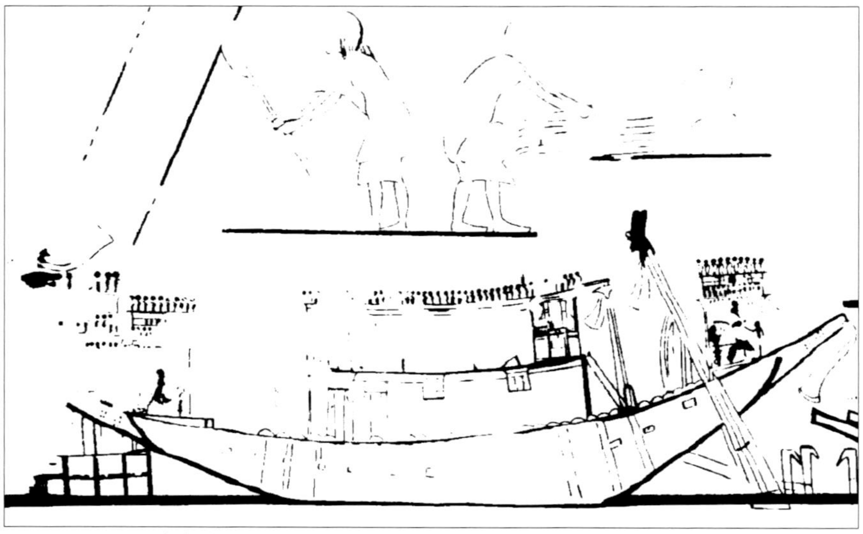

Fig. 121. Détail de la scène dans le port d'Akhétaton : le bateau de la reine du type *bỉk*. (d'après Davies 1908, pl. 5).

Plusieurs *talatat* de l'ARCE (*tal.* ARCE.050220, 111084, 230149 et 230339), présentant une coque très élancée et fine aux extrémités, confirment que les navires royaux représentés à Karnak sont bien du type *bỉk*[4]. Leur forme est très différente de celle des bateaux de charge présents sur les *talatat* étudiées précédemment. La *tal.* ARCE.230339, en plus de la forme de la coque du bateau représenté, présente au moins trois autres détails caractéristiques du bateau-*bỉk* (fig. 122) : une encoche visible en dessous de l'extrémité de la poupe[5], un kiosque à la poupe orné d'une scène figurant le pharaon et des rubans de décoration à l'extrémité de la poupe[6].

4. Sur les bateaux-*bỉk*, voir *supra*, § 10.2, p. 111.
5. Cf. le même trait des bateaux-*bỉk* des tombes du vice-roi Houy et du vizir Rekhmirê, des *talatat* d'Hermopolis (Museum of Fine Arts, Boston, inv. 63-260 et N50), ainsi que les maquettes de la tombe d'Amenhotep II.
6. Cf. les bateaux-*bỉk* du relief de la tombe du vice-roi Houy, à Amarna (Davies 1908, pl. 5) et des *talatat* d'Hermopolis (Museum of Fine Arts, Boston, inv. 63-260, 64-521 et N50). Sur les scènes ornementales, voir Vergnieux 1999a, p. 186.

Un kiosque à l'avant du bateau, figurant pharaon massacrant les ennemies, est conservé sur la *tal.* ARCE.111084. La coque du bateau de la *tal.* ARCE.230393 est décorée de l'œil-*oudjat*, alors que sur la *tal.* ARCE.050220, c'est la tête d'un faucon[7] qui est visible au niveau du pont (fig. 123), avec la base d'un étendard devant elle.

Les bateaux-*bỉk* étaient des voiliers pourvus d'une équipe importante de rameurs. Des rames et des rameurs sont figurés sur onze *talatat* de ce corpus de documents[8]. La *tal.* ARCE.210672 contient une représentation d'une cabine monumentale à deux portes, qu'il est assez fréquent de trouver sur un bateau-*bỉk* (fig. 124)[9]. Quant au gréement, on ne manquera pas de souligner l'épaisseur importante du mât du bateau sur cette même *talatat*[10].

Deux mâts supportés par les mâtereaux appartiennent aux bateaux qui naviguent côte à côte sur la *tal.* ARCE.170517. Les *tal.* ARCE.130809 et 170387 (fig. 125) témoignent de la présence d'une vergue forcément courbée vers le haut. Ce trait du gréement des bateaux-*bỉk* est attesté par les représentations des tombes du vizir Rekhmirê et du vice-roi Houy (voir fig. 119). Comme dans le cas de la *tal.* ARCE.130809, cette dernière image montre aussi des matelots qui saisissent les balancines pour se tenir debout sur la vergue[11].

Les *tal.* ARCE.130809, 170387 et 150247 présentent des rabans de ferlage/amarrage au-dessous de la basse vergue qui sont très similaires à ceux des reliefs provenant du IXe pylône de Karnak.

Quelques *talatat* doivent être reliées à un contexte différent. Ainsi la *tal.* ARCE.070686, qui représente une barque dotée de deux avirons de queue, probablement en imitation des scènes d'Ancien Empire, semble appartenir à une scène religieuse. De même, la *tal.* ARCE.090057 représente apparemment le roi sur le pont du bateau rituel.

Pour conclure, ces quelques *talatat* de la base de l'ARCE appartiennent à des scènes d'un contexte différent de celui étudié précédemment dans notre ouvrage. Ces blocs s'apparentent, comme pour l'assemblage A0109 à la gravure inachevée[12], à des représentations mettant en scène des navires de type *bỉk*. Ces figurations attestent de l'existence de bateaux royaux avant le départ de la cour royale pour Amarna. Ils enrichissent la documentation et fournissent des parallèles intéressants. Sans doute avons-nous ici la représentation des navires avec lesquels la cour royale regagna la ville nouvelle d'Amarna en l'an 6 du règne d'Amenhotep IV-Akhénaton.

Les deux embarcations royales, arrivées à bon port dans l'Horizon d'Aton, sont figurées dans la tombe de Maÿ (fig. 120 et 121).

7. Sur les représentations de Rê-Horakhty à la période proto-amarnienne, voir Vergnieux 1999a, p. 189-192.
8. Il s'agit des *tal.* ARCE.050714, 050733, 070163, 070703, 110531, 130809, 170517, 190412, 190777, 210208 et 210672. Il semble, d'ailleurs, que certaines *talatat* de cette liste fassent partie de la même scène.
9. Voir une *talatat* retrouvée à Médamoud : Cottevieille-Giraudet 1936, p. 39, fig. 60 et p. 69, fig. 99.
10. Le mât est identifiable grâce aux deux traits verticaux au tiers de gauche et en haut du bloc, au milieu entre deux triangles opposés sur le toit de la cabine.
11. À la différence de la *tal.* 21-004 de notre ensemble documentaire (*supra*), il s'agit de la vergue fixe, parce que les figures des matelots sont rendues par le relief dans le creux (la voile est en arrière-plan). On voit également les rabans pendus sous la vergue.
12. Voir assemblage A0109, *supra*, § 10.2, p. 111.

Fig. 122. *Tal.* ARCE.230393.

Fig. 123. *Tal.* ARCE.050220.

Fig. 124. *Tal.* ARCE.210672.

Fig. 125. *Tal.* ARCE.170387.

PARTIE III

INTERPRÉTATION DES VOLUMES DES NAVIRES DU CORPUS

Restitution 3D d'un bateau type à partir de l'assemblage A0052

Le dessin égyptien présente des difficultés de compréhension. Les techniques égyptiennes de représentation dans le plan bidimensionnel du monde réel tridimensionnel sont parfois complexes à saisir. La modélisation 3D nous a aidés à en interpréter les volumes. À partir des informations graphiques de l'assemblage A0052 et en tenant compte des contraintes techniques de navigation, il a été possible de réaliser un premier modèle numérique qui a joué le rôle de support visuel pour mener nos réflexions et échanges[1]. C'est à partir de cette première approche qu'ont été testées les différentes hypothèses de restitution. Tous les éléments identifiés dans le dessin égyptien ont été discutés en confrontation avec le modèle 3D, les scènes parallèles et les éventuels vestiges archéologiques ou textuels. D'innombrables allers-retours entre le dessin et le modèle 3D ont été entrepris lors de nombreuses séances d'études. Le modèle 3D permet d'évacuer les fausses solutions du fait même de pouvoir en visualiser les impossibilités matérielles. Les solutions compatibles avec le dessin égyptien se sont progressivement imposées. Il est difficile de retracer ici toutes les pistes explorées, tant elles ont été nombreuses et les modèles intermédiaires multiples[2].

Plus notre compréhension volumique du bateau a avancé, plus les ambiguïtés de représentations ont pu être levées. La restitution proposée comprend exclusivement les éléments dont la présence est attestée par le dessin. L'objectif de départ de notre travail de restitution a été de fournir un modèle 3D qui soit la traduction la plus proche en volumes de ce que le dessin égyptien montre.

La majorité des navires du corpus présentent des formes assez voisines entre elles. C'est uniquement à travers l'agencement des superstructures et leurs cargaisons qu'il est possible de distinguer les embarcations. Le modèle de départ est une forme type qui s'appuie sur les représentations du corpus. Les profils des coques des navires sont assez proches les uns des autres. Dans l'architecture navale, c'est le plan des formes de la coque qui constitue la première phase de conception d'un nouveau navire[3]. Lors de la première étape de restitution du navire de l'assemblage A0052, nous avons donc établi le plan des formes d'un bateau de charge générique, comme il se présente à travers nos différents assemblages. Ce plan est composé de trois parties : les coupes transversales, qui montrent les sections de la coque à intervalles réguliers ; les coupes longitudinales, qui représentent la vue de profil ; et les coupes horizontales (lignes d'eau), qui montrent la forme du flotteur en vue de dessus.

1. Sur les différents modèles dans le processus de restitution, voir Vergnieux 2008b, p. 236. Parmi les tentatives de restitutions graphiques ou numériques des bateaux égyptiens, on peut citer Goyon 1971 ; Landström 1970 ; Mark 2013 ; Sölver 1943 ; Wehausen, Mansour, Ximenes 1988 ; Ward *et al.* 2012.
2. Plus de 130 versions de modèles 3D ont été nécessaires.
3. Paulet, Presles 2005, p. 103.

La vue de profil a été retracée à partir des représentations qui conservent les contours des lignes supérieure et inférieure de la coque. Ces détails sont mieux conservés dans les assemblages A0052 et A0061. Le bateau de l'assemblage A0052, qui contient le plus d'informations sur la coque et le gréement, a servi de base au premier modèle 3D[4]. La forme des extrémités de la coque a été complétée grâce aux assemblages A0053 et A0111 pour la proue, et A0060, A0056 et A0113 pour la poupe. Les techniques du dessin antique ou moderne ont tendance à accentuer les formes pour les rendre plus identifiables. La courbure des coques des bateaux est ici très régulièrement exagérée[5]. De plus, les bateaux sont presque toujours représentés dans une position de flottaison plus élevée que dans la réalité[6]. Ces deux paramètres ont été pris en compte lors du travail de restitution des lignes de la vue longitudinale (fig. 127). Il était alors nécessaire de choisir les dimensions auxquelles construire la version V1 du modèle. Seule la longueur hors tout de la coque du bateau A0061 (bateau central) a pu être estimée et c'est donc cette mesure, 23 m[7], qui a été retenue pour le modèle A0052 (fig. 126). Après les réajustements liés aux accentuations graphiques des formes, la longueur de flottaison a été établie à 14,6 m.

Caractéristique	Sigle	Valeur	Unité
Longueur hors-tout	LOA	23	m
Longueur de flottaison	LPP	14,6	m
Largeur	B	6,2	m
Largeur de flottaison	LBP	5,6	m
Tirant d'eau	T	1,3	m
Creux (au livet)	C	2,3	m
Tirant d'air	C_a	15	m

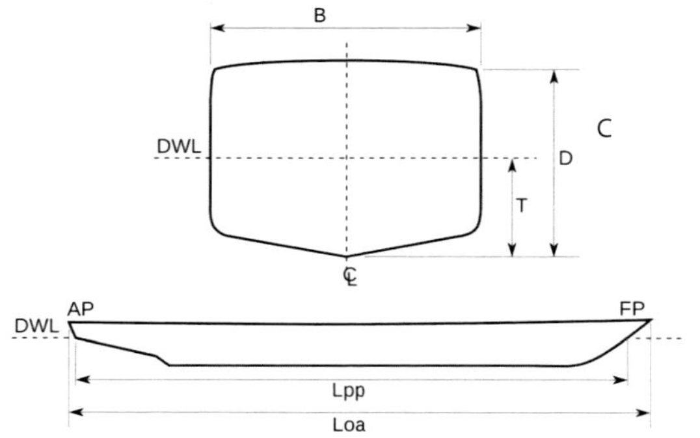

Fig. 126. Les dimensions restituées du bateau sur l'assemblage A0052.

4. Sur les différentes versions de modèles, voir Vergnieux 2008b, p. 236.
5. Voir Landström 1970, p. 59, 70-71, 100, 132. Ces deux observations sont rendues en anglais par les expressions « *exaggerated sheer* », « *ships lying too high in the water* » et « *too high in their proportions* ». On peut facilement comprendre la tendance des artistes égyptiens à montrer la forme du bateau d'une façon plus globale, sans qu'elle soit trop cachée par les eaux. Quant à la courbure exagérée, elle présente un exemple de la technique d'accentuation des caractéristiques pour mieux rendre les objets (bateaux) identifiables. Sur la notion de surexpressivité, voir Golvin 2005, II, 5.
6. L'utilisation des proportions « telles quelles » à partir des dessins égyptiens peut conduire à des erreurs pour l'estimation des caractéristiques hydrostatiques et hydrodynamiques des coques. Pour en citer un exemple, F. Servajean (2021b, p. 235) fonde son étude des voiliers, représentés dans le mastaba de Mérérouka (VIe dynastie), sur une hypothèse que ces bateaux, figurés en position élevée par rapport à la ligne d'eau, possèdent un tirant d'eau très faible. Pourtant, on est en présence de la même méthode artistique de surexpressivité (voir note précédente). Les coques des bateaux nilotiques ont été le plus souvent construites avec des planches très épaisses découpées dans du bois local comme l'acacia, le sycomore ou le tamarix (voir Ward 2000, p. 15-24, et pour les bateaux de la Basse Époque Fabre, Belov 2012). Ce sont des essences très lourdes, dont l'emploi rendait le leste inutile à bord ou limitait sa présence à de petites quantités. Même si les bateaux égyptiens n'avaient pas un grand tirant d'eau, il était sans doute plus important que ceux représentés dans les scènes. Un tirant d'eau de 1,6 m a été estimé pour le bateau 17 de Thônis-Héracleion. Ce bateau était construit avec de l'acacia avec un tonnage avoisinant 112 tonnes métriques (Belov 2019b, p. 118-119).
7. Voir la section concernée pour plus de détails.

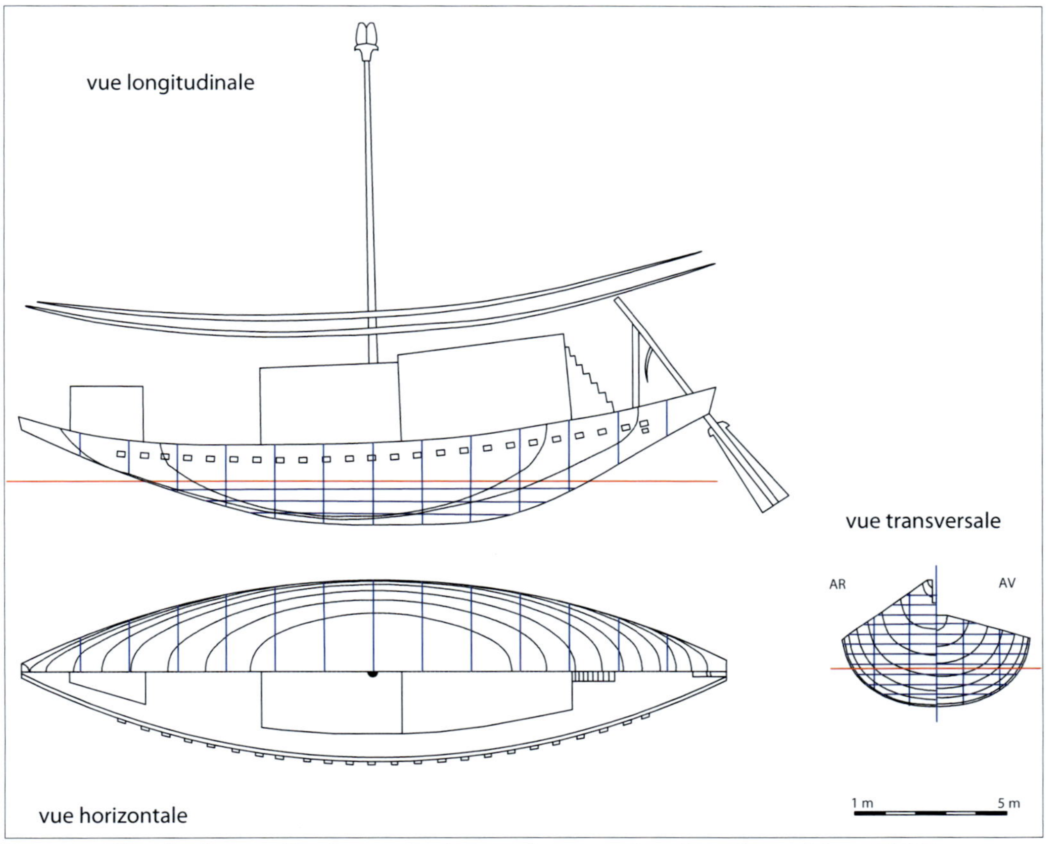

Fig. 127. Plan des formes d'un bateau de charge tel que représenté sur l'assemblage A0052.

Les valeurs retenues pour le modèle 3D ont été confrontées aux nombreuses maquettes de bateaux des périodes proches de l'époque amarnienne. Même si les maquettes d'Amenhotep II et de Toutânkhamon ne représentent pas des bateaux de charge[8], elles fournissent néanmoins des informations précieuses sur les volumes des bateaux de l'époque[9]. D'après les « blocs de Piânkhi » de la XXVIe dynastie, les bateaux de charge du type *ousekh* – qui sont à rapprocher des bateaux de charge de notre corpus – avaient une longueur proportionnelle à la largeur d'un rapport de 3 à 1[10]. Un travail d'interprétation de toutes ces données ayant déjà été réalisé par B. Landström, qui a proposé une restitution d'un bateau de charge du type caractéristique au Nouvel Empire[11], nous nous sommes donc appuyés sur sa publication pour la restitution des volumes de la coque, avec les réajustements liés aux profils des bateaux tels qu'ils se présentent sur les assemblages étudiés ici (fig. 127).

La pénurie de bois adapté à la construction navale en Égypte a obligé les anciens Égyptiens à recourir aux essences locales malgré leurs défauts évidents et cela dès la période prédynastique[12], comme en attestent de nombreux documents épigraphiques et archéologiques[13]. La coque des bateaux de charge égyptiens était le plus souvent construite en bois d'acacia, de sycomore, ou de tamarix. Ces essences n'autorisaient à produire que des bordages de longueur très réduite[14], c'est pourquoi des bordages courts (2-3 m de long) ont été retenus

8. Dans le premier cas, il s'agit des navires royaux du type *bîk* et dans le second, des bateaux de voyage.

9. Une première typologie des formes de coques des bateaux égyptiens, très schématique et ne portant que sur l'Ancien et le Moyen Empire, a été élaborée par G.A. Reisner (1913). Elle a été complétée par les ouvrages de M. Stephens (2012 et 2022). Les coques de nos bateaux sont du type ETH14 (Stephens 2022, p. 39-46). Un ouvrage sur les modèles de bateaux égyptiens a été publié par Merriman 2011.

10. Jansen-Winkeln 2007, p. 355.

11. Landström 1970, p. 136-137, fig. 400-402.

12. Lucas, Harris 1962, p. 428-455 ; Gale 2003, p. 334-352.

13. Ward 2000, p. 15-24.

14. Des bordages courts sont attestés par les sources iconographiques et archéologiques. Pour le Nouvel Empire, on peut citer les reliefs des tombes d'Ipy (TT136, XVIIIe dynastie, règne d'Akhénaton), de Neferhotep (TT49, XVIIIe dynastie, règnes de Toutânkhamon, Aÿ et Horemheb), de Houy (TT40, XVIIIe dynastie, règne de Toutânkhamon) et d'Ipouy (TT217, XIXe dynastie, Deir el-Médina), La longueur moyenne des bordages du bateau N17 de Thônis-Héracléion, un bateau de charge du type *baris* bâti en bois d'acacia (Basse époque, première moitié du ve s. av. J-C.), était autour de 2 m. Voir Belov 2019b.

pour le modèle 3D. Dans la tradition égyptienne, les bordages étaient au contraire très épais[15]. Les bordages des bateaux de charge de Licht (XIIe dynastie, *c.* 1950 av. J.-C.) mesuraient entre 10,1 et 15 cm d'épaisseur, la dernière mesure étant la plus fréquente (fig. 128). On peut également citer l'épaisseur des bordages des bateaux de mer de Mersa/Ouadi Gaouasis, d'environ 15 cm[16]. L'épaisseur des virures du bateau N17 du type *baris* de Thônis-Héracléion (VIe-première moitié du Ve s. av. J.-C.) oscillait dans une fourchette de 12 à 18 cm, avec une valeur moyenne de 14 cm[17]. En prenant en compte toutes ces données, nous avons opté pour une valeur de 15 cm comme épaisseur des bordages du modèle.

La hauteur du pavois correspond à la distance entre la ligne des baux et le plat-bord. Elle a été évaluée à 30 cm, ce qui paraît suffisant pour la navigation nilotique.

Le nombre des baux transversaux pour le modèle 3D a été estimé à 24 pièces (fig. 129). Sur l'assemblage A0052 on peut voir le premier bau de l'avant situé immédiatement à droite de la passerelle de débarquement et des amarres. On ne distingue pas d'autres baux jusqu'à l'extrémité de la proue, même si les assemblages A0053, A0055 et A0111 confirment que les baux pouvaient s'étendre plus avant vers la proue. La ligne des baux est visible jusqu'au dernier de la poupe, qui était doublé avec un second bau placé immédiatement au-dessous[18]. L'absence de bau à la proue semble confirmer l'hypothèse d'Eric Marx, qui a suggéré que les baux n'étaient pas véritablement utiles aux extrémités de la coque[19]. Les décors peints de la coque peuvent aussi avoir masqué le tracé éventuel des baux.

Le déplacement à vide du bateau (avec un tirant d'eau de 140 cm) peut être estimé à 53 tonnes et le déplacement chargé à 95 tonnes, le bateau pouvant transporter près de 50 tonnes de cargaison.

Longueur	160	185	230	190	235	170	254	205	249	305	215	240	151	**214,5**	290	320	410	270	190	**296**
Largeur	35	25	25	15	25	20	27	17	7	25	20	35	20	**22,8**	20	15	22	22	22	**20,2**
Épaisseur																10	12	12	12	**11,5**
Site	F	F	F	F	F	F	F	F	F	F	F	F	F	**Avg F**	G	G	G	G	G	**Avg G**
Longueur	260	275	210	165	190	200	250	200	300	210	170	200	**219,2**	165	160	203	160	168	88	**157,3**
Largeur	22	30	25	22	25	21	30	22	30	28	28	12	**24,6**	28	28	15	18	15	12,5	**19,4**
Épaisseur	15	15	15	15	15	15	15	15	15	15	15	15	**15,0**	8	8	12,5	12	12	8	**10,1**
Site	D	D	D	D	D	D	D	D	D	D	D	D	**Avg D**	I	I	I	I	I	I	**Avg I**

Fig. 128. Dimensions des bordages en provenance des sites D, F, G et I de Licht (*c.* 1950 av. J.-C.), en cm.

Fig. 129. Estimation du nombre des baux transversaux dans la construction du bateau sur l'assemblage A0052.

15. Selon C. Haldane, les bateaux égyptiens étaient caractérisés par un « échantillonnage solide et costaud » (« *sturdy, squat appearance of the timbers* »). Voir Haldane 1996, p. 235-244 et Ward 2004, p. 13.
16. Ward, Zazzaro 2010, p. 27-44.
17. Belov 2019b, p. 48, 50, tabl. 5.5-5.6.
18. La même disposition est retrouvée dans les assemblages A0056 et A0060.
19. Marx 1947, p. 139-158.

14

Les superstructures

La position particulière de la porte de la cabine, collée à la cage par son montant gauche, interpelle. En effet, la corniche et le boudin supérieur de la porte s'interrompent au contact de la cage, ce qui laisse à penser que le montant gauche de la porte est aussi le montant de l'angle de la cage. La porte peut alors être interprétée soit dans le sens longitudinal, soit dans le sens orthogonal. Le traitement graphique ne permet pas de trancher sur ce point et l'absence de bloc à cet endroit de l'assemblage A0052 [(10,2)] [1] entraîne une difficulté supplémentaire à sa compréhension volumique. La porte représentée est soit la porte-bâbord de la cabine attenante à la cage, ce qui signifie que la cabine serait fermée de part et d'autre (première hypothèse, fig. 130), soit la porte de la cage vue de face, avec pour conséquence que la zone de la cabine attenante (avec la colonne) serait alors ouverte sur le pont (seconde hypothèse, fig. 131).

La première hypothèse semble plus plausible, si l'on en croit un relief de la tombe de Méryrê à Amarna (fig. 8). Dans cet exemple, si la cabine attenante à la cage avait été ouverte sur le pont, les artistes égyptiens auraient alors fait figurer les mèches inclinées des gouvernails à l'arrière de la cabine.

Enfin, il est à noter que dans un bateau de la série (A0061), le poteau d'angle de la cage a été figuré à côté du montant de la porte (fig. 132b). Peut-être que dans le cas de la scène de l'assemblage A0052 (fig. 132a), le montant a simplement été omis à la gravure[2], même s'il avait été prévu dans le dessin, à moins qu'il n'ait été uniquement peint.

Quoi qu'il en soit de ces deux hypothèses, la cage possède obligatoirement une porte d'accès, puisque le navire est en phase de déchargement et qu'elle n'a pas été démontée[3]. La porte est située du côté droit de la cage, mais pas sur l'axe central du navire, du fait de la présence du mât qui en gênerait l'accès.

1. Voir le commentaire archéologique de A0052, *supra*, § 3, p. 23.
2. Nous avons vu *supra* (p. 34) que des détails de la scène A0052 ont été modifiés par rapport au dessin préparatoire, et que des éléments peints, aujourd'hui disparus, n'ont pas été gravés.
3. Dans le cas de la cabine du bateau sur A0062, on distingue bien un trait horizontal en bas de la *tal.* 28-158 [1,2], qui correspond au linteau de la porte située à l'avant de la cage (Vergnieux 1999a, p. 146).

Fig. 130. A0052 – visualisation de l'hypothèse de la présence de cloisons pour la cabine, à bâbord, côté pont (modèle 3D d'étude).

Fig. 131. A0052 – visualisation de l'hypothèse sans cloison pour la cabine côté pont (modèle 3D d'étude).

a. **b.**

Fig. 132. Montant de l'angle de la cage : **a.** A0052 ; **b.** A0061.

15

La mâture

Dans la plupart des représentations égyptiennes, la hauteur du mât est équivalente aux deux tiers de la longueur du navire[1]. Le bateau de l'assemblage A0052 présente toutefois une proportion différente, son mât faisant seulement un tiers de la longueur de la coque, estimée à 23 m. La hauteur des mâts des navires dans les scènes considérées est inférieure à celle des standards artistiques des époques précédentes. À l'aide du modèle 3D, nous avons constaté qu'avec un mât inférieur à 15 m de haut les drisses et les balancines courantes de la vergue volante ne peuvent plus rejoindre le bloqueur situé sur le pont sans traverser l'arrière de la cabine de pont. Il en résulte que même si la hauteur des mâts a tendance à être proportionnellement réduite dans le dessin égyptien, elle ne pouvait pas être inférieure à 15 m dans la réalité.

La hauteur retenue pour le mât du modèle 3D a été déterminée sur la valeur de proportion de 2 sur 3, soit environ 15 m. Ce chiffre est pertinent, d'après les sources que nous considérons brièvement ci-dessous.

L'évidence archéologique pour les mâts antiques reste très rare. Un fragment de mât a été retrouvé à Olbie, en Sardaigne, datant du Ier s. apr. J.-C. On a estimé que le mât devait mesurer entre 12 et 15 m de haut et qu'il appartenait à un bateau d'environ 30 à 35 m de long[2]. Le mât de l'épave « D » de la mer Noire (410-520 apr. J.-C.), doté d'une voile latine, était complètement préservé et mesurait autour de 11-12 m de hauteur et le bateau, environ 12 m de longueur[3]. La hauteur des mâts des trières, navires de guerre de 30 m de long, a été estimée à 13-15 m. Les sources classiques grecques et latines ne contiennent pas d'informations à propos de la hauteur des mâts.

La réplique du bateau de mer du temps d'Hatchepsout, « *Min of the Desert* », était dotée d'un mât de 8,3 m de hauteur au-dessus du pont[4]. Comme ce bateau avait un creux de 1,7 m, la hauteur totale du mât s'élevait à 10 m[5].

Les sources écrites du Nouvel Empire sont plus riches en informations[6]. Les papyri découverts à Memphis contiennent un inventaire de l'équipement nautique. Le papyrus BN 209 Rt 2, 4 mentionne un « mât pour le bateau (*mnš*) de 22 coudées de long » (11,4 m)[7]. On trouve des informations supplémentaires dans le papyrus BM 10056 qui mentionne un mât de 30 coudées du haut (15,6 m)[8]. Les bois les plus longs mentionnés dans

1. Vandier 1969, p. 798 ; Goyon 1971, p. 22.
2. Riccardi 2002.
3. Ballard *et al.* 2001, p. 619 ; Ward, Ballard 2004, p. 6-11.
4. Ward *et al.* 2012, p. 289.
5. Ward *et al.* 2012, p. 2871, tabl. 39.1.
6. Glanville 1930, p. 115 ; Glanville 1932, n. 48 ; Creasman 2013, p. 167-168 ; Camara 2023, p. 78-80.
7. Creasman 2013, p. 167-168. Une coudée royale de 52,5 cm a été utilisée dans le calcul.
8. Glanville 1930, p. 115.

ce papyrus sont les mâts pour une barge royale (*wiꜣ nswt*), qui mesuraient de 30 à 42 coudées de haut (de 15,6 à 21,8 m)[9]. En revanche, la taille des navires qui portaient ces mâts nous reste inconnue.

Le diamètre du mât de notre modèle 3D, déterminé d'après les données archéologiques[10], est de 30 cm à la base et 15 cm au taquet[11].

Les mâts et les vergues nécessitaient l'utilisation de bois rares, surtout pour les bateaux royaux et de cérémonie, ainsi que pour les bateaux de mer. Même si Hérodote mentionne que le bois d'acacia a été employé pour la fabrication des mâts des bateaux de charge nilotiques « baris » (*Histoires* II.96), les essences résineuses importées possédaient sans doute de meilleures caractéristiques pour produire une mâture de qualité. La correspondance diplomatique retrouvée à Amarna témoigne d'importations de poutres venant du Levant, destinées à la construction de navires égyptiens[12]. D'après les sources ci-dessus, le bois du pin parasol (*ʿš, Pinus pinea*) a été souvent choisi pour la fabrication des mâts des bateaux égyptiens[13]. Dans un papyrus de l'époque ramesside un mât est mentionné comme faisant l'objet d'un litige, ce qui laisse supposer une grande valeur des espars en Égypte[14]. Un document plus tardif d'époque romaine contient le contrat de location d'un mât pour un an[15].

Au Nouvel Empire il existait deux types de cadres au sommet du mât[16]. Le premier se présentait comme un calcet. Avec la forme d'une pyramide tronquée, il nous est connu par des maquettes de bateaux[17], y compris celles en provenance d'El-Amarna[18]. Le deuxième était assemblé avec des barres verticales et horizontales. Il est admis que le second type a constitué une évolution technique par rapport au premier[19]. Son matériau de construction nous reste inconnu et il a pu être fabriqué soit en métal, soit en bois[20].

Le cadre au sommet du mât a été restitué en confrontant les reliefs du corpus à ceux, très précis, du temple mortuaire de la reine Hatchepsout (XVIIIe dynastie) à Deir el-Bahari. Cet élément, composé de trois barres horizontales et deux barres verticales (fig. 133a) installées sur l'avant du mât, présente des ligatures qui se croisent sur l'arrière du mât pour chaque barre horizontale[21]. La structure de la ligature sur l'avant reste hypothétique, faute de représentations détaillées d'un cadre vu de face. Le cadre du navire de l'assemblage A0052 est composé quant à lui de quatre barres horizontales (fig. 133b). On peut suggérer que les cordages avaient un diamètre de 30 à 35 mm et qu'ils passaient dans les ouvertures avec suffisamment de jeu. Nous proposons donc une taille d'environ 70 ×70 mm par chaque ouverture carrée, ce qui conduit, avec l'épaisseur des barres horizontales, à un cadre mesurant 42 cm de hauteur sur 42 cm de largeur.

Les orifices le long du mât pour le passage des drisses étaient aménagés dans une plaque en métal de forme oblongue. On peut suggérer que cette plaque, probablement en cuivre, était installée dans une petite cannelure verticale dans le flanc du mât et qu'elle était assurée par des ligatures horizontales (fig. 133c).

9. Glanville 1932, p. 20, n. 48 avec des références.
10. L'épave « E » du cap Dramont (383-423 apr. J.-C.) mesurait de 15 à 18 m de long pour 5 à 6 m de large. Le pied de son mât était conservé sur une hauteur de 0,55 m et avait un diamètre de 27,5 cm. Voir Santamaria 1984, p. 107, 114, fig. 1, 3-5. Le mât découvert à Olbie en Sardaigne (Ier s. apr. J.-C.), de 42 cm de diamètre, appartenait à un navire de 30 à 35 m de longueur. Voir Riccardi 2002.
11. Le diamètre du mât de la réplique du bateau de mer du temps d'Hatchepsout « *Min of the Desert* » passait de 45 cm à sa base à 14 cm au taquet. On peut remarquer que le mât de ce bateau hauturier devait être plus épais. Voir Ward *et al.* 2012, p. 289.
12. Moran 1987, EA40, 12-15 ; EA160, 14-19 ; EA161, 54-56.
13. Camara 2023, p. 78-80, n. 37 avec des références.
14. *P. EA10383* (3.1-7). Voir Creasman 2013, p. 159.
15. *P. Cornell*, inv. N° I, 81 (Oxyrhynchus). Voir Lewis 1960, p. 138-139.
16. Voir Stephens 2022, p. 105-107.
17. Par exemple, la maquette de la tombe de Toutânkhamon : voir Landström 1970, p. 99, fig. 315.
18. Martin 1974, pl. 57, cité par Stephens 2022, p. 106, fig. 4.2.
19. Stephens 2022, p. 105.
20. Stephens favorise le métal qui, selon lui, devait être moins abrasif pour les cordages et avoir plus de solidité (Stephens 2022, p. 105). Landström, quant à lui, montre un cadre en bois dans ses restitutions des bateaux de Nouvel Empire (Landström 1970, p. 100-101, fig. 320 ; p. 104-105, fig. 326 ; p. 112-113, fig. 349).
21. Percer le sommet du mât l'aurait fragilisé. Cf. Landström 1970, p. 104-105, fig. 326.

La longueur des vergues sur les représentations peut être égale ou légèrement inférieure à celle du navire représenté. Les vergues du modèle ont ainsi été modélisées avec une longueur de 23 m. La vergue fixe a été accrochée au mât à l'aide d'un racage cordier, comme en témoignent les scènes A0052, A0061 et A0112. Ce type de fixation trouve des parallèles dans l'amarrage croisé, très courant à ce jour sur les voiliers de vieux gréement[22]. Le racage se croisait sur l'arrière du mât, alors que la vergue passait à l'avant, un dispositif que montre bien le dessin égyptien avec une vue arrière de la voile. Le racage était sans doute composé de plusieurs cordages de taille modeste[23], ce qui donne plus de solidité[24] et en facilite l'installation.

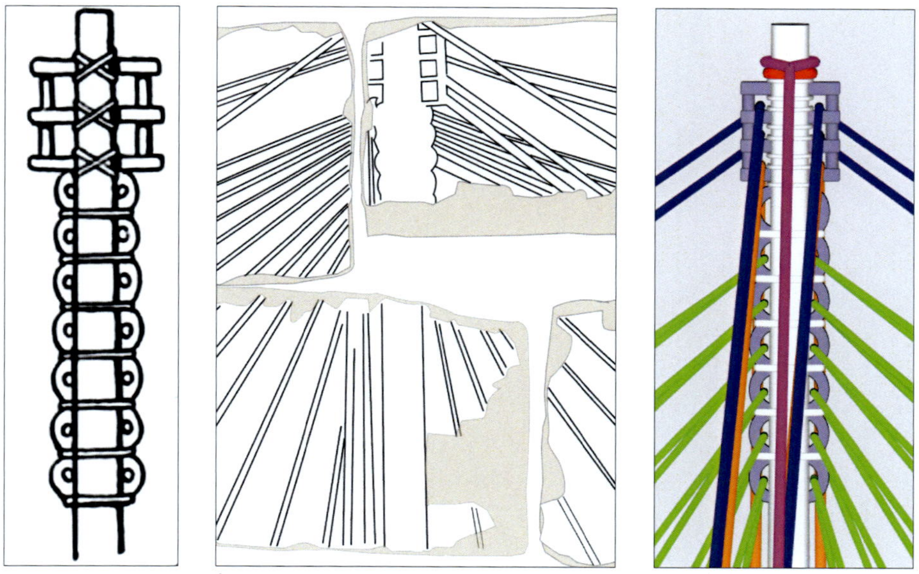

a. b. c.

Fig. 133. Cadre et rack vertical des balancines (vues depuis l'arrière) : **a.** fragment d'un relief du temple mortuaire de la reine Hatchepsout (XVIIIe dynastie) à Deir el-Bahari (d'après Landström 1970, fig. 314) ; **b.** détail de l'extrémité du mât de l'assemblage A0052 ; **c.** détail du sommet du mât du bateau de l'assemblage A0052 (modèle 3D d'étude).

22. *Manuel du gabier* 1875, p. 91.
23. Cf. la restitution du bateau de voyage de Toutânkhamon par Landström 1970, p. 104-105, fig. 326.
24. Pensons à l'effort nécessaire pour rompre un petit filin ou une botte des cheveux de même diamètre.

16

Le gréement

LES ASSEMBLAGES A0055 (*tal.* 28-611 et *tal.* 27-425) et A0111 contiennent des représentations des étais de l'avant, qui font une boucle autour de la proue[1]. Une solution alternative était de les amarrer aux bandes de renforcement de la coque à l'avant du bateau[2]. On peut suggérer que l'étai était capelé sur le mât au-dessus du cadre, ainsi que le pataras (autrement appelé « étai arrière »). Ce dernier était probablement amarré aux bandes de renforcement de la coque à la poupe, à proximité du mâtereau de support de gouvernail.

Les bateaux de charge représentés sur les reliefs du corpus sont des grands voiliers, dotés de deux drisses[3] amarrées à la vergue supérieure par des nœuds près du mât. On peut suggérer un nœud de tour mort (tour complet) avec deux demi-clefs et un amarrage plat pour maintenir le bout (fig. 136)[4]. Les drisses passent ensuite par les ouvertures inférieures du cadre au sommet du mât, de chaque côté, et redescendent vers le taquet (ou, autrement, bloqueur) sur le pont de la poupe (fig. 135). Il n'était pas facile de peser ces manœuvres en absence de poulies, en raison des frictions importantes dues aux poids des vergues.

En quittant le bloqueur pour rejoindre le sommet du mât, les drisses sont figurées devant l'escalier et l'angle supérieur droit de la cabine (fig. 134). Les dessinateurs ont cependant choisi ici de graver les drisses en relief dans le creux, et non en relief sur le relief dans le creux, lorsqu'elles franchissent l'escalier et la cabine. Ce détail incite à ne pas interpréter les drisses en avant-plan de la cabine et de l'escalier. Il n'y a pas d'indice de superposition des plans, les drisses devant être perçues indépendamment de l'escalier et de la cabine. La superposition dans le tracé semble provenir de la hauteur du mât qui, comparée à la longueur de la coque, est proportionnellement plus faible que dans la réalité. Ce choix – peut-être contraint par la hauteur du registre – a obligé le dessinateur à tracer les drisses comme si elles passaient en avant de la cabine, alors que cela ne peut pas correspondre à la réalité[5]. Ce problème de représentation a été résolu graphiquement de façons diverses dans d'autres scènes. Par exemple, dans la tombe de Houy[6], les drisses d'un des navires ont

1. Cf. la maquette de la tombe de Toutânkhamon : voir LANDSTRÖM 1970, p. 102, fig. 322.
2. Cf. les représentations des bateaux de l'expédition pountite de la reine Hatchepsout (XVIIIe dynastie).
3. Voir la discussion sur l'interprétation des représentations des drisses dans le chapitre sur l'assemblage A0052.
4. Voir http://mesnoeuds.free.fr/knot.php?knotId=72 : « Ce nœud est relativement sûr lorsqu'il s'agit d'attacher n'importe quel type de cordage à un point d'amarrage fixe. Il ne présente presque aucun risque d'erreur, tant il est facile à exécuter. Un des intérêts de ce nœud est qu'il peut être réalisé sous forte tension ; si le premier tour peut être parfois un petit peu difficile à réaliser, le reste se fait facilement une fois la tension cassée par le premier tour. Il est en général facile de dénouer ce nœud ; si toutefois il devait subir une très forte tension, on peut ganser la première demi-clé de façon à faciliter le dénouage. Par rapport au nœud de grappin, très proche, mais plus sûr lorsque les cordages sont glissants, la seule différence est que l'on ne passe pas la première demi-clé dans le tour mort. »
5. Voir la maquette numérique *infra*, fig. 140, p. 146.
6. TT40.

Fig. 134. *Tal.* 29-126, A0052[12,3].

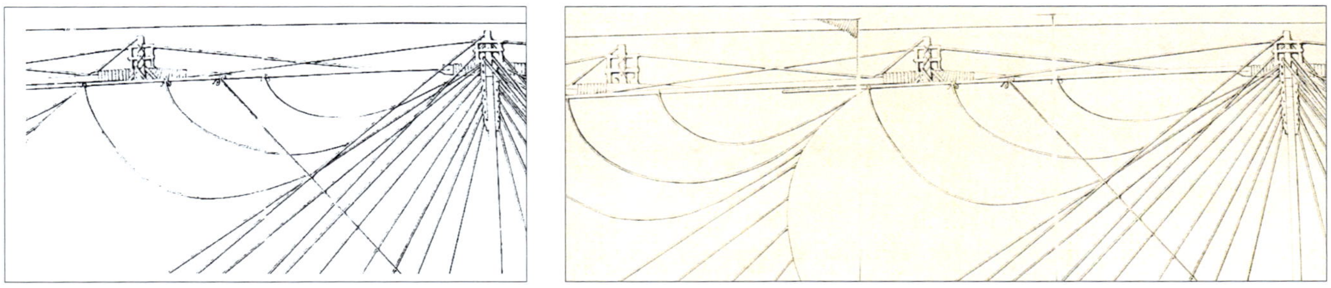

Fig. 135. Passage des drisses dans les ouvertures inférieures du cadre, détail du relief du temple mortuaire de la reine Hatchepsout à Deir el-Bahari (d'après Landström 1970, fig. 373).

été représentées sortant verticalement du bloqueur, sans passer devant la cabine de pont, la montée des drisses vers le cadre puis leur descente du sommet du mât vers la vergue volante n'ayant pas été figurées. Dans une scène de la tombe de Kaemouas[7], le dessin des drisses est interrompu par l'angle de la cabine, créant l'illusion d'un passage à l'arrière de la celle-ci. Ce choix graphique ne peut correspondre à une situation réelle, puisque les drisses passent obligatoirement au-dessus de la cabine et ne peuvent la traverser[8].

Nous nous sommes d'abord inspirés du dispositif visible sur la maquette de bateau provenant de la tombe de Toutânkhamon[9], dotée de huit balancines à chaque bord, disposées de la façon suivante : la balancine la plus proche du mât (N1) passe par l'orifice le plus bas et revient sur la même moitié de la vergue comme balancine N5, tout comme les paires de balancines N2-N6, N3-N7 et N4-N8. Nous avons toutefois constaté à l'aide du modèle 3D que ce système faisait se croiser les balancines entre elles. Pourtant, dans l'iconographie égyptienne, il n'existe pas d'exemple de tels croisements entre les balancines de la vergue fixe. Ce dispositif devait entraîner un frottement des balancines entre elles, qui devaient alors se dégrader très rapidement[10], c'est pourquoi nous avons opté pour un autre système pour le passage des balancines – 1 vers 2, 3 vers 4, etc. –, plus logique et compatible avec l'iconographie.

Les balancines de la basse vergue étaient assurées par des nœuds[11]. Pour le modèle 3D, nous avons appliqué un nœud d'un tour mort avec deux demi-clés. Le nombre des balancines varie dans les scènes du corpus de 12 à 18. Nous nous sommes arrêtés au nombre de 12 pour le modèle de base, pour ne pas trop encombrer le gréement, avec six orifices circulaires de chaque côté du mât pour leur passage.

7. TT261.
8. Voir *infra*, fig. 140, p. 146.
9. Voir Jones 1995, p. 50-51, fig. 45.
10. Concernant la maquette de Toutânkhamon, il est possible qu'une erreur ait été commise dans le passage des balancines, soit lors de la construction de la maquette, soit lors de sa restauration, comme ce fut le cas pour les maquettes de la tombe de Méketrê (McGrail 2001, p. 40). En revanche, sur les nombreuses maquettes du Moyen Empire, les balancines de la basse vergue ne se croisent jamais, mais le système d'installation est différent : les balancines passent d'un côté de la vergue vers le mât, puis vers le côté opposé de la vergue.
11. Voir Belov 2020a concernant l'évidence de l'utilisation des nœuds dans la marine égyptienne.

Le modèle est également doté de deux balancines « courantes » pour la vergue volante[12]. Ces balancines sont fixées à la partie extérieure de la vergue volante, puis passent dans les ouvertures du deuxième niveau du cadre au sommet du mât, et redescendent enfin, en parallèle des drisses, vers le bloqueur placé sur le pont.

En revanche, les balancines « dormantes » de la vergue volante n'étant pas représentées sur les assemblages du corpus, elles ne font pas partie du gréement du modèle 3D. L'existence de ces manœuvres est attestée dans d'autres documents[13], mais leur utilisation ne semble pas avoir été systématique.

Les bras et les écoutes du modèle 3D sont tournés aux taquets, copiés sur ceux de la maquette n° 4947 du Musée égyptien du Caire (fig. 137).

Fig. 136. Nœud d'un tour mort avec deux demi-clefs (dessin).

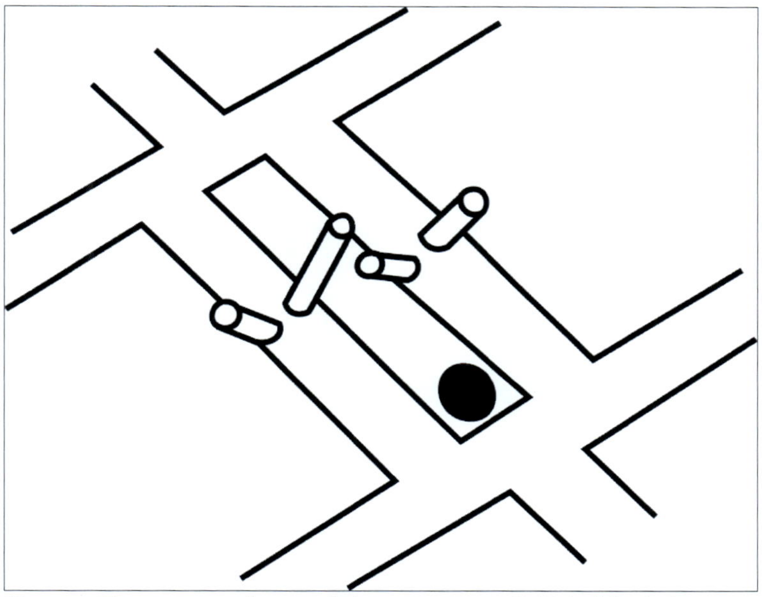

Fig. 137. Deux taquets de pont de la maquette n° 4947 du Musée égyptien du Caire (Moyen Empire), dessin d'après Landström 1970, p. 85, fig. 258.

12. Il y en a deux sur A0054 et quatre sur A0052 et A0061.
13. Les bateaux d'Hatchepsout, pour exemple.

17

La voile

Une voile en lin a été choisie pour le modèle 3D, selon l'usage en Égypte ancienne d'après les sources connues[1].

Les reliefs ne sont pas très instructifs concernant la méthode dont la voile était enverguée, contrairement aux maquettes de bateaux qui fournissent davantage d'informations. Un grand degré de conservatisme, caractéristique de la marine en général et de la marine égyptienne en particulier[2], nous permet de tenir compte de documents d'autres époques. On trouve des données précieuses sur le mode d'envergure dans la maquette du bateau nº 4841 du Musée égyptien du Caire qui date du Moyen Empire (fig. 138).

La ralingue de la voile est fixée dans des points espacés d'une filière supplémentaire. Cette dernière est ensuite transfilée à la vergue par l'intermédiaire d'un filin qui passe en spiral entre la vergue et la filière (méthode de « transfilage »). Au Nouvel Empire ce n'était que la tête de la voile qui était enverguée de cette façon, alors que son pied était amarré par les saisines, autant qu'on puisse en juger à partir des reliefs de l'expédition pountite d'Hatchepsout. Il est possible que les marins aient fait appel à de petits taquets en bois (cabillots) pour amarrer ou larguer rapidement le pied de la voile[3].

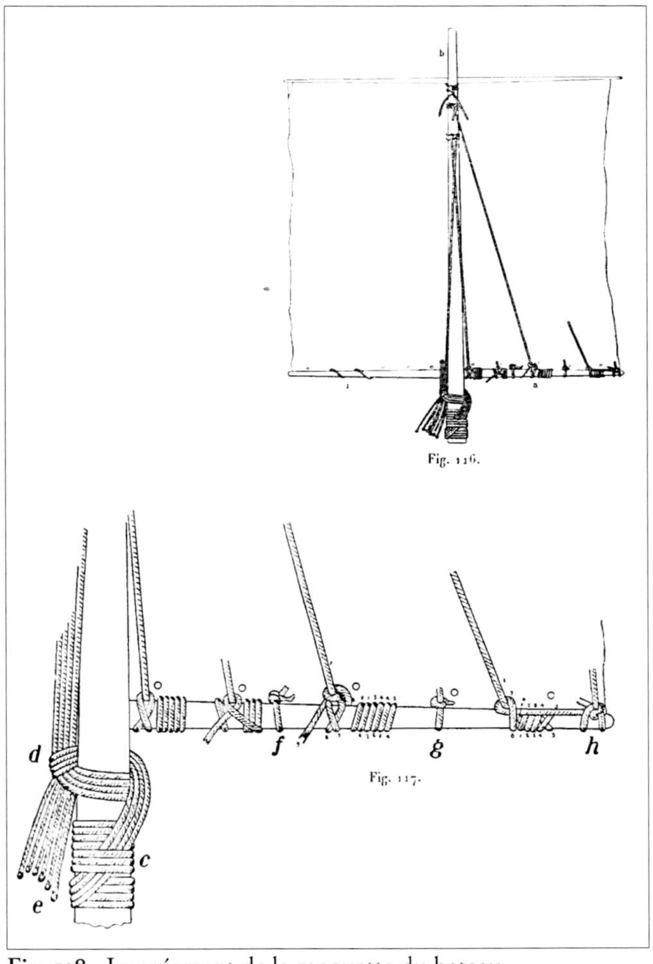

Fig. 138. Le gréement de la maquette du bateau nº 4841 du Musée égyptien du Caire (Moyen Empire), d'après Reisner 1913, p. 29, fig. 116.

1. Voir la section « Voile » dans le chapitre sur l'A0052 pour plus d'informations.
2. Jones 1990, p. 55 ; Ward 2000, p. 133-134 ; Rieth 2008, p. 67 ; Pomey 2015b, p. 9-10.
3. Voir la section « Le gréement égyptien » dans le chapitre sur l'A0052 pour la discussion à ce sujet.

18

Le système de gouverne

Deux types de gouverne sont représentés dans les reliefs de la période : le gouvernail est soit de type axial, soit de type latéral. La mèche du gouvernail axial passait dans une encoche dans la poupe et était ensuite assurée dans un petit arrondi concave pratiqué au sommet du mâtereau de support[1]. La mèche était ligaturée au mâtereau de support par des saisines (plusieurs tours de cordage), qui sont obliques dans le cas de l'assemblage A0052. Plusieurs reliefs (A0056 et A0061) mettent en évidence la présence d'un gouvernail axial caractéristique des bateaux nilotiques du Nouvel Empire. La restitution du bateau figuré sur A0052 en a été également dotée, ainsi que les bateaux restitués à partir des autres assemblages ; cela, même si les blocs des assemblages qui portaient le dessin de l'encoche caractéristique, figurée en vue de dessus, n'ont pas été retrouvés.

Les gouvernails axiaux se distinguent des gouvernails latéraux dans l'iconographie égyptienne par la limite supérieure du safran par rapport à la coque. Dans le cas d'un gouvernail axial, la partie haute du safran reste située sous la ligne de coque alors que dans le cas d'un gouvernail latéral, elle est située en superposition en avant de la coque. Le dessin du mâtereau du gouvernail axial est en général situé plus à proximité de la poupe que celui du gouvernail latéral. Ces caractéristiques graphiques aident à identifier le type de gouvernail malgré les lacunes du dessin (fig. 139).

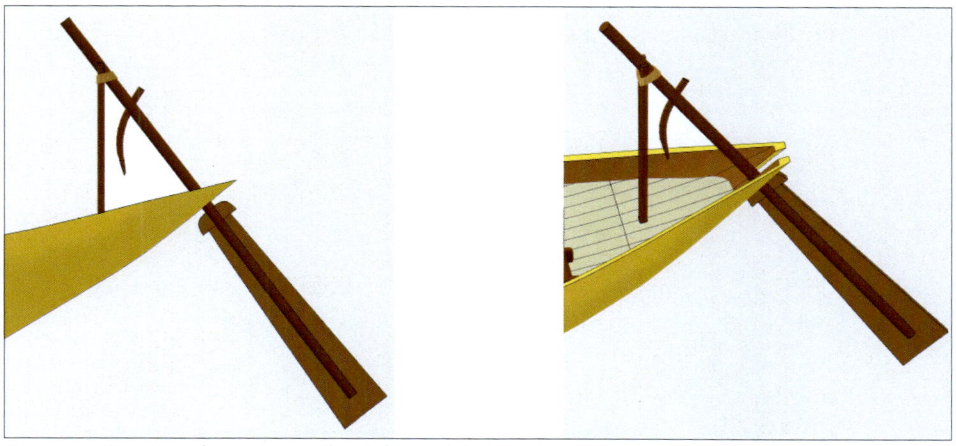

Fig. 139. Système de gouvernail axial (modèle 3D d'étude).

1. Les reliefs dans la tombe de Khons (XVIIIe dynastie), voir Landström 1970, p. 115, fig. 354 ; la tombe de Neferhotep (TT49, XVIIIe dynastie, règne de Toutânkhamon-Aÿ-Horemheb), voir Landström 1970, p. 110, fig. 342 ; la maquette de la tombe de Toutânkhamon, voir Landström 1970, p. 99, fig. 313.

19

L'accastillage

L'ASSEMBLAGE A0052 (fig. 140) met en évidence un bloqueur pour les drisses, qui était installé sur le pont. Dans la section concernée, nous avons déjà mentionné que sa représentation a été modifiée avant la gravure de la scène. La *tal.* 29-266 fournit un exemple de bloqueur d'un autre type, installé sur le toit de la cabine. Ces détails étant très rares dans l'iconographie égyptienne, nous avons consulté les parallèles, notamment le bloqueur de la maquette du bateau n° 4918 de la tombe de Méketrê, datant du règne de Montouhotep II (XIe dynastie)[1], et un autre, appartenant à la maquette d'Amenhotep II[2]. Nous avons arrêté notre choix sur un bloqueur aux formes arrondies, qui possède une solidité suffisante. Le sens de passage des manœuvres dans le bloqueur nécessite quelques commentaires. Si les courants des drisses passaient dans le bloqueur dans le sens de l'avant vers l'arrière du bateau, il resterait alors très peu de place entre le bloqueur et le barreur pour accueillir plusieurs marins pour tirer sur les drisses. Ainsi les drisses devaient nécessairement passer dans le bloqueur de l'arrière vers l'avant, même si l'on constate alors un changement d'angle de plus que 90 degrés. Ce dispositif est figuré pour le bloqueur de l'assemblage A0056. Sur le bateau central de A0061 (fig. 141), le bloqueur se trouve à l'extrémité de la poupe et le passage des manœuvres avec un changement d'angle reste ici aussi la seule option possible.

Techniquement, il n'y aurait pas de souci en présence d'une poulie, mais de toute évidence les Égyptiens ne la connaissaient pas à l'époque considérée. Plusieurs marins devaient probablement peser les drisses avant qu'elles ne passent par le bloqueur, afin d'aider les membres d'équipage placés en ligne le long de la coursive pour tirer sur ces manœuvres. En absence d'information iconographique correspondante, il est difficile de déterminer de façon définitive comment les drisses ont été tournées dans le bloqueur. On peut suggérer que le bloqueur possédait une sorte de taquet ou de cale qui permettait d'immobiliser les drisses.

Un taquet à la proue en forme de crochet est attesté par l'assemblage A0061 (*tal.* 27-125 [-5,1]).

1. Dans la collection du Musée égyptien du Caire, voir REISNER 1913, p. 75, fig. 280.
2. Musée égyptien du Caire, CG 4944. Voir LANDSTRÖM 1970, p. 108, fig. 337 ; REISNER 1913, p. 96, fig. 348-349.

Fig. 140. Restitution volumique du navire de l'assemblage A0052 (modèle 3D d'étude).

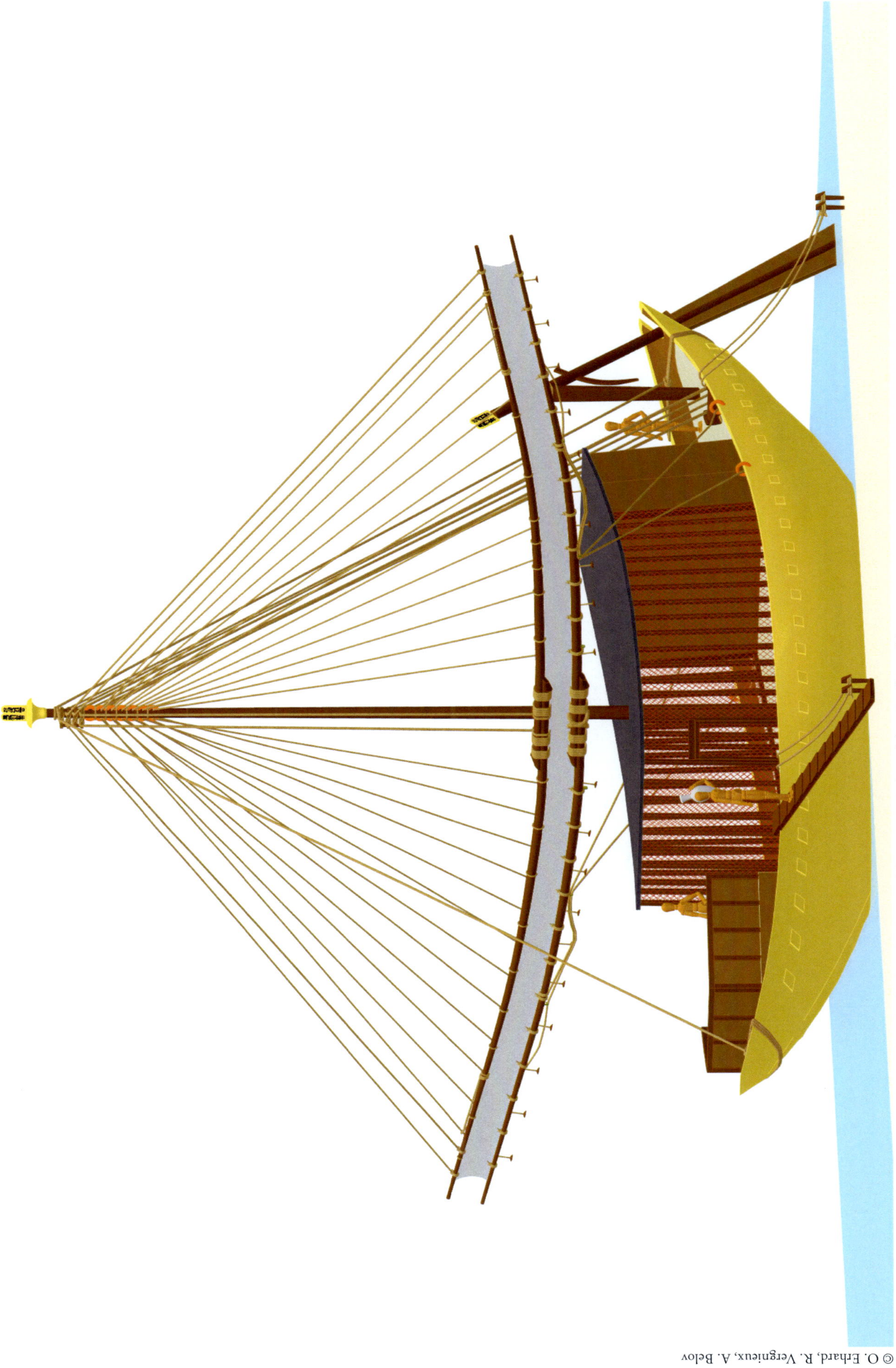

Fig. 141. Restitution volumique du navire de droite de l'assemblage A0061 (modèle 3D d'étude).

© O. Erhard, R. Vergnieux, A. Belov

PARTIE IV

LES VASES REPRÉSENTÉS DANS LES SCÈNES NAVALES DES *TALATAT*

[SABINE LAEMMEL]

20

Problématique spécifique à l'étude des vases figurés

Cette brève section est consacrée à l'analyse iconographique des récipients représentés sur les assemblages de *talatat* examinés dans ce volume. Son but premier est d'identifier les différents types de conteneurs qui apparaissent sur les scènes nautiques et d'interpréter leur fonction dans ce cadre précis. Il va sans dire que les méthodes employées pour une telle analyse diffèrent considérablement de celles que l'on suivra pour l'étude d'un assemblage céramique réel. Dès lors, quelques remarques préliminaires s'avèrent nécessaires en guise d'introduction.

20.1. Matériaux

Les reliefs des *talatat* ne fournissent guère d'informations sur les matériaux des conteneurs qui sont représentés. Seuls les nombreux parallèles glanés dans la documentation archéologique nous permettent de suggérer que la vaste majorité de ces derniers illustrent effectivement des objets en terre cuite. À en juger par leur typologie, quelques-uns pourtant pourraient être des vases produits en d'autres matières, comme le métal, la faïence ou la vannerie. Les seuls indices qui pourraient nous guider dans ce contexte sont la couleur et les détails formels originellement ajoutés à la peinture, mais ceux-ci ne sont malheureusement pas toujours préservés sur les monuments qui nous occupent ici.

20.2. Dimensions et proportions

Il est important de rappeler que les variations de taille constituent l'un des critères majeurs lors de la création de typologies de vases dans la réalité, qu'ils soient en poterie, en métal ou en pierre. Il est évident que les dimensions des vases représentés sur les *talatat* ne peuvent être évaluées avec la même précision que celles de céramiques réelles, mais elles peuvent être estimées de façon satisfaisante grâce aux personnages associés sur les scènes dans lesquelles les vases sont figurés.

Les planches de la présente section illustrent les divers types de vases apparaissant dans chaque scène et fragment de bloc. Les hauteurs réelles de ces objets tels qu'ils apparaissent sur les reliefs sont indiquées dans le texte et les dessins qui sont publiés à l'échelle 1:3 de leurs dimensions réelles sur le relief.

20.3. Précision des représentations

Les limitations d'interprétation liées aux dimensions et proportions des objets s'appliquent aussi aux questions de précision des représentations. Certes, les reliefs et les scènes peintes de l'Égypte ancienne, y compris au Nouvel Empire, sont souvent extrêmement riches en détails et étonnamment précis. On peut citer à titre d'exemple un vase découvert dans la Vallée des Reines à Thèbes, dont on trouve la représentation fidèle dans une scène peinte de la tombe d'Ouserhat (TT56)[1]. Malheureusement, malgré leur valeur archéologique et historique indéniable, les reliefs des *talatat* ne sont pas en parfaite condition de préservation. Certains détails de la forme des vases peuvent s'avérer imprécis et de lecture difficile suite à l'usure de la pierre, aux chocs accidentels, ou au dépôt de concrétions en surface qui rendent toute interprétation plus complexe. De plus, il est fort probable qu'un certain nombre de détails originellement ajoutés à la peinture ont aujourd'hui disparu.

20.4. Contextes

L'étude de céramiques d'après des reliefs ne permet certes pas d'obtenir des typologies aussi précises que celles résultant de l'analyse d'assemblages réels. En revanche, ce procédé possède l'important avantage d'illustrer comment et dans quel cadre les objets étudiés étaient utilisés, une occasion extrêmement rare, voire utopique, dans les contextes archéologiques même les mieux préservés. En particulier, au-delà des contextes, les scènes pleines de vie des *talatat* nous permettent d'approcher toute la gestuelle qui était associée à la manipulation d'objets dont nous n'obtenons que quelques reliques, trop souvent incomplètes, dans les couches stratigraphiques.

1. Loyrette, Fekri 1991, p. 12-14, fig. 2a-c, 3.

21

Analyse des formes
(fig. 142-143)

21.1. Formes fermées (types F.1 à F.10)

La vaste majorité des formes fermées illustrées sur les *talatat* sont des conteneurs de transport, amphores, petites jarres ou gourdes. Lorsqu'ils apparaissent à plus d'un exemplaire, ils seront classifiés ci-dessous en divers types formels et analysés par groupe. En revanche, un certain nombre de vases ne sont représentés que par un exemplaire unique dans les scènes qui nous occupent et seront donc discutés individuellement.

Les amphores à anses dans leurs diverses variantes sont les formes céramiques les plus abondamment illustrées dans les scènes considérées ici. Le type générique auquel elles se réfèrent dérive de prototypes syriens et fait son apparition dans le répertoire égyptien sous le règne de Touthmosis Ier, pour devenir extrêmement fréquent à partir du règne de Touthmosis III et au-delà[1]. Dans le cadre égyptien, elles étaient principalement utilisées pour la conservation et le transport du vin, et leur diffusion est souvent liée à l'émergence d'une production viticole indigène à grande échelle, en particulier dans le Delta[2].

Les amphores illustrées sur les *talatat* considérées ici peuvent être divisées en cinq groupes principaux (F.1-F.5). Toutes, mises à part celles de l'assemblage A0033 et de la *tal.* 3711, peuvent être interprétées comme faisant partie de la cargaison des navires.

Types F.1 à F.3 : amphores à col droit ou évasé, corps allongé, fond pointu

Ces jarres semblent être de fabrication égyptienne, non seulement à cause de leur apparence, mais aussi parce qu'elles sont représentées dans un cadre purement égyptien. Elles sont généralement dotées d'un long col, droit ou évasé, et leurs proportions sont longilignes, sans carène au niveau de l'épaule. Le col haut de ces récipients est un élément qui ne se retrouve pas sur les jarres cananéennes et qui plaide en faveur d'une origine locale. D'après les parallèles cités plus bas, elles correspondent à des jarres en argiles marneuses, pour la plupart en « Marl D ». Les amphores du type F.1 pourraient aussi illustrer des amphores en argile marneuse « Marl F », une pâte qui a été attribuée à une production du Sinaï[3].

1. Aston 2004, p. 187.
2. Bourriau 2004.
3. Aston 2004, p. 203-205.

Ces amphores sont clairement représentées comme faisant partie de la cargaison des navires, rangées en grand nombre sur le pont ou en train d'être débarquées par l'équipage. La méthode de transport de ces vases est admirablement illustrée : ils sont maintenus en position quasi verticale par les anses, tandis que leur poids repose sur la nuque ou l'épaule du porteur. Elles trouvent de nombreux parallèles datant de la XVIIIe dynastie, sous le règne de Touthmosis III et au-delà (voir ci-dessous). Elles sont aussi à rapprocher du lot d'amphores vinaires retrouvées dans la tombe de Toutânkhamon, qui compte au moins 26 individus[4].

Les amphores de type F.2 sont des récipients de même type que les amphores F.1, mais de plus petit module. L'une de celles à col droit qui est représentée sur l'assemblage A0062 est scellée par un bouchon conique.

Celles de type F.3 sont également de taille réduite et possèdent un corps plus renflé. Elles apparaissent dans le compartiment arrière de la cabine ou cage sur l'assemblage A0052. Des parallèles pour ces petites jarres se trouvent à Amarna (voir ci-dessous). Elles peuvent aussi être rapprochées d'une petite amphore de la tombe de Toutânkhamon, qui est scellée d'un bouchon d'argile[5]. Celle-ci porte une inscription en hiératique qui désigne le contenu comme étant du « miel de bonne qualité[6] ».

Les amphores stockées dans la cabine sur l'assemblage A0061 sont de type F.1 ou F.3. Leur panse est plus pleine que celles des amphores classées ailleurs comme type F.1 et leur taille moyenne les positionne entre les modèles F.1 et F.3.

Type F.1 : large amphore à base pointue, épaule arrondie et long col droit à évasé

Incidence : assemblage A0033 (hauteur sur le relief : 91,7 mm) ; assemblage A0052 (hauteur sur le relief : 141,8 mm) ; assemblage A0061 (hauteur sur le relief : 159,0 mm) ; assemblage A0061 (type F.1 ou F.3, hauteur sur le relief : 96,3 mm).

Parallèles :

- Amarna, XVIIIe dynastie : Rose 2007, p. 128, ME 3.6 ;
- Deir el-Médina, tombe 1137, avec un col fortement évasé, XVIIIe dynastie : Nagel 1938, p. 56, fig. 36, n° 1 ;
- Thèbes, TT87 (Touthmosis III) : Guksch 1995, p. 80-81, fig. 36a-d, pl. 22a ;
- Tell Heboua, Touthmosis IV-Amenhotep III : Aston 2004, p. 204, fig. 18b ;
- Memphis, niveau IV (début à mi-XVIIIe dynastie) : Bourriau 2010, p. 83, fig. 34k, n.

Type F.2 : amphore à corps élancé et col droit

Incidence : assemblage A0061 (hauteur sur le relief : 73,0 mm préservée, sans le col).

Parallèles :

- Malqata, Amenhotep III : Aston 2004, p. 189, fig. 7b ;
- Saqqara, tombe de Meryneith, chambre F, fin XVIIIe dynastie : Dunsmoore 2014, p. 281, fig. 97.

Type F.3 : amphores de petit ou moyen module

Incidence : assemblage A0052 (hauteur sur le relief : 74,8 cm).

Parallèle : Amarna, XVIIIe dynastie : Rose 2007, p. 127-128, ME 3-4.

4. Holthoer 1993, p. 43-56.
5. Holthoer 1993, p. 61, n° 36.
6. Cerny 1965, n° 36.

Type F.4 : amphores de grande taille à quatre anses

L'assemblage A0033, qui illustre une scène de chantier naval, montre une file de porteurs déplaçant des amphores de type F.1, suivis d'un autre groupe soutenant de très larges amphores à col évasé et pourvues de quatre anses horizontales. Ces dernières sont soulevées à l'aide des lanières passant par les anses et suspendues à une barre de portage.

D'un point de vue typologique, on peut souligner que les grandes amphores représentées dans cette scène sont excessivement rares dans le répertoire céramique égyptien durant la XVIIIe dynastie. Elles ne trouvent que des parallèles approximatifs, dont certains sont plus tardifs et en pâte alluviale (voir ci-dessous). Si l'on se tourne vers le Levant, on constate de même que les jarres à quatre anses (verticales et non horizontales) n'y apparaissent qu'à une période nettement postérieure dans la documentation archéologique[7]. Pourtant, dans les sources iconographiques, une grande jarre à quatre anses verticales et haut col droit figure de façon proéminente dans la tombe de Kenamon (TT162)[8]. Comme d'autres vases de formes diverses, celle-ci est montrée liée à l'étrave d'un navire syrien[9] et servait sans doute de réserve d'eau potable pendant la navigation. Ce parallèle est d'autant plus pertinent qu'un autre vase, possiblement d'origine cananéenne, apparaît dans une position identique sur l'un des tableaux qui nous occupent ici (voir ci-dessous, forme F.5).

Incidence : assemblage A0033 (hauteur sur le relief : 198,8 mm).
Parallèles approximatifs :

- Amarna, XVIIIe dynastie, avec deux paires d'anses verticales : Rose 2007, p. 129, ME 4.1-4.2 ;
- Malqata, Amenhotep III : Aston 2004, p. 195, fig. 10a ;
- Saqqara, tombe de Pay et Raia, fin XVIIIe dynastie, avec une paire d'anses horizontales et col élancé : Aston-Greene 2005, p. 113-116, pl. 124 ;
- Qantir, zone QI, époque ramesside, fragment, pâte alluviale : Aston 1998, p. 296, n° 951, fig. 5.03 (reconstitution) ;
- Qantir, zone IV, Sethnakht-Ramsès III, avec deux paires d'anses verticales et col étroit : Aston 2004, p. 195, fig. 10b.

Type F.5 : amphores à panse renflée, épaule arrondie

Les amphores de type F.5 sont peut-être censées illustrer des jarres d'importation. Comme les jarres de types F.1 et F.2, elles sont surtout représentées comme faisant partie de la cargaison des navires et sont scellées par des bouchons coniques, couvrant un col droit. Le bloc 3711, en revanche, présente une mise en scène alternative de cette forme puisqu'elle y apparaît liée à l'étrave du navire, exactement comme les jarres du relief de Kenamon cité ci-dessus. L'espèce de plateau terminant le col de cette jarre doit probablement être interprété comme une sorte de couvercle (peut-être une planchette de bois) plutôt qu'une lèvre plate évasée. De même, si l'on accepte la lecture iconographique proposée ici, les lignes verticales liant ce plateau à l'épaule de la jarre seraient des supports de bois plutôt que des anses puisque les jarres cananéennes de ce type étaient dotées d'anses sur les épaules et non sur le col. Bien que le vase du bloc 3711 ne porte pas d'anses sur l'épaule, celles-ci auraient pu avoir été ajoutées à la peinture.

Dans l'ensemble, l'apparence de ces récipients rappelle directement les amphores cananéennes illustrées dans les tombes thébaines de la XVIIIe dynastie et au-delà. Par exemple, toujours dans la tombe de Kenamon, elles peuvent être comparées à des vases transportés par des marchands syriens sur le registre inférieur d'une

7. Amiran 1969, pl. 43, n° 8. Voir, par exemple, à Lachish/Tell ed-Duweir, dans les niveaux VIIA et VI (datations comprises entre 1300 et 1130 av. J.-C. ; Yannai 2004, p. 1048-1049, 1053, pl. 19.33, n°s 5-6, 19.35, n°s 1-2, 19.49, 19.50, n°s 1-7).
8. Davies, Faulkner 1947.
9. Voir *supra*, § 10.3.

des scènes peintes du monument[10]. À une époque postérieure des formes similaires se retrouvent sur les reliefs de la tombe d'Iniouia[11], ainsi que sur une fresque de la tombe de Ramsès III en association avec des jarres à étrier égéennes[12]. Dans la réalité, ces formes correspondent aux jarres cananéennes à épaule arrondie de la fin du bronze moyen levantin (voir parallèles ci-dessous).

Incidence: assemblage A0061 (hauteur sur le relief, sans le col: 73,2 mm); *tal.* 3711 (hauteur préservée sur le relief, avec col: 88,0 mm).

Parallèles:

- Karnak, trésor de Thoutmosis Ier, Thoutmosis III à Ramsès II: Hein 2012, p. 159, 161, fig. 70h, 71a;
- Thèbes, tombe de Meryet-Amon (Amenhotep II), amphore initialement décrite comme provenant de Haute Égypte: Winlock 1932, p. 31-32, 74, fig. 17e, p. XXXI;
- Thèbes, tombe de Hatnefer et Ramose (TT71), an 7 du règne de Thoutmosis III et Hatchepsout, Metropolitan Museum of Art 36.3.83: Amiran 1969, p. 141, photo 131; Roehrig 2002, p. 34, fig. 49-50.

Type F.6: cruche ou gourde à corps globulaire ou lenticulaire

Mis à part les diverses amphores discutées ci-dessus, une seule autre forme fermée apparaissant sur les *talatat* est visiblement utilisée comme jarre de transport. Il s'agit de petits conteneurs au corps globulaire et au col droit et étroit qui sont empilés dans la cabine, près d'un lot d'amphores sur l'assemblage A0052. Ces petits récipients semblent être démunis d'anses, mais encore une fois, comme pour les amphores, une telle absence peut être le résultat de l'érosion de la pierre, surtout si de tels détails étaient peints et non pas gravés. S'ils étaient effectivement dépourvus d'anses, ces vases peuvent sans doute être rapprochés de petites jarres globulaires façonnées en pâte alluviale, telles celles retrouvées à Amarna (voir parallèles ci-dessous). En revanche, si on leur restitue une paire d'anses, elles peuvent être interprétées comme étant des gourdes de pèlerin, un type d'origine levantine qui connaît une popularité grandissante durant la XVIIIe dynastie. Les gourdes de pèlerins se trouvent aussi bien en argiles marneuses qu'alluviales et, du moins à cette époque, étaient destinées à contenir des produits cosmétiques, comme des huiles ou des onguents[13].

Malgré le cadre égyptien de la scène, il est fort possible que ces gourdes aient été importées avec leur contenu du Levant, comme certaines des grandes jarres de transport. Leur présence dans la scène susmentionnée de la tombe de Kenamon[14], ainsi que les données archéologiques[15], démontrent qu'elles faisaient aussi partie des commodités habituelles du commerce international durant la XVIIIe dynastie.

Incidence: assemblage A0052 (hauteur sur le relief: 31,5 mm).

Parallèle pour gourde égyptienne de pèlerin:

- Amarna, XVIIIe dynastie: Rose 2007, p. 138, MH 1.

Parallèle pour petite jarre globulaire:

- Amarna, XVIIIe dynastie: Rose 2007, p. 105, SH 12.1.

Types F.7 à F.10: divers vases fermés

Quatre autres vases fermés sont figurés dans les scènes examinées ici. Ils peuvent être considérés séparément des conteneurs discutés ci-dessus, parce qu'ils n'apparaissent pas en plusieurs exemplaires, mais chaque fois de façon unique.

10. Davies, Faulkner 1947, p. 45-46.
11. Landström 1970, p. 138, fig. 403.
12. Wachsmann 1998, p. 110, pl. LIXA.
13. Bourriau 1981, p. 75-76.
14. Davies, Faulkner 1947, p. 45-46.
15. Notamment Rose 2007, p. 149, NB2.1.

Trois de ces vases (F.7-F.9) appartiennent à une même scène (A0052). Ils sont disposés en rang sur une petite table-support placée dans la cabine du navire. Le plateau de la table serait doté d'orifices dans lesquels le fond des vases pouvait être inséré, assurant ainsi leur stabilité. Ce type de mobilier est connu dès l'Ancien Empire et continue d'être représenté sur les reliefs jusqu'au Nouvel Empire[16]. Ainsi, on peut citer, à titre de comparaison pour nos représentations, les tables dotées de vases-*hes* dans une scène d'atelier dans la tombe de Mery[17], ainsi qu'une paire de cruches posées sur une table support dans un magasin palatial sur un relief amarnien d'Hermopolis[18].

En prenant en compte le fait que la base des vases est cachée à la vue, le premier vase en partant de la gauche (F.7) peut être interprété comme un vase-*hes* et celui du milieu (F.8) comme un vase-*khenem* à fond plat[19]. Bien connues par leurs signes hiéroglyphiques (signifiant respectivement « louer, favoriser » et « joindre, réunir »), ces deux formes sont d'une grande ancienneté mais ne sont néanmoins que très rarement attestées de façon tangible dans le répertoire céramique égyptien.

Les vases-*hes* sont connus dans le matériel archéologique dès l'époque prédynastique et jusqu'à la Troisième Période intermédiaire, principalement dans des contextes cultuels et funéraires, où ils servaient aux libations rituelles. Ils se distinguent par leur corps longiligne avec un diamètre maximum se situant au niveau de l'épaule. Leur base est plate et souvent évasée et leur court col cylindrique se termine par une lèvre à ressaut aplati. Ils sont souvent dotés d'un couvercle conique ou plus rarement d'un faux couvercle dont le sommet percé faisait fonction de bec verseur. Alternativement, le bec verseur est fixé sur la partie supérieure de la panse. Ils sont pour la plupart façonnés en faïence[20], en pierre[21] ou en métal, en particulier au Moyen Empire[22] mais aussi jusqu'à la Troisième Période intermédiaire[23], et ne semblent pas avoir été produits en grande quantité en céramique. Les exemplaires en terre cuite qui nous sont parvenus sont généralement décorés en « *Blue Painted* » et proviennent de contextes funéraires, tels l'assemblage mortuaire de Toutânkhamon[24] ou encore la tombe de Maya et Merit à Saqqara à la fin de la XVIIIe dynastie[25].

Le présumé vase-*hes* de l'assemblage A0052 est d'apparence plus trapue que les exemples cités ci-dessus, qu'ils soient en faïence ou en pierre, et il ne possède pas le bec verseur de l'exemplaire de la tombe de Toutânkhamon. En revanche, il est typologiquement très proche d'un vase en faïence à couvercle conique, peut-être apparenté aux vases-*hes*. Cet objet, aujourd'hui au Musée égyptien du Caire, provient probablement du site de Deir el-Bersha et remonte au Moyen Empire[26].

Les vases-*khenem* correspondent à une forme de cruche à anse en ruban, ouverture circulaire et fond plat et étroit. D'après une attestation dans les *Textes des Pyramides*, ils sont identifiés comme des conteneurs à huiles[27] et étaient communément produits en pierre au Moyen et au Nouvel Empire[28]. À cette même époque, ils étaient aussi certainement attestés en métal et des vases-*khenem* en argent figurent parmi les offrandes sur

16. Killen 1980, p. 69.
17. Wachsmann 1987, p. 67, pl. XV.B, registre inférieur.
18. Roeder 1969, p. 228, PC 83, pl. 184.
19. Suggestion de R. Vergnieux.
20. Les exemplaires en faïence sont particulièrement nombreux dans les contextes funéraires du Moyen Empire : von Bissing 1902, p. 6-7, 11, 76, n°s 3631-3632, 3647, 3846-3847.
21. Les vases-*hes* en pierre sont parfois factices, comme l'illustrent des exemplaires de la XIe dynastie (Petrie 1937, p. 10, pl. XXIX, n°s 644-645).
22. Von Bissing 1901, p. 44-45, n°s 3509-3510.
23. Petrie 1937, p. 28, pl. XLI, n° 68.
24. Holthoer 1993, p. 67.
25. Aston 2011, p. 12-13, 17-18, n°s 91-95.
26. Von Bissing 1902, p. 15, n° 3661.
27. Gardiner 1950 (éd. 1979), p. 528.
28. Par exemple, pour le Moyen Empire : Petrie 1937, p. 10, pl. XXIX, n° 647. Pour le Nouvel Empire : Lilyquist 1995, p. 62, fig. 154. Ce vase provient de Thèbes et est inscrit au nom du propriétaire des tombes TT86 et TT112.

le relief du trésor de Thoutmosis III à Karnak[29]. Comme les vases-*hes*, ces récipients étaient principalement utilisés dans des contextes cultuels.

La forme de ce second vase (F.8) évoque également les vases en métal égéens illustrés dans les scènes de tribu des tombes de Rekhmirê[30], d'Ouseramon[31] et de Menkheperrêseneb[32]. En Égypte, ces modèles ont aussi inspiré un type de vases en pierre au moins dès le début du Nouvel Empire[33].

Le troisième vase placé sur la table (F.9) possède un col d'abord droit puis s'évasant vers la lèvre et est dépourvu d'anses. Cette forme peu habituelle dans le répertoire céramique de la XVIIIe dynastie peut être comparée à un petit vase à col en « *Blue Painted* » d'Amarna[34].

Les tables d'offrandes supportant certains objets de culte sont souvent représentées sur les barques rituelles dans l'iconographie des Moyen et Nouvel Empires. Par exemple, un vase-*hes* apparaît sur une table d'offrandes posée devant le baldaquin abritant le corps du défunt sur une maquette de barque funéraire du Moyen Empire conservée au Musée égyptien du Caire[35]. En revanche, la présence de tels objets sur un navire de charge est plus singulière. Qu'on les identifie ou non comme des vases rituels connus, tels les vases-*hes* et *khenem*, leur position clairement différentiée du reste des marchandises les désigne comme réservés à certaines fonctions et/ou personnages particuliers.

Enfin, le dernier vase fermé représenté sur les *talatat* (type F.10) est une cruche à long col et anse courbe. Comme les deux derniers types, on ne le trouve qu'à une seule reprise parmi les scènes discutées ici. Il apparaît sur l'assemblage A0061, posé parmi diverses marchandises de la cargaison du navire. Sa base en pointe est partiellement obscurcie par des dégâts subis par le relief. Un parallèle approximatif en pâte marneuse peut être cité parmi le matériel de la XIXe dynastie à Qantir[36].

Comme on l'a remarqué plus haut, ces vases se distinguent clairement du reste des conteneurs céramiques dans les scènes discutées ici par leur rareté, ainsi que par leur position dans les représentations. Ces particularités, combinées au fait qu'ils ne trouvent que peu de comparaisons dans le répertoire céramique du Nouvel Empire, laissent à supposer qu'ils n'étaient peut-être pas censés représenter des objets en terre cuite, mais plutôt dans des matériaux plus nobles, tels la faïence ou le métal.

Type F.7 : jarre à panse allongée, sans anses (vase-hes)

Incidence : assemblage A0052 (hauteur sur le relief, sans le col : 35,45 mm).
Parallèles : voir ci-dessus.

Type F.8 : cruche à col évasé et une anse verticale (vase-khenem : ou vase en métal d'inspiration égéenne)

Incidence : assemblage A0052 (hauteur sur le relief : 55,15 mm).
Parallèles : voir ci-dessus.

29. Wachsmann 1987, p. 68, pl. LIII, n° 112.
30. Davies 1935, p. 17-25, pl. XIX-XIX, registre supérieur.
31. Wachsmann 1987, p. 68-69, pl. LV n° 17.
32. Wachsmann 1987, p. 68-69, pl. LVI, n° 20, pl. LVII, n° 21. Pour les originaux en métal, voir par exemple Laffineur 1977, p. 31-33, nos 5, 56, fig. 3, 26.
33. Lilyquist 1997, p. 337, fig. 22.
34. Hope 1991, p. 31, fig. 4a.
35. Reisner 1913, p. 70-71, n° 4915, fig. 261.
36. Aston 1998, p. 458, n° 1662.

Type F.9 : vase à col évasé

Incidence : assemblage A0052 (hauteur sur le relief : 55,15 mm).
Parallèles : voir ci-dessus.

Type F.10 : cruche à base pointue et panse carénée

Incidence : assemblage A0061 (hauteur sur le relief : 42,3 mm).
Parallèles : voir ci-dessus.

21.2. Formes ouvertes (types O.1 à O.6)

Les formes ouvertes rencontrées sur les *talatat* de ce lot sont bien moins nombreuses que les formes fermées, mais elles illustrent une typologie plus variée que ces dernières. Aussi, comme pour les formes fermées, la nature des matériaux dans lesquelles elles sont façonnées est parfois ambiguë, et certaines pourraient avoir été en vannerie plutôt qu'en céramique (voir ci-dessous).

D'autres peuvent poser des problèmes d'identification. Ainsi, on pourrait interpréter les couvercles placés sur les cols d'amphores de la scène A0061 comme des bols coniques renversés, mais il est plus probable qu'ils illustrent simplement des bouchons de terre crue, tels ceux scellant les amphores de la tombe de Toutânkhamon[37].

Les formes ouvertes se rencontrent principalement dans des scènes représentant la préparation et la consommation d'aliments, mais certains des larges bols ou jattes carénés, recouverts de coupes en guise de couvercles, pourraient aussi avoir servi au transport à court terme de diverses commodités (voir ci-dessous). Sur l'assemblage A0061, les bols à couvercles sont placés auprès des amphores dans un compartiment de stockage de la cabine, et comme ces dernières, elles font sans doute partie de la cargaison du navire. Sur l'assemblage A0053, une file de porteurs débarquent de larges jattes dont les couvercles sont particulièrement profonds, de sorte que les deux parties jointes forment une sphère presque parfaite. Il est possible que ces couvercles représentent non pas des objets en céramique mais en vannerie, car leurs dimensions et leur profondeur sont inhabituelles pour des formes ouvertes en terre cuite. Il ne faut pas oublier que, dans ce cas, des détails peints, aujourd'hui disparus, auraient pu être ajoutés pour suggérer la nature du matériau utilisé.

Types O.1-O.4 : bols et jattes

Les coupes à lèvre simple (type O.1), les coupes à lèvre retroussée et base arrondie (type O.2), les larges bols carénés (type O.3) et les bols à panse coudée (type O.4) se réfèrent tous à des types céramiques extrêmement fréquents durant le Nouvel Empire, principalement façonnés en pâtes alluviales. Il s'agit de récipients utilitaires, généralement sans décor, occasionnellement recouverts d'un engobe rouge ou portant une simple bande d'engobe rouge sur la lèvre. Ils sont omniprésents et abondants dans les niveaux de la XVIIIe dynastie dans l'ensemble du pays (voir parallèles ci-dessous), dans des contextes aussi bien domestiques, cultuels que funéraires.

37. Hope 1993, p. 93-94, fig. 1a-b, fig. L, pl. 26-28.

Type O.1 : coupe à lèvre simple

Incidence : assemblage A0055 (hauteur sur le relief : 11,3 mm) ; assemblage A0061 (hauteur sur le relief : 14,85 mm à 19,25 mm).

Parallèles :

- Amarna, XVIIIe dynastie : Rose 2007, p. 66-67, SD 10 1-2 ;
- Memphis/Mit Rahina, niveau IV : Bourriau 2010, p. 94-95, fig. 21, n°s 4.1.3-4.1.5.

Type O.2 : coupe à lèvre retroussée et base arrondie (employée comme couvercle)

Incidence : assemblage A0055 (hauteur sur le relief : 11,3 mm).

Parallèles :

- Memphis/Mit Rahina, niveau IV : Bourriau 2010, p. 91, fig. 21, n°s 3.7.1-3.7.2 ;
- Deir el-Médina, tombe 1159, XVIIIe-XIXe dynasties : Nagel 1938, p. 67, fig. 51, n° 6, pl. VIII, n° 6 ;
- Amarna, XVIIIe dynastie : Rose 2007, p. 52-53, SD 1-4.

Type O.3 : large bol caréné et base arrondie ou aplatie

Incidence : assemblage A0061 (hauteur sur le relief : 19,25 mm).

Parallèle :

- Karnak, trésor de Thoutmosis Ier, XVIIIe dynastie et époque ramesside : Jacquet-Gordon 2012, p. 129, 196, fig. 57e, 77n.

Type O.4 : large bol à panse coudée

Incidence : assemblage A0055 (hauteur sur le relief : 18,9 mm et 30,3 mm).

Parallèles :

- Amarna, XVIIIe dynastie : Rose 2007, p. 67, SD 10.4 ;
- Deir el-Médina, tombe 1169, XVIIIe-XIXe dynasties, pâte marneuse : Nagel 1938, p. 96, fig. 76, n° 101 ;
- Memphis/Mit Rahina, niveau IIIb, argile alluviale : Bourriau 2010, p. 153, fig. 39, n° 7.6.1.

Type O.5 : bol caréné à pied

Le bol à pied de type O.5 (assemblage A0055) est bien plus rare que les types précédents dans la documentation archéologique du Nouvel Empire. Il apparaît néanmoins dans le niveau IV de Memphis/Kôm Rabia (Bourriau 2010, p. 84, fig. 30, n° 4.6.1), ainsi qu'à Amarna.

Incidence : assemblage A0055 (hauteur sur le relief : 26,5 mm).

Parallèle :

- Amarna, XVIIIe dynastie : Rose 2007, p 70, SD 12.8.

Type O.6 : bol à goulot latéral

Le seul récipient ouvert quelque peu énigmatique dans les scènes étudiées ici est un large bol illustré sur l'assemblage A0055, qui semble être doté d'un goulot latéral. Les bols à goulot latéral, généralement en des versions plus hautes que l'exemplaire de A0055, sont largement répandus à partir de la fin de l'Ancien Empire et jusqu'au Moyen Empire. Ils étaient notamment utilisés pour la fabrication de la bière, ainsi que l'attestent des reliefs de l'Ancien Empire[38]. La forme relativement basse de l'exemplaire illustré ici trouve de nombreux parallèles de Tell Daba à Éléphantine au Moyen Empire[39]. Par contre, la forme fait significativement défaut pour les périodes postérieures. Un seul exemplaire de vase profond doté d'un court goulot latéral est documenté pour le site de Deir el-Médina au Nouvel Empire[40]. Là aussi, faute de parallèles contemporains, il est mis en relation avec les formes plus typiques de l'Ancien et du Moyen Empire.

Incidence: assemblage A0055 (hauteur sur le relief: 26,5 mm).
Parallèles: voir ci-dessus.

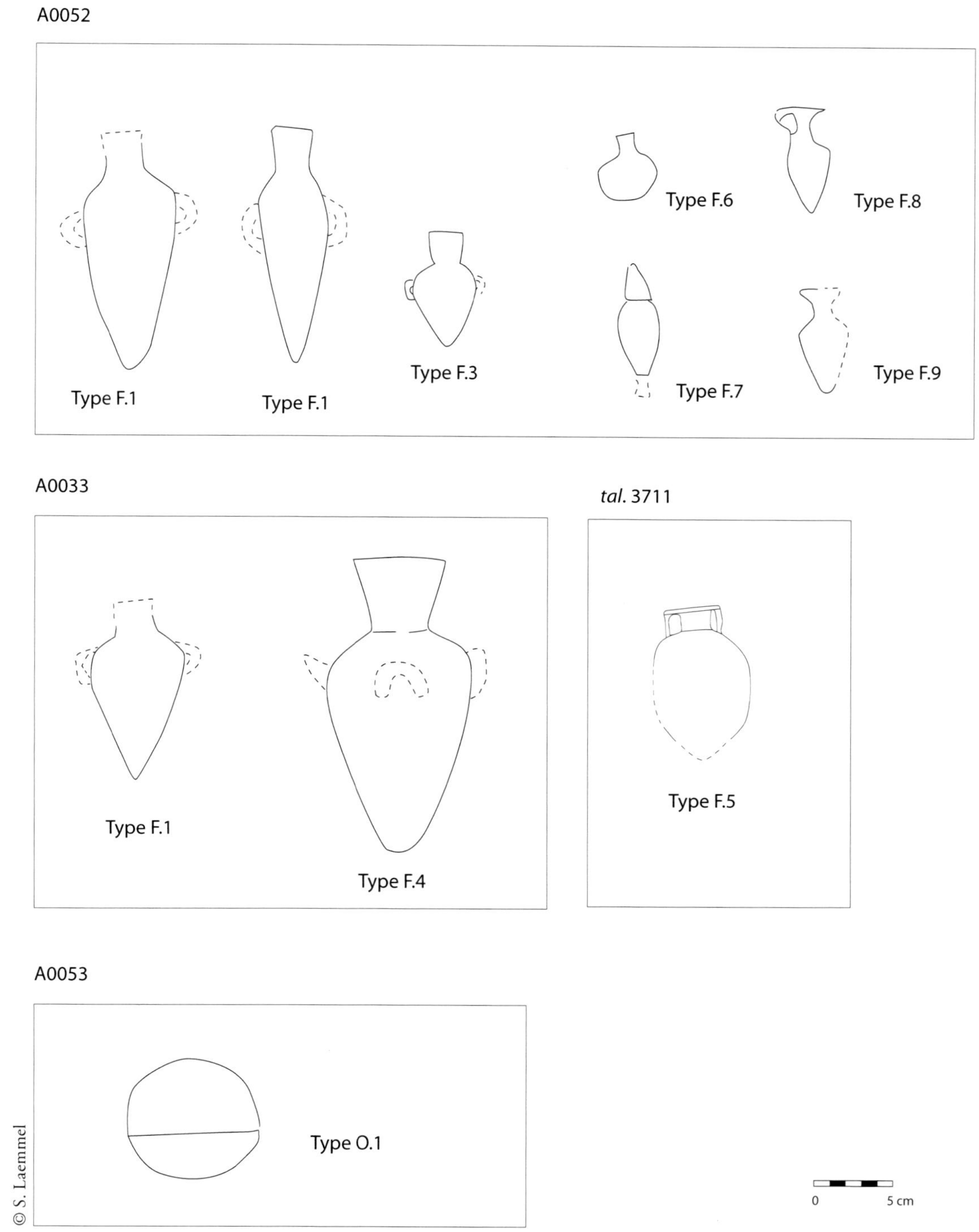

Fig. 142. Représentations de vases dans les scènes navales des *talatat* (planche 1).

38. Faltings 1998, p. 156-225, 156-189, 280-282, fig. 26-27.
39. Schiestl, Seiler 2012, p. 346-348.
40. Nagel 1938, p. 194-195, pl. XV, fig. 164, D.M. 118.

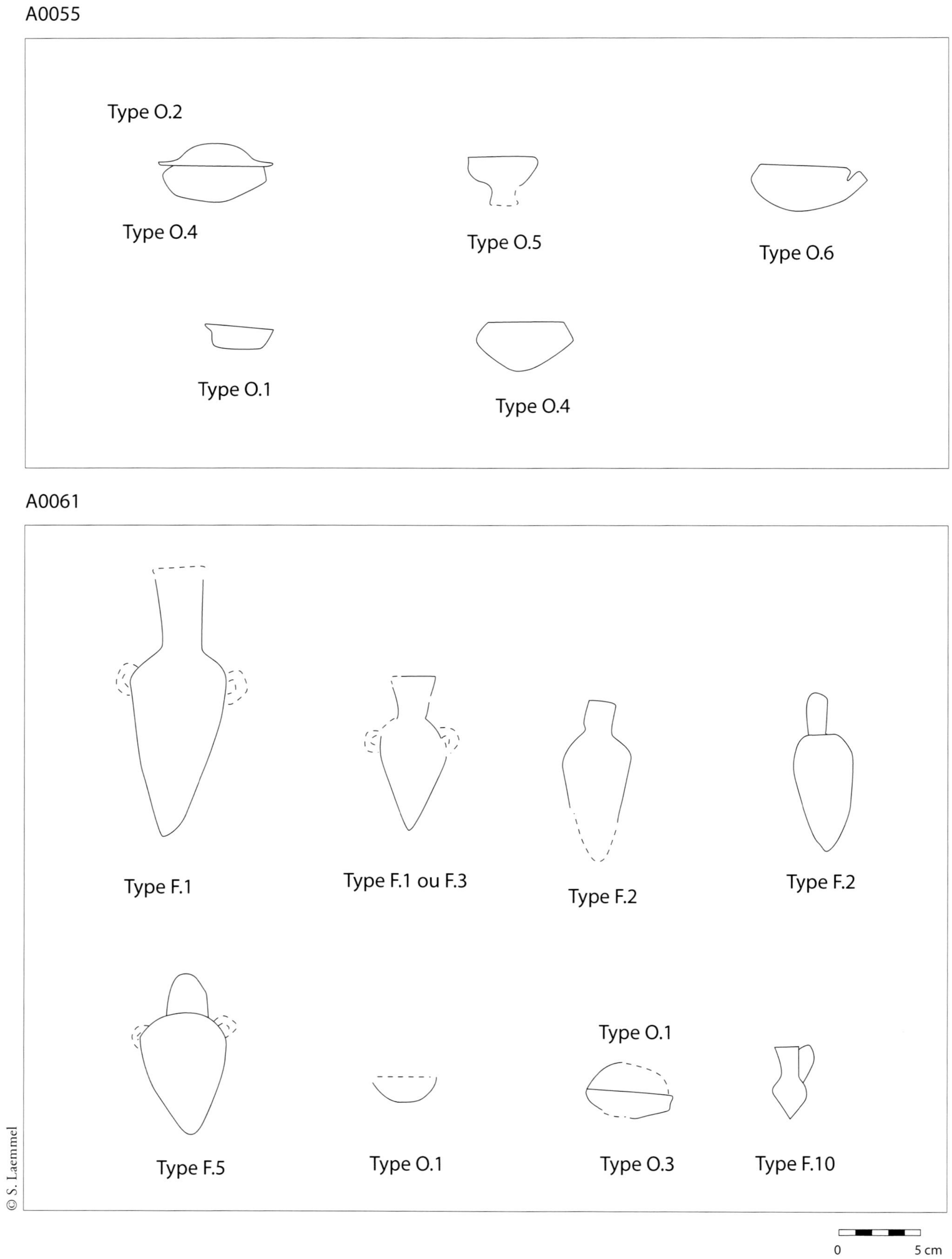

Fig. 143. Représentations de vases dans les scènes navales des *talatat* (planche 2).

22

Fonctions

Les vases représentés dans les scènes marines des *talatat* remplissent au moins trois et peut-être quatre types de fonctions distinctes : 1) conteneurs pour le transport de marchandises ; 2) objets d'usage domestique ; 3) objets employés pour la construction dans le cadre du chantier naval ; 4) conteneurs d'usage rituel (?).

22.1. Transport de marchandises : assemblages A0052 et A0061

La majorité des tableaux discutés ici illustrent le transport des marchandises qui peuvent être sans doute identifiées comme le revenu des taxes imposées par le domaine d'Amon aux sanctuaires de Haute et Basse Égypte et aux domaines royaux, qui sont mentionnées sur d'autres *talatat* provenant du même lot que celles étudiées ici[1]. Ces impôts étaient constitués en grande partie de paiements en nature – vin, huile, miel ou résine de térébinthe –, qui étaient certainement transportés dans des conteneurs en terre cuite.

Comme on l'a déjà souligné plus haut, les amphores de divers types sont les vases les plus abondamment représentés dans l'ensemble des scènes examinées ici. Le produit le plus souvent associé aux amphores égyptiennes du Nouvel Empire est le vin (voir ci-dessus), mais il est fort possible que d'autres commodités (comme l'huile, la résine ou peut-être même le grain) étaient également transportées dans ces grandes jarres. Quel qu'ait été leur contenu, il s'agissait sans aucun doute de denrées de base, produites et consommées en grande quantité vu le nombre d'amphores chargées à bord des navires. Par ailleurs, des conteneurs de même type se retrouvent sur les reliefs amarniens d'Hermopolis, dans les représentations des magasins du palais royal où ils apparaissent stockés[2].

Dans la scène de transport la mieux conservée (A0052), on observe une claire différence entre les amphores situées à l'avant de la cabine et celles situées à l'arrière. Les premières sont de grande taille et sont illustrées de façon à renforcer l'impression de nombre. Les secondes, à l'arrière de la cabine, sont de plus petit module. Elles sont soigneusement alignées en rangs réguliers. On en compte six dans le compartiment supérieur et quatre dans le compartiment inférieur.

Une telle différence dans le schéma de représentation est très certainement réfléchie. Les grandes amphores situées à l'avant de la cabine étaient sans doute employées pour transporter un produit relativement commun et largement distribué. Celles de l'arrière de la cabine, en revanche, devaient contenir une denrée plus rare et

1. Traunecker 1984, p. 62-69.
2. Roeder 1969, p. 227-228.

plus coûteuse, peut-être un vin de meilleur cru, du miel ou des résines, des produits mentionnés à plusieurs reprises dans les listes de taxation[3]. Non seulement elles sont clairement moins nombreuses que les amphores de plus grande taille, mais elles sont aussi rangées avec plus de soin que ces dernières, probablement afin d'éviter les pertes.

Comme les amphores de moyen module, les petites gourdes ou cruches globulaires devaient également contenir un produit relativement rare et précieux qui n'était diffusé qu'en petites doses et probablement employé avec parcimonie, comme des onguents ou huiles précieuses. Non seulement ces récipients sont de bien plus petite taille que les amphores, mais ils sont aussi beaucoup moins nombreux. Dans la scène de l'assemblage A0052, elles n'occupent qu'un petit segment de la cabine, alors que les grandes amphores sont présentes dans tout le reste de l'espace de stockage disponible.

Parmi les formes ouvertes, quelques-unes sont également utilisées pour le transport de marchandises. Il s'agit de larges bols à fond arrondi qui sont recouverts d'un récipient semblable en guise de couvercle. Sans autre indice que ces représentations à notre disposition, il est fort difficile de deviner quel était leur contenu exact, mais au vu de leur forme il devait s'agir de solides plutôt que de liquides qui auraient facilement pu déborder d'une forme ouverte.

22.2. Objets d'usage domestique : préparation et consommation d'aliments, rations pour l'équipage (assemblages A0055 et A0061, *tal.* 3711)

Deux assemblages et un bloc isolé illustrent clairement des scènes où des récipients sont utilisés dans un cadre domestique. Dans la première scène (A0055), un groupe de femmes accroupies sur le pont travaillent une préparation (probablement de nourriture) dans des bols posés à même le sol. La première femme sur la gauche plonge ses deux mains dans un récipient à goulot latéral ; à côté d'elle est posée une coupe à pied. Comme on l'a vu plus haut, les bols à goulot latéral sont généralement associés à la fabrication de la bière dans l'Égypte ancienne. Pourtant, un tel récipient pouvait également être utilisé pour toute préparation requérant une forme de filtrage grossier ou de tamisage, comme, par exemple, la préparation de pâtes à pain[4].

Sur la droite de ce premier personnage, deux autres femmes sont assises de part et d'autre d'une large jatte dont elles semblent malaxer le contenu d'une main. À l'arrière se tient une quatrième femme tenant d'une main une jatte carénée coiffée d'un couvercle et de l'autre une petite coupe à lèvre retroussée. Contrairement aux trois autres, ce personnage est debout et vêtu d'une robe longue. Ces femmes sont peut-être des servantes chargées de préparer la nourriture pour l'équipage. La position des deux femmes accroupies rappelle de près celle de deux personnages masculins représentés consommant ou préparant un repas dans l'enceinte d'un temple sur l'un des reliefs amarniens d'Hermopolis[5].

Dans la seconde scène (A0061), une femme assise devant une petite table tient une coupe à fond arrondi entre ses mains. D'autres récipients à fond arrondi sont placés sur la table devant elle, mais leur partie supérieure étant manquante, leur forme complète n'est pas identifiable. Ici, la femme semble consommer plutôt que préparer des aliments.

Finalement, comme on l'a vu plus haut, la *tal.* 3711 montre une large jarre solidement liée à l'étrave d'un navire. Cette représentation peut être comparée à une scène de la tombe de Kenamon (TT162), où l'on observe plusieurs navires syriens dont les étraves de style caractéristique sont flanquées de vases de formes

3. Traunecker 1984, p. 62-66.
4. Faltings 1998, p. 38-59, fig. 5, n° 7.
5. Roeder 1969, p. 211-213, block 207/VII A, pl. 64.

diverses également fixés par des cordages[6]. Ces jarres servaient probablement de réserve d'eau potable, ou éventuellement d'un autre produit destiné à la consommation durant la navigation.

Il est intéressant de constater que, mise à part la grosse jarre de type F.5, tous les conteneurs employés pour un usage domestique le sont par des personnages féminins et tous sont des récipients de forme ouverte.

22.3. Usage industriel : le chantier naval (A0033)

L'assemblage A0033 a été interprété comme étant une scène de chantier naval. Dans ce contexte, R. Vergnieux suggère de considérer les larges amphores à quatre anses qui y sont représentées (type F.4) comme étant des conteneurs utilisés pour acheminer la poix liquide employée pour étanchéifier la coque des navires en construction[7]. Une telle suggestion peut être étayée par le fait que les amphores à quatre anses n'apparaissent nulle part ailleurs dans les scènes examinées ici ; elles sont en outre un élément rare dans le répertoire céramique du Nouvel Empire. Il est possible que les amphores de type F.1 dans la même scène aient rempli la même fonction.

22.4. Usage cultuel (?) ou commodités précieuses

Quatre petits vases fermés apparaissant dans les scènes discutées ici se distinguent du gros de la cargaison des navires par leur nombre, leur apparence et leur position dans les représentations. En outre, ils ne trouvent que peu de parallèles dans le matériel céramique des sites du Nouvel Empire. Ces éléments contribuent à leur conférer une importance plus grande que celle des autres vases illustrés sur le lot de *talatat* examiné ici et il est fort possible de les interpréter comme étant des vases en métal ou en faïence. Dans le premier cas, ils correspondraient aux paiements en métaux précieux (or, argent et bronze) qui sont mentionnés sur les listes de taxations du temple d'Amon[8].

Alternativement, comme on l'a vu plus haut, on pourrait leur attribuer une fonction rituelle, si on accepte l'identification de deux d'entre eux avec des vases-*hes* et *khenem*. Dans ce cas, leur présence sur les reliefs servirait alors à rappeler au spectateur que la flottille illustrée dans ces scènes appartient effectivement au domaine divin.

6. Davies, Faulkner 1947.
7. Voir *supra*, p. 97, § 9.1.
8. Traunecker 1984, p. 67.

23

Apports des vases figurés à l'étude des navires des parois des temples d'Aton

L'ANALYSE ICONOGRAPHIQUE des scènes des *talatat* nous permet d'établir quelques conclusions, notamment sur la fonction des vases représentés. La prépondérance des récipients céramiques dans ces scènes est parfaitement corroborée par le travail de terrain sur les sites archéologiques, où les tessons de terre cuite forment presque toujours l'immense majorité des trouvailles et démontrent l'importance et l'omniprésence de ce matériau dans la société de l'Égypte antique.

On remarque alors que certains des vases des *talatat* sont fort bien représentés dans l'assemblage céramique contemporain de la XVIIIe dynastie, d'autres sont extrêmement rares, comme les larges jarres à quatre anses de l'assemblage A0033, ou bien illustrent des objets appartenant à une tradition clairement plus ancienne, comme la jatte à goulot latéral de la scène A0055. Le premier cas démontre que nos connaissances dérivées du matériel archéologique demeurent fragmentaires et que certains objets quelque peu inhabituels ou spécialisés peuvent avoir échappé jusqu'à présent à l'attention des archéologues. Le second cas illustre la continuité de certaines formes céramiques, qui subsistent peut-être plus longtemps qu'on ne l'imagine dans le répertoire typologique des périodes postérieures.

Alors que les fouilles nous fournissent des objets tangibles grâce auxquels on peut étudier les détails formels et technologiques, les représentations de *talatat* nous renseignent sur la façon dont ces mêmes objets étaient utilisés dans la vie quotidienne, nous offrant par là même une perspective qui est bien trop souvent absente de l'archéologie de terrain.

Conclusion

Les scènes étudiées ici fournissent une nouvelle documentation sur les premières années du règne d'Amenhotep IV/Akhénaton. Leur originalité première est liée à leur présence sur les parois des temples d'Aton, qui figurent non seulement des scènes rituelles se déroulant dans le temple, mais aussi des activités conduisant à les mettre en place. Dans la documentation étudiée sont concernés les détails de l'arrivée par voies fluviales des produits destinés à alimenter les tables d'offrandes des temples d'Aton. Les fragments de scènes de navigation[1] sont de tailles inégales. L'assemblage le plus grand (A0061), qui mesure 7,50 m de long sur 1,5 m de haut, est composé de 53 *talatat.* Un second (A0052), de 4 m × 1,5 m, compte 38 blocs. Ces deux scènes proviennent sans doute d'une même paroi du temple, si l'on en croit leur dispersion archéologique voisine[2]. Quatorze scènes de moyenne importance en taille nous éclairent sur des aspects particuliers des navires utilisés dans ce contexte. Ainsi, la valeur de ce matériel iconographique, qui présente un haut degré de détails dans le tracé, est très importante. On ne manquera pas de souligner à nouveau le réalisme de l'art amarnien, dont témoignent les scènes très informelles et vivantes (par ex. : A0055) de l'ensemble. Les informations disponibles s'étendent des méthodes d'arrimage d'un bateau aux détails de construction. Du point de vue technique, le système de gouverne des navires et surtout leur gréement sont représentés avec beaucoup de soin et apportent des informations nouvelles et précieuses. On peut aussi constater la présence de femmes à bord des navires, ce qui n'est pas ordinaire dans un tel contexte pour les autres périodes de l'histoire égyptienne.

L'assemblage A0058 renforce le matériel iconographique déjà disponible sur l'emploi des cargues dans le gréement des bateaux égyptiens sous Amenhotep IV/Akhénaton : il permet de constater que cette invention existait déjà cent cinquante ans avant le relief de Ramsès III de Médinet Habou, et suggère que les cargues sont apparues en Égypte sans apport étranger.

Beaucoup de coques de navires sont incomplètes dans l'état actuel de reconstitution des parois, mais il est toutefois possible d'en déduire que leur courbe est proche de celles des sources iconographiques du Nouvel Empire. Les scènes fournissent également des représentations des cordages de renforcement disposés autour de la coque, aux extrémités des bateaux. Il est aussi tout à fait remarquable que parmi la cinquantaine de bateaux de cet

1. Vergnieux 1999a, p. 145-148 ; Vergnieux 1999b, pl. 77-91.
2. Un nombre important de blocs proviennent de deux secteurs superposables des couches 28 et 29.

ensemble documentaire, aucun ne présente les traces d'un câble longitudinal de renforcement de la coque[3]. Il semble que cette solution technique, qu'on trouve souvent sur les bateaux de charge de l'Ancien Empire mais rarement au Nouvel Empire[4], soit devenue désuète. Cela fait suite à l'évolution des techniques utilisées pour la réalisation des coques de navires, qui s'appuyaient de plus sur des joints faits de mortaises et de tenons[5].

La plupart des scènes représentent de grands bateaux de charge nilotiques. Les dimensions importantes des bateaux sont confirmées par le volume de la cargaison transportée, par le nombre élevé de baux transversaux et de balancines, ainsi que par la présence d'un équipage nombreux[6]. Les fragments des scènes de navigation dans le matériel de l'ARCE témoignent pour leur part de la présence de bateaux royaux – ce qui complète et enrichit notre étude, qui en contient très peu –, que l'on peut identifier avec certitude comme étant de type *bỉk*. En ce qui concerne les bateaux de charge, leur taille considérable (20-25 m de longueur) et leur cargaison diversifiée favorisent le type *ousekh*, dont la mention est relativement fréquente dans les sources du Nouvel Empire[7]. La racine du nom de ce type de bateau est associée à la notion de largeur (chaland)[8]. Le rapport entre la largeur et la longueur de ce bateau est de 1 à 3, ce qui facilite l'embarcation d'un maximum de marchandises[9]. La longueur des navires-*ousekh* représentés sur les « blocs de Piânkhi » de la XXVIe dynastie (Psammétique Ier), qui est de 45 coudées (environ 23,6 m)[10], correspond à celle des bateaux du corpus[11]. Ce type de bateau pouvait appartenir au roi, aux temples ou à des particuliers[12].

Les bateaux sont majoritairement accostés à la berge et certains d'entre eux sont en cours de déchargement ou en phase d'accostage (A0054, A0056, A0059, A0111). Ils transportent diverses cargaisons, dont des bœufs, des volailles ou des céramiques. Souvent, un même navire est chargé de différents types de cargaison, chacune étant convoyée dans un compartiment spécifique.

Les scènes de transport de vases fournissent des informations inédites. Certains des vases visibles sur les ponts des navires sont fort bien attestés dans l'éventail des céramiques contemporaines de la XVIIIe dynastie, alors que d'autres sont extrêmement rares. Alors que les fouilles fournissent des objets tangibles, grâce auxquels on peut étudier les détails formels et technologiques, les représentations des vases sur les *talatat* de notre étude nous éclairent sur la façon dont ceux-ci étaient utilisés dans la vie quotidienne, offrant ainsi un complément à l'archéologie de terrain.

Dans plusieurs scènes, les voiles des bateaux amarrés sont ferlées, alors que d'autres scènes permettent d'observer des opérations de descente d'une vergue volante avec une voile encore en place, ou même la navigation de bateaux sous la voile.

3. « *hogging truss* » en anglais.
4. Voir, par exemple, les reliefs dans la tombe de Houy (TT40, règne de Toutânkhamon).
5. Voir Mark 2017.
6. Le procédé, fréquent dans l'art égyptien, utilisé pour la représentation d'un élément répétitif, consiste à la réduction du nombre d'éléments identiques par rapport à la réalité, et non à son accroissement, si bien que les détails représentés correspondent toujours au minimum de ce qui pouvait exister dans la réalité. Voir Golvin 2005, p. 45.
7. « Le bateau de transport des marchandises, le bateau de charge » : Jones 1988, p. 135, II.23 ; Edgerton 1930a, p. 147, tabl. 1.
8. Meeks 1994, p. 257.
9. Perdu 2011, p. 226.
10. Janseln-Winkeln 2007, p. 354-357.
11. Les traces sur les blocs 2 et 4 laissent à penser qu'initialement il y avait une dizaine de bateaux-*ousekh* représentés. Voir Perdu 2011, p. 226. En revanche, tous ces bateaux ne présentent pas de gréement, ce qui peut s'expliquer par le fait qu'ils descendent le fleuve et par le choix du dessinateur de ne pas représenter les détails secondaires.
12. Janssen 1961, p. 99 ; Pino 2005, p. 101-102.

L'assemblage A0110 et les *talatat* isolées *tal.* 3718 et 3726 font probablement partie des scènes de montage/démontage de gréement et de pièces de construction. Ils présentent donc un intérêt tout particulier, mais sont malheureusement encore trop lacunaires pour l'instant. Peut-être que des blocs décorés encore présents dans le môle est du IXe pylône viendront un jour compléter ces parois pour mieux nous éclairer sur les méthodes de construction navale de l'époque. Il en va de même pour les scènes plus ou moins animées des berges à proximité des voies d'eau[13], elles aussi encore trop fragmentaires ; une fois complétées, elles fourniront des informations concrètes sur les lieux et le contexte dans lesquels se situaient ces scènes de livraison par voie fluviale.

Il faut aussi évoquer l'aspect inachevé de plusieurs scènes, qui place leur mise en œuvre peu de temps avant le départ de la cour pour Amarna.

Nous pouvons signaler des défilés de marins identifiables par le renforcement cousu à l'arrière de leur pagne[14]. Certains d'entre eux portent des enseignes ayant la forme de bateaux[15].

L'ensemble documentaire compte une soixante de bateaux dont la plupart sont des voiliers. Nous avons indiqué dans un tableau les scènes où se trouvaient figurés les principaux éléments d'un navire (fig. 144). Nous avons également indiqué la distribution des différentes informations nautiques selon les documents étudiés (fig. 145).

13. Voir Vergnieux 1999a, p. 145, n. 40.
14. Assemblage A0103. Voir Vergnieux 1999a, p. 148 ; Vergnieux 1999b, pl. 91b.
15. Assemblage A0099. Voir Vergnieux 1999b, pl. 7b ; D'après la dispersion des blocs dans le IXe pylône, ces marins participaient plutôt aux processions situées devant la fenêtre d'apparition, cf. Vergnieux 1999a, p. 145.

Assemblage / *talatat*	Mât	Gouvernail	Coque	Bateau(x)	Notes
A0052	1	1	1	1	
A0053			1	1	
A0054	1			2	Vergues d'un deuxième bateau à droite
A0055			2	2	
A0056		1	1	1	
A0058		1		1	
A0059			1	1	
A0061	3	3	3	3	
A0108			1	1	
A0109	3	3		3	
A0110	1			1	
A0111			1	1	
A0112	1			1	
A0113		2	1	1	Deux gouvernails latéraux pour une seule coque
A0114	3			4	Extrémité de la vergue d'un quatrième navire
tal. 3481	1			1	
tal. 3690	1	1		1	
tal. 3711	1			1	
tal. 3718	1			1	
tal. 3723	1	1		1	
tal. 3726	1	1		1	
tal. 20-022	1			1	
tal. 21-071	1			1	
tal. 21-077		1	1	1	
tal. 22-017	1			1	Incertain
tal. 22-023		1		1	
tal. 23-009	1			1	
tal. 27-246	1			1	Mât incliné
tal. 28-178			1	1	
tal. 28-217			1	1	
tal. 28-309			1	1	
tal. 28-496			1	1	
tal. 29-403			1	1	
tal. ARCE.050220			1	1	
tal. ARCE.050714			1	1	
tal. ARCE.050733			1	1	
tal. ARCE.070163			1	1	
tal. ARCE.070686			1	1	
tal. ARCE.090057			1	1	
tal. ARCE.110531			1	1	
tal. ARCE.111084			1	1	
tal. ARCE.170517	2			2	
tal. ARCE.190412			1	1	
tal. ARCE.210208			1	1	
tal. ARCE.210672	1			1	
tal. ARCE.230149			1	1	
tal. ARCE.230393			1	1	
Total	27	16	30	57	

Fig. 144. Estimation du nombre des bateaux représentés sur les reliefs de l'ensemble documentaire.

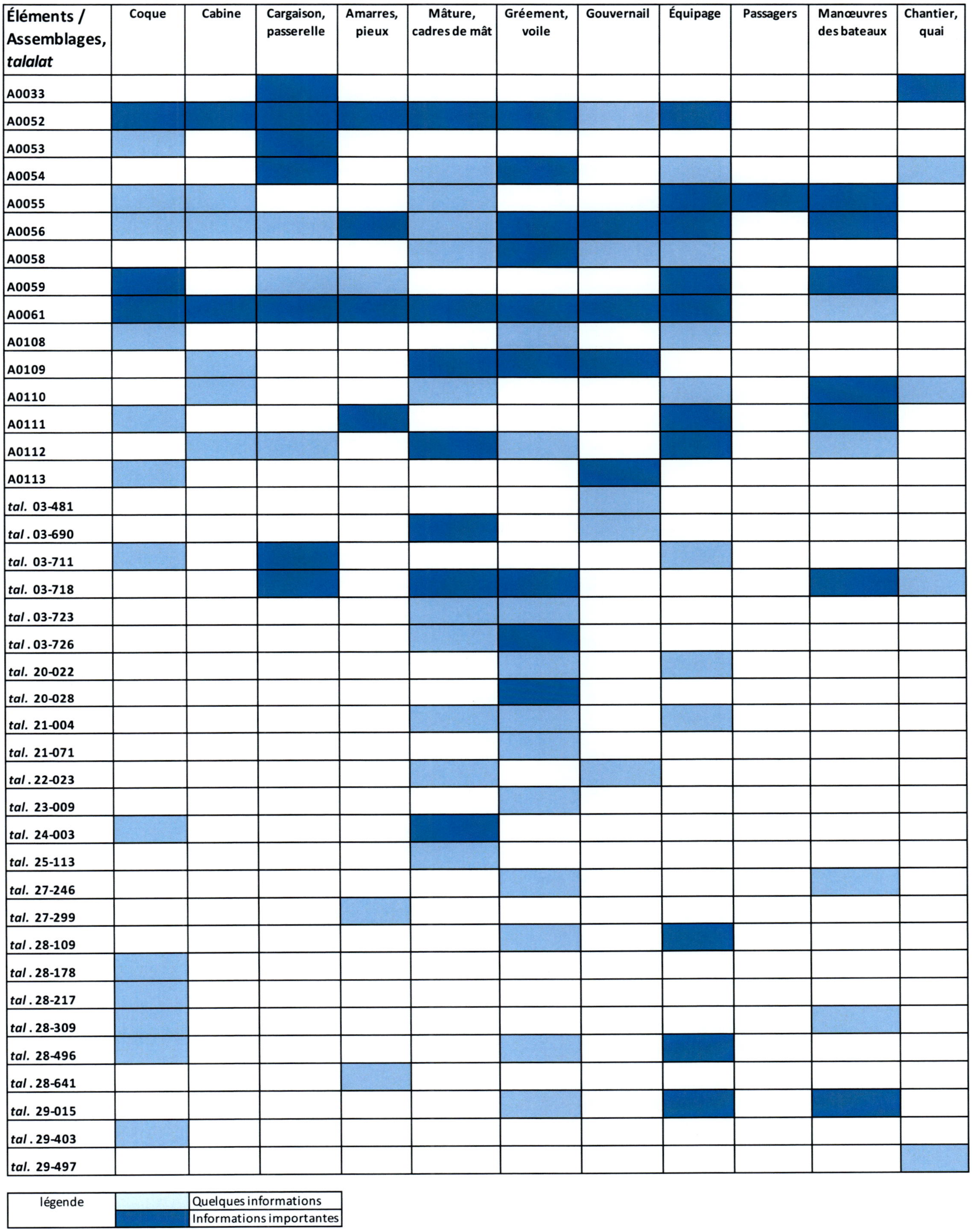

Fig. 145. Tableau synoptique de la distribution de l'information sur les éléments nautiques.

Glossaire des termes nautiques

Les termes anglais sont indiqués *entre parenthèses. Les chiffres correspondent aux détails de construction illustrés sur la* fig. 146. Les manœuvres du gréement typique des bateaux de la collection sont représentées sur la fig. 147.

Accastiage (***fittings***) : ensemble des divers équipements mobiles utilisés sur le *pont* d'un navire (manilles, *poulies*...).
Accoster (***moor to***) : se mettre bord à bord le long d'un *quai* ou à côté d'un autre navire.
Affaler (***to lower the yard***) : abaisser, faire descendre une voile, une vergue. L'inverse de *hisser*.
Allure (***point of sail***) : direction que suit un navire par rapport à celle du vent. Par extension, se dit de la disposition de la voilure. Les principales allures de route sont : le *vent arrière*, le *grand largue*, le *largue*, le vent de travers et le *près*.
Amarre (***hawser***) : câble ou cordage (aussière ou grelin) servant à tenir (*amarrer*) un navire à *quai*.
Amarrer (***moor to***) : fixer avec des cordages. Un navire est amarré au *quai* par des aussières nommées amarres.
Amure (***tack***) : l'amure désigne d'abord un cordage fixé à une voile sur un point d'amure dans le coin inférieur. Comme l'écoute, qui lui est symétriquement opposée, l'amure tend vers le bas le coin inférieur d'une basse voile (voile triangulaire, voile aurique, voile carrée) au pont ou au bout-dehors d'un navire à voiles. L'amure s'applique aussi du côté du navire d'où souffle le vent. Il y a deux amures pour les voiliers (naviguer tribord amures = en recevant le vent par tribord). Changer d'amure, c'est changer de bord.
Apiquer (***top up, cockbilled yard***) : incliner une vergue ou une corne dans leur plan vertical grâce aux balancines.
Balancine (***lifts, topping lifts***) : *manœuvre* passant généralement par une *poulie* frappée en haut du mât permettant de soulever ou soulager un *espar* ou de le retenir vers le haut. (26, 27)
Banc de nage, banc de rameurs (***thwart, rowing bench***) : banc où s'assoient les rameurs.
Barge (***barge***) : bateau à fond plat utilisé dans des eaux peu profondes ou pour des activités ne nécessitant pas son déplacement.
Barre de gouvernail (***tiller***) : organe sur lequel agit le barreur pour tourner le *safran* et ainsi diriger le bateau. Ce peut être une simple barre appelée barre franche ou une roue. (38)
Barrots du pont (***deck beams***) : poutres transversales qui soutiennent les *ponts*. (4)
Batellerie (***river craft***) : ensemble des bateaux qui servent à l'industrie du transport de marchandises sur les fleuves, rivières, canaux.
Baux (barrots) (***beams***) : poutres principales placées en travers du bâtiment pour en lier les deux *murailles*. Elles maintiennent l'écartement et supportent les *bordages* de *pont*. Le *maître-bau* désigne le *bau* placé dans la plus grande *largeur* du navire. (4)
Bitte d'amarrage (***mooring bitts***) : élément doublé et fixé verticalement sur le quai pour y amarrer un bateau.

Bollard (***bollard***) : bitte volumineuse à tête renflée, servant de bitte d'amarrage sur les quais.

Bôme (ou « **gui** », ou « **tangon** » ; ***boom***) : vergue horizontale dont une extrémité s'appuie sur le mât par une mâchoire ou un pivot. Le bord inférieur de la brigantine y est gréé. L'écoute permet d'en régler l'orientation.

Bordé (***planking***) : ensemble des planches formant l'enveloppe extérieure du navire. Dans la construction navale antique dite « sur bordé » ou « bordé premier », le bordé est assemblé avant la mise en place de la *membrure*. (1)

Border une voile (***to sheet***) : raidir une écoute permet de faire gonfler au vent une voile.

Bouline (***bow line***) : *manœuvre* frappée sur les ralingues de chutes des voiles carrées, que l'on raidit du côté du vent pour ouvrir la toile au maximum, à l'allure du plus près.

Bout (***rope***) : prononcer « boute ». Tout cordage n'ayant pas de nom propre.

Brague de sécurité (***preventer***) : gros cordage qui double les manœuvres importantes et assure la sécurité en cas de rupture.

Bras de vergue (***brace***) : *manœuvre* permettant d'orienter l'extrémité libre d'une vergue. (28, 29)

Brasser (***brace, haul in the braces***) : actionner les bras des vergues pour orienter les voiles dans le plan horizontal et mieux utiliser le vent. *Brasser carré* signifie que les vergues ont été orientées perpendiculairement par rapport à l'axe longitudinal du navire. *Brasser en pointe*, signifie que les vergues forment un angle le plus aigu possible par rapport à l'axe longitudinal du navire. *Brasser derrière*, permet au navire de se rapprocher du vent.

Câble (***cable***) : gros cordage formé de l'assemblage de plusieurs *torons. Câble de tension.* (20)

Cacatois (***royal***) : la voile carrée du quatrième étage.

Calcet (***calcet***) : assemblage de planches au bout d'un mât. Employé pour renfermer les poulies dans la pratique moderne.

Cale (***hold***) : partie la plus basse dans l'intérieur de la coque d'un navire, où sont logées la cargaison et les provisions.

Capeler (***attach***) : passer une boucle ou un cordage dans tout objet propre à les recevoir.

Cargue (***brail, buntline***) : *manœuvre* servant à retrousser une voile sur elle-même pour la réduire ou la serrer.

Chapeau (***slab lines***) : filet bordé de sangles, pour serrer contre une vergue des fonds de la voile qu'elle porte. *Serrer une voile en chapeau.*

Choquer (***to ease/release***) : laisser filer doucement une *manœuvre* tendue, mollir, sans la *larguer* complètement (par opposition à *border*).

Coque (***hull***) : ensemble de la charpente d'un navire et de son enveloppe extérieure.

Coursive (***gangway***) : passage étroit restant libre sur le pont, dans le sens de la longueur du navire.

Creux d'une voile (***belly of a sail***) : partie concave du profil d'une voile gonflée par le vent. La position et la profondeur du creux d'une voile, ainsi que le contrôle de son vrillage, déterminent en grande partie son efficacité.

Dérabanter (***shaking it out***) : défaire les rabans pour pouvoir déployer (une voile).

Drisse (***halyard***) : cordage ou filin servant à hisser une *voile*, à la faire monter au *mât*. (24)

Écoute (***sheet***) : cordage permettant de régler une *voile* en fonction de la direction du vent.

Écubier : ouverture aménagée à l'avant d'un navire.

Enfléhure (***ratline***) : échelon horizontal de cordage ou de bois placé entre deux haubans pour permettre de monter au sommet du mât.

Envergure (appelé aussi « **tête de la voile** » ; ***head of sail***) : partie supérieure de la voile carrée.

Épissure (***splice***) : tressage de deux cordages entre eux pour les réunir. Tressage particulier d'un cordage pour former une boucle. On défait les brins du cordage et on les entrelace en les décalant d'un rang à l'aide d'un épissoir.

Espar (***spar***) : terme général pour désigner une longue pièce de bois employée dans la *mâture*.

Étai (***forestay***) : cordage fort, partant de l'avant et reliant la tête du mât, destiné à consolider la tenue longitudinale d'un mât. Partie du gréement dormant. (16)

Étrave (***stempost***) : dans la construction en bois, pièce courbe et saillante de construction, de même largeur que la *quille* ; elle s'élève selon le plan diamétral et s'assemble au brion, lequel forme la liaison de l'étrave avec la *quille*.

Fardage (***windage***) : le fardage désigne la prise au vent d'un bateau ou d'un navire. Cette prise au vent agit sur un voilier remontant au vent, car elle affecte directement ses performances.

Faux-bras de mauvais temps : les faux-bras servent de renfort aux bras pour les voiles majeures quand il vente grand frais.

Ferler la voile (***furl the sails, take in the sails***) **:** la voile, une fois carguée, est pliée autour de sa vergue, pli sur pli, à l'aide de raban. Pour les voiles triangulaires ou auriques, on dit plutôt « serrer ».

Frapper (***bend***) **:** fixer, amarrer à l'aide d'un nœud, d'une manille, un cordage, d'une poulie.

Gabier (***topman***) **:** matelot chargé de la manœuvre du gréement et des voiles d'en haut, du service des hunes et du beaupré.

Gaillard (***forcastle, forward look-out***) **:** *superstructure* située à l'une ou l'autre des extrémités du *pont* supérieur et qui s'étend d'un côté à l'autre du navire. (7)

Glène (***coil***) **:** partie d'un cordage lovée en rond. On gléne un cordage (lover).

Gouvernail (***rudder***) **:** dispositif situé à l'arrière du bateau et servant à le diriger. Il se compose notamment de la *barre* (38) et du *safran* (36) tournant autour de la *mèche.* (33)

Grand largue (***broad reach***) **:** allure portante comprise entre le largue et le vent arrière. C'est une allure généralement agréable et rapide, au contraire du vent arrière, qui est une allure lente et délicate.

Gréement (***rigging***) **:** ensemble de ce qui est nécessaire à la propulsion des navires à voiles (*mâts, vergues, voiles, agrès, manœuvres*, etc.).

Grume (***log***) **:** tronc d'arbre abattu, ébranché, recouvert encore de son écorce.

Hale-bas (***downhaul***) **:** dispositif permettant de maintenir vers le bas un *espar* (bôme, tangon).

Haubans (***shrouds***) **:** terme générique désignant l'ensemble des câbles ou cordages dormants reliant les hauts du mât à la coque ou au pont et assurant sa tenue latérale et longitudinale.

Hisser (***to raise the yard***) **:** établir, lever une voile, une vergue, un pavillon à l'aide d'une drisse.

Hunier (***topsail***) **:** la voile carrée du deuxième étage.

Itague (***tie, pendant***) **:** manœuvre courante permettant de *hisser* quelque chose. L'itague est un palan composé d'une *poulie* dans laquelle passe un cordage. Une de ses extrémités fait dormant à un point fixe (une *vergue* par exemple), et l'autre constitue le courant sur lequel on tire. Les *bras des vergues*, les *drisses* des vergues mobiles, les *drisses* de voiles latines de grande surface sont à itague. L'itague peut être en fil d'acier ou en chaîne.

Lamaneur (***boatsman***) **:** assistant à l'amarrage des navires.

Lance amarre (***sender***) **:** voir **Touline.**

Largue (***beam reach***) **:** allure correspondant au vent reçu entre le travers et trois quarts-arrière (*grand largue*).

Larguer (***to let go/cast off***) **:** lâcher tout cordage de son point d'amarrage.

Ligne de flottaison (***waterline***) **:** intersection du *plan de flottaison* avec la surface extérieure de la *coque.* (21)

Livet (***deck edge***) **:** ligne de jonction entre les *murailles* de la coque et le pont.

Manœuvres (***rigging***) **:** cordages et filins composant l'ensemble du *gréement.* On distingue les manœuvres dormantes, servant à soutenir les *mâts*, des manœuvres courantes, permettant d'orienter les *vergues* et de serrer les *voiles.*

Mât (***mast***) **:** *espar* à peu près vertical servant de support aux *voiles*, généralement soutenu par des *haubans.* (12)

Mâtereau (***pole***) **:** *espar* planté sur le pont d'un bateau.

Mâture (***rigging***) **:** la mâture comprend le *beaupré* à l'avant, prolongeant l'étrave, les *mâts* et les *vergues* (13, 14). La tenue de la mâture se fait par l'intermédiaire du *gréement* dormant constitué des étais (16, 23), dans le plan longitudinal et, dans le plan transversal, par les *haubans.*

Mèche de gouvernail (***stock***) **:** axe du *gouvernail.* (33)

Mille marin (***nautical mile***) **:** unité de distance utilisée dans la marine depuis le XVIe siècle et correspondant à 1852 m.

Môle (***mole***) **:** ouvrage de pierres ou de maçonnerie protégeant un port de la violence de la mer, et plus particulièrement la partie la plus avancée d'une jetée.

Muraille (***board***) **:** partie supérieure de la *coque* depuis la flottaison jusqu'au *plat-bord.*

Palanquin (**de ris ;** ***reef tackles***) **:** palan simple en bout de *vergue* servant à la prise de ris.

Pare battage (***fender***) **:** élément de défense utilisé par les bateaux pour se protéger des contacts, que ce soit entre les coques de deux bateaux ou entre la coque du bateau et le quai.

Passerelle de débarquement (***gangway, gangplank***) **:** plan incliné reliant un *quai* à un navire et permettant de passer de l'un à l'autre.

Pataras (***backstay***) : dans le gréement bermudien moderne (23), c'est une manœuvre qui maintient le *mât* vers la *poupe*, dans le sens opposé à celui de l'étai (16).

Pavois (***bulwark***) : *bordé* prolongeant la *muraille* de la *coque* au-dessus du *pont*, posé sur les jambettes des *couples*, pour protéger le *pont* de la mer et servir de garde-corps. (3)

Perroquet (***topgallant***) : la voile carrée du troisième étage.

Peser une manœuvre (***to hang on***) : agir sur celle-ci en y portant son poids.

Pied de la voile (plutôt appelé « la **bordure** » ou « le **fond** » ; ***foot of sail***) : partie inférieure de la voile carrée.

Plat-bord (***gunwale***) : dans un bâtiment en bois, ensemble des planches horizontales qui recouvrent les têtes des allonges de sommet.

Pont (***deck***) : ensemble des *bordages* fixés sur les *barrots* et les recouvrant. (8)

Poulie (***block***) : corps en bois dans lequel sont pratiquées une ou plusieurs mortaises pour recevoir autant de réas tournant autour d'un axe.

Poupe (***stern***) : partie arrière d'un navire.

Préceinte (***wale***) : *bordé* extérieur placé au-dessus de la ligne de flottaison pour renforcer la coque. Ce sont les bordés les plus épais de la *muraille* du navire.

Près (***close-hauled***) : *allure* correspondant à la direction la plus rapprochée du lit du vent. Un navire est « au près », ou « sous l'allure du près » lorsqu'il veut progresser dans la direction d'où vient le vent.

Proue (***bow***) : partie avant d'un navire. (2)

Quai (***berth, mooring, quay***) : ouvrage de maçonnerie d'un port, aux murailles verticales (ou presque), permettant l'*accostage*, l'*amarrage* et le débarquement ou l'embarquement des personnes et des marchandises.

Quille (***keel***) : longue pièce de bois droite, composée ou non de pièces ajustées, avec écarts, par leurs extrémités et qui sert de base à un bâtiment.

Raban (***gaskets***) : petit filin utilisé pour amarrer tout objet, ou petit cordage servant à attacher sur une vergue les voiles carguées. (30)

Rabanter (***take in***) : fixer à l'aide de raban une voile ferlée sur sa vergue.

Racage (***parrel-lashing***) : collier maintenant en place la *vergue*, juste sous la base de la noix du mât. (15)

Raidir (***trim***) : étarquer, tendre.

Ralingue (***leech rope***) : cordage cousu dans la toile au pourtour de la voile.

Safran (***rudder***) : *appendice* en forme d'aileron ou de lame plongeant dans l'eau à l'arrière du bateau, dont l'action sur l'eau, lorsqu'il est manœuvré à l'aide de la *barre* (38), permet de diriger le bateau. Le safran fait partie du *gouvernail* (36). L'axe de rotation du safran s'appelle la *mèche*. (33)

Saisine (***seizing***) : cordage servant à attacher un objet à bord. (34)

Superstructures (***superstructures***) : structures permanentes situées sur le pont supérieur. (11)

Taquet (***cleat***) : pièce de bois (dans l'Antiquité) à deux cornes, permettant de tourner une manœuvre. (20)

Tête de la voile (plutôt appelée « **envergure** » ; ***head of sail***) : partie supérieure de la voile carrée.

Timonier (***helmsman***) : personne employée à la barre, barreur.

Tirant d'eau (***draft***) : profondeur du point le plus bas d'un bateau (généralement l'extrémité inférieure de la *quille*) sous la surface de l'eau, mesurée de la *ligne de flottaison* à l'extrémité inférieure de la *quille* ou de la *dérive*.

Tonnage (***tonnage***) : unité de mesure de la jauge d'un bateau, c'est-à-dire de son volume intérieur. Le tonneau vaut 100 pieds cubes, soit 2,83 mètres cubes. Le tonnage peut également être exprimé dans les tonnes métriques.

Tonture (***deck sheer***) : courbure du pont, dans le sens de la longueur, relevée aux extrémités.

Touline (aussi **lance-amarre** ; ***sender***) : cordage fin lesté d'une boule, utilisé pour récupérer l'amarre d'un bateau depuis la berge.

Tourmentin (***storm sail***) : le plus petit des focs. Seule voile portée dans les forts vents. Appelé aussi Trinquette.

Tourner (***to bend/attach)*** : faire à une *manœuvre* plusieurs tours en S sur un cabillot, un taquet, une bite d'amarrage ou un point fixe quelconque pour l'amarrer.

Transfilage, nœud de (*lacing*) : composé simplement d'une succession de demi-clés, ce nœud permet de maintenir serrée une voile contre sa bôme.

Vent arrière (*down wind*) : *allure* dans laquelle le voilier fait route approximativement dans la direction vers laquelle souffle le vent.

Vergue (**vergue volante** ; *upper yard/lifting yard*), **basse vergue** (**bôme, vergue fixe** ; *lower yard/boom*) : *espar* supportant une *voile*, le plus souvent carrée. La vergue antique est souvent constituée de deux pièces assemblées par le milieu. (13, 14)

Virer de bord (*tacking*) : changer de direction pour se diriger vers un point sensiblement opposé. Lors du virement de bord, le navire change d'*amure*.

Virure (*strake*) : file de bordage s'étendant sur toute la longueur du *pont* ou d'un *bordé* de carène.

Voile carrée (*square sail*) : se dit d'une voile de forme rectangulaire située, au repos, perpendiculairement à l'axe du navire. La voile carrée est portée par une *vergue*. (13)

Voile latine (*latin sail*) : voile axiale de forme triangulaire portée par une *vergue* inclinée appelée antenne.

Vraquier (*bulk carrier*) : un navire de charge destiné au transport de marchandises solides en vrac. Il peut s'agir de sable, de céréales, mais aussi de matériaux denses comme les minéraux.

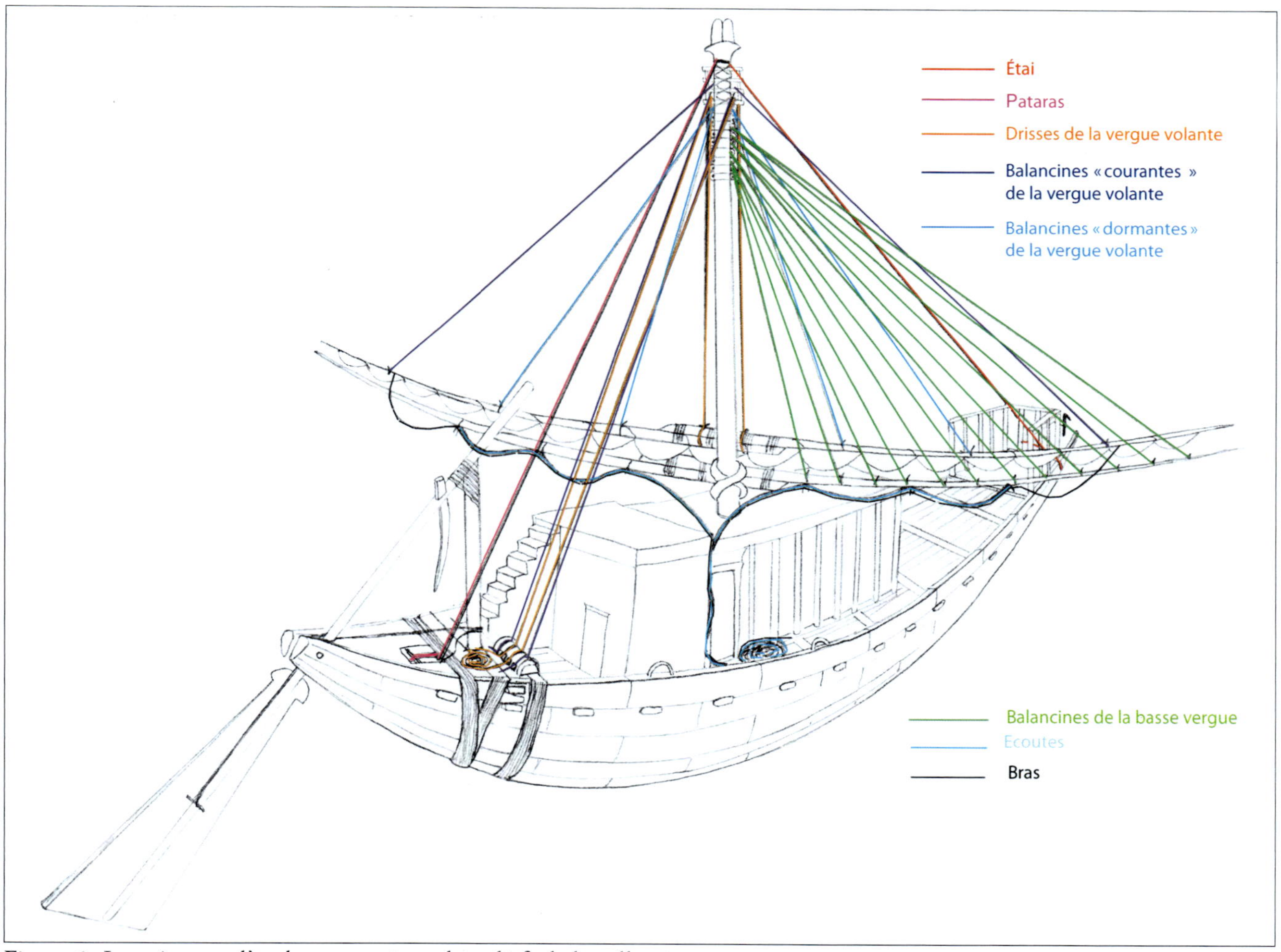

© A. Belov

Fig. 146. Le gréement d'un bateau typique des reliefs de la collection.

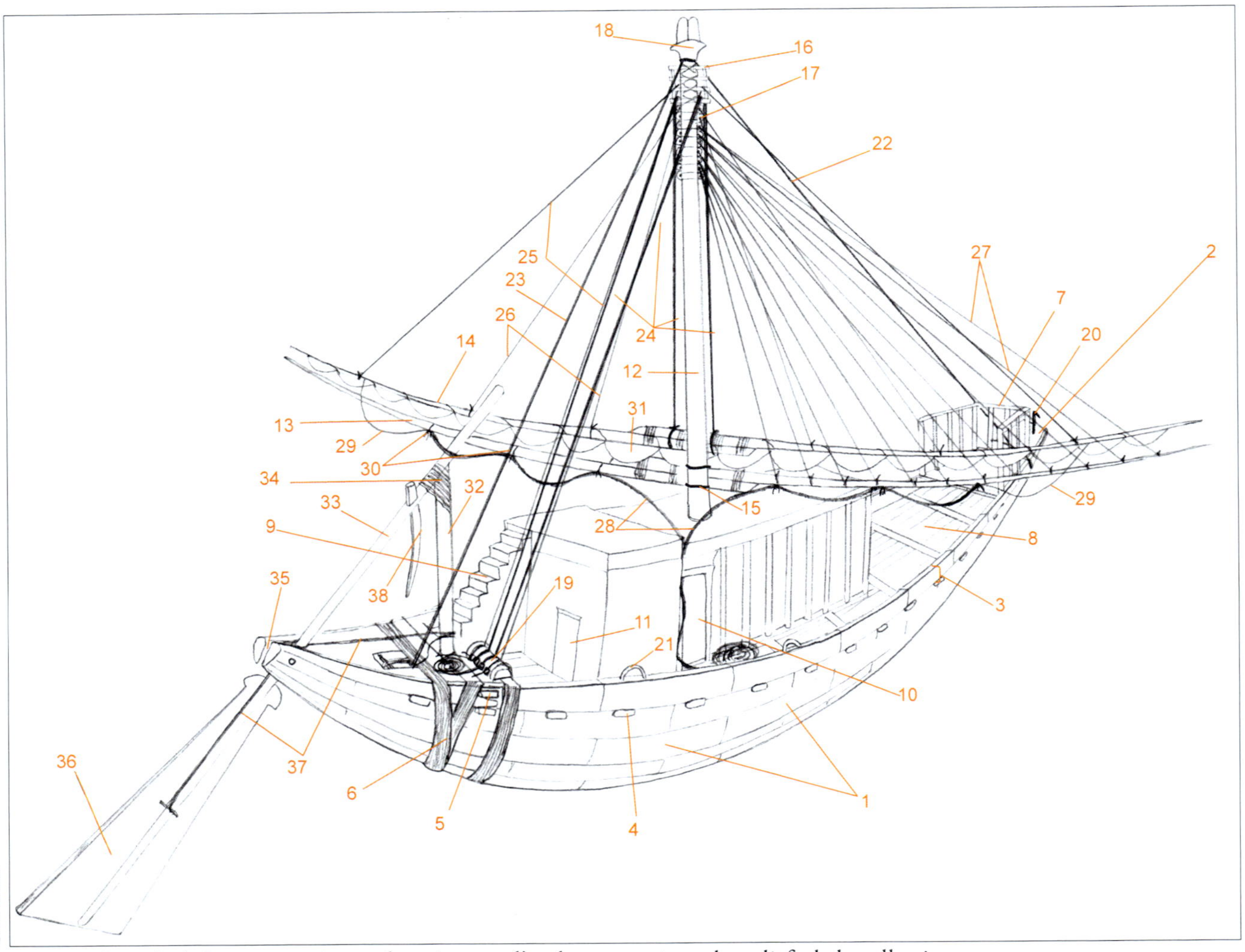

© A. Belov

Fig. 147. Détails de la construction et du gréement d'un bateau typique des reliefs de la collection.

1. **Bordages** courts (2-3 m). Ces bateaux ont probablement été bâtis en bois local (acacia, sycomore, ou tamarix), ainsi la longueur des bordages devait être réduite.
2. **L'avant**. Sa forme est bien représentée sur *tal.* 28-242 de l'assemblage A0052.
3. **Pavois.** Hauteur de 20-30 cm; épaisseur autour de 15 cm.
4. **Baux transversaux** (env. 30 pièces). Normalement doivent dépasser l'extérieur de la surface de la coque (de 2-3 cm ?).
5. **Bau de renforcement** du mâtereau de support de gouvernail (A0052, A0056, A0061).
6. **Bandes de renforcement de la coque** (sans doute en cordage). Dispositif en forme de « IV » (A0056) ou de « V » (A0061).
7. **Gaillard** (A0052, A0053 [?]).
8. **Pont.**
9. **Échelle** d'accès au toit de la cabine (A0052). Sa position peut être différente : par exemple, sur l'axe du navire.
10. **Porte** de la cabine de l'avant.
11. **Porte** de la cabine de l'arrière.
12. **Mât.** Se trouve au centre de la coque. Pour la plupart des bateaux égyptiens, sa hauteur approche les 2/3 de la longueur totale du navire (Goyon 1971, p. 11-41, pl. I-VII, spéc. p. 22), soit entre 13 et 20 m.
13. **Vergue fixe (basse)** consiste en deux parties qui sont assemblées au centre par deux ou quatre (A0061) ligatures cordiers. Longueur de 14 à 24 m en fonction de la taille du navire.
14. **Vergue volante** consiste en deux parties qui sont assemblées au centre par deux ou quatre (A0061) ligatures cordiers. Longueur de 14 à 24 m en fonction de la taille du navire.

15. **Racage cordier** qui sert à fixer la vergue basse au mât (A0052, *tal.* 29-138 ; A0062, *tal.* 28-259 ; plus *tal.* 29-009).
16. **Cadre** au sommet du mât pour le passage des drisses de la vergue volante et de ces deux (par ex. A0052) ou quatre (A0061) balancines « courantes » qui supportaient la vergue à la position haute.
17. **Orifices circulaires** pour le passage des balancines dormantes des vergues. Leur nombre de chaque côté du mât doit correspondre au nombre de balancines divisé par deux (12-18 dans notre série, divisé par 2 = de 6 à 9 orifices de chaque côté du mât).
18. **Décoration du sommet du mât** : une double couronne d'Amon, ou un naos dont la partie basse, est attestée par A0061. Cf. la représentation de la tombe de Méryrê à Amarna (fig. 47).
19. **Bloqueur** (A0052, *tal.* 29-001) des drisses et des deux (ex. : A0052) ou quatre (A0061) balancines « courantes » de la vergue volante. Parallèle dans la maquette de la tombe d'Amenhotep II (1427-1400 av. J.-C.)[1]. Sur *tal.* 29-266 (A0056), un bloqueur d'un autre type est installé sur le toit de la cabine.
20. **Taquet** : une pièce d'accastillage visible sur A0061 (*tal.* 27-125), et d'un type plus massif sur *tal.* 28-109.
21. **Boucle** pour le passage ou la fixation des manœuvres (A0062).
22. **Étai.** A0055, *tal.* 28-611 et 27-425 : on voit qu'il fait une boucle autour de la coque. L'étai fait le tour au sommet du mât juste au-dessus du cadre et continue vers la poupe comme le pataras.
23. **Pataras.** En continuation de l'étai, il va du sommet du mât vers l'extrémité de la poupe, où il est probablement fixé sur un bau. En tous cas, son point d'amarrage se trouve plus loin que le mâtereau du support de gouvernail (A0061, *tal.* 28-228).
24. **Drisses** de la vergue volante (deux). Elles sont amarrées à la vergue volante par les noeuds, ensuite elles passent par les ouvertures inférieures du cadre (de chaque côté du mât) et descendent vers le bloqueur sur le pont.
25. **Balancines « courantes » de la vergue volante** – deux (A0054) ou quatre (A0052, A0061). Ces balancines sont amarrées à la partie extérieure de la vergue volante, puis elles passent par les ouvertures du cadre au sommet du mât et descendent, comme les drisses, vers le bloqueur sur le pont.
26. **Balancines « dormantes » de la vergue volante.** On peut en supposer au moins quatre (elles ne sont pas visibles sur les assemblages comme elles devaient fusionner avec les balancines de la basse vergue). Ces balancines passent de la partie bâbord de la vergue par les orifices circulaires au-dessous du cadre (orifices supérieurs) et vers le même endroit, mais sur la partie tribord de la vergue.
27. **Balancines de la vergue basse.** Chaque balancine de la partie bâbord, amarrée en un point de la vergue, passe par l'un des orifices circulaires situés sur le mât, en dessous du cadre, puis revient sur bâbord mais avec un écart en direction du mât. Les balancines se succèdent ainsi des deux côtés de la vergue. Chaque paire de balancines ne passe que par un seul orifice.
28. **Bras de la basse vergue** (deux, faisant office des écoutes). Cordage très épais. Avec les bras de la vergue volante, ces bras sont rabantés sous la basse vergue pour ne pas encombrer le pont (A0052, A0061, A0062).
29. **Bras de la vergue volante** (deux ; A0052, A0061, A0062).
30. **Rabans** : les bouts courts pour fixer les bras au-dessous de la basse vergue (ils sont parfaitement visibles sur A0055).
31. **Voile** : elle est ferlée (transfilée vers la vergue volante). A0052.
32. **Mâtereau de support de gouvernail.**
33. **Mèche de gouvernail.**
34. **Cordage** de fixation du mâtereau et mèche de gouvernail (A0052, A0056, A0061).
35. **Encoche** dans la poupe pour le passage de la mèche de gouvernail.
36. **Gouvernail** (« safran » ; A0052, A0056 et A0060/A0061).
37. **Manœuvre** de levage de gouvernail de l'eau. A0052, A0056, A0061.
38. **Barre de gouvernail.**

1. Musée égyptien du Caire, CG 4944. Voir Reisner 1913, n° 34, p. 96 et Landström 1970, n° 31, p. 108, fig. 337.

Tableau de synthèse des différentes manœuvres illustrées dans les scènes

Les documents de notre corpus témoignent de diverses manœuvres exécutées par les bateaux figurés. Il est possible de les déterminer soit par la disposition des éléments du gréement, soit par les actions de l'équipage. Ces informations présentent un grand intérêt du fait du caractère très réaliste de l'art à cette époque, même si elles sont fragmentaires et si les manœuvres restent parfois hypothétiques. Le tableau suivant (fig. 148) contient une brève description des actions et des manœuvres, que le lecteur retrouvera de manière plus fournie dans le corps du texte.

Assemblage/ *talatat*	**Manœuvres**	**Membres de l'équipage attestés dans l'opération**	**Actions de l'équipage**
A0054	accostage (deux navires)	4	La descente des vergues volantes : le matelot au milieu du deuxième navire regarde la vergue volante et fait un geste destiné à ceux qui doivent choquer les drisses assurées à la poupe du bateau. Les matelots ont probablement déjà commencé à faire descendre la vergue du navire de droite, car son bras bâbord n'est pas tendu.
A0055	navigation à voile (deux navires), préparation à l'accostage (?), mesures contre l'abordage entre deux navires	6	Navire 1 : l'officier de navigation (*proreutes*) est à son poste à l'avant de bateau. Il contrôle le cap et la profondeur. Un autre matelot donne des ordres à ses co-équipiers (sur le toit de la cabine ?) qui s'occupent de gréement. Deux matelots sont dans le gréement et s'occupent soit de la descente de la vergue lors la préparation de l'accostage, soit de l'ajustage du gréement. Navire 2 : un marin assis à la proue est prêt à amortir la collision entre les deux bateaux avec son pied et sa main.
A0056	accostage	9	Le timonier est à son poste. Cinq matelots serrent la voile : deux marins sur le toit de la cabine choquent les drisses de la vergue volante et trois autres s'installent sur la vergue fixe pour ferler la toile. Trois marins sur le pont préparent les amarres en avant du bateau.
A0058	accostage ou départ	2	Le timonier est à son poste. La voile de ce bateau, au gréement sans vergue fixe, est carguée sous la vergue volante mais la toile n'est pas ferlée.
A0059	accostage	5	Un matelot plonge depuis le navire et amène une amarre à la berge (il est représenté à trois temps de l'action). Quatre lamaneurs tirent sur les amarres.

Fig. 148. Manœuvres des bateaux d'après les scènes du corpus.

Assemblage/ *talatat*	Manœuvres	Membres de l'équipage attestés dans l'opération	Actions de l'équipage
A0061*	entretien du gréement, rangement des manœuvres, repos (deux navires), rangement des manœuvres	11	Le timonier est au repos (navire 1). À l'intérieur de la cabine, trois femmes préparent la nourriture et deux hommes mangent (navire 1). Quatre matelots s'occupent du gréement (navire 2) : le marin à la proue manipule un maillet, trois de ses co-équipiers sur le toit de la cabine rangent les manœuvres. Le marin sur le toit de la cabine du bateau à droite est en train de ramasser les bras et les écoutes sous la vergue fixe.
A0110	montage ou démontage d'un mât, montage ou démontage des bateaux	2	On voit le mât en position inclinée et retenu par des manœuvres. Un marin porte un élément de construction d'un bateau.
A0111	accostage ou départ	3	L'officier de navigation (*proreutes*) contrôle l'avancement du bateau à la proue en communiquant avec ses co-équipiers. Le deuxième marin tient dans ses bras une sonde (à titre d'hypothèse), pendant que le troisième enroule une glène de cordage.
A0112	accostage	2	La scène décrit probablement l'opération de la descente de la vergue fixe. La voile est en place. Un matelot se trouve sur la vergue fixe (on voit sa jambe). Le deuxième marin, debout sur le pont, signale aux autres membres de l'équipage qu'il faut arrêter la descente, la hauteur étant convenable pour serrer la voile.
A0114	accostage	3	On distingue quatre bateaux qui naviguent toujours, mais dont les vergues volantes sont abaissées. Il s'agit probablement de l'accostage. Un matelot dans le gréement du navire à gauche se trouve situé très haut sur le mât. Il indique à ses co-équipiers un repère qui servira de cap au navire ou bien prévient-il d'un danger potentiel. Deux matelots s'avancent sur la vergue volante en s'accrochant pour s'assurer aux balancines.
tal. 3726	serrage des voiles ?	1	Les segments de cordage passent en diagonal à travers le bloc et on constate la présence des toiles sous les vergues. On distingue également un personnage en bas au centre. La scène représentait plusieurs navires rassemblés dans un espace limité et on peut voir cinq voiles dont l'avant-dernière présente un bord courbe alors que la dernière est complètement ferlée. Est-ce qu'il pourrait s'agir ici de la représentation du procédé de ferlage par une séquence d'étapes consécutives ?
tal. 28-496	entretien du gréement	1	Cette talatat est à mettre en parallèle avec celle de l'A0061, *tal.* 27-125. Un matelot paraît faire l'entretien du taquet pour l'amarrage de l'étai (?) en manipulant un maillet en bois.
tal. 29-015	accostage	4	Les préparations à l'accostage à l'avant du navire. Quatre matelots sont regroupés près de l'étai d'avant. Le premier tient sur son épaule un grand maillet pour enfoncer le pieu d'amarrage porté par le deuxième matelot. Deux autres matelots préparent probablement une amarre qui nous reste invisible.
tal. ARCE.210672	navigation à la rame	7	Le grand bateau royal est propulsé par des rameurs, dont le bloc nous en conserve sept.
tal. ARCE.170387	navigation à la voile	2	La voile est envoyée. Deux matelots se trouvent sur la vergue fixe. Ils s'accrochent aux balancines pour se tenir debout.

Fig. 148. Manœuvres des bateaux d'après les scènes du corpus (suite et fin).

Liste des figures

Index général

Assemblages

Index des études

Index des citations

Talatat

IXe pylône de Karnak (no CFEETK)

Cheikh Labib

IIe pylône et temple d'Amon (n° ARCE)

Musées

Hermopolis (n° Roeder 1969)

Index des noms géographiques et des noms de peuples

Bibliographie

Amiran 1969
R. Amiran, *Ancient Pottery of the Holy Land: From its Beginnings in the Neolithic Period to the End of the Iron Age*, Jérusalem, 1969.

Andreu-Lanoë *et al.* 2013
G. Andreu-Lanoë, S. Labbé-Toutée, P. Rigault, *L'art du contour. Le dessin dans l'Égypte ancienne*, catalogue d'exposition, musée du Louvre, Paris, 19 avril-22 juillet 2013 ; Musées royaux d'art et d'histoire, Bruxelles, 13 septembre 2013-19 janvier 2014, Paris, 2013.

Aston-Greene 2005
B. Aston-Greene, « The Pottery », dans M.J. Raven (éd.), *The Tomb of Pay and Raia at Saqqara*, EES-ExcMem 74, Leyde, Londres, 2005, p. 94-128.

Aston 1998
D.A. Aston, *Die Keramik des Grabungsplatzes Q1, Teil I: Corpus of Fabrics, Wares and Shapes*, FoRa 1, Mayence, 1998.

Aston 2004
D.A. Aston, « Amphorae in New Kingdom Egypt », *ÄgLev* 14, 2004, p. 175-213.

Aston 2011
D.A. Aston, « Blue-Painted Pottery of the Late Eighteenth Dynasty from the Tomb of Maya and Merit at Saqqara », *CCE* 9, 2011, p. 1-36.

Azim 1982
M. Azim, « Les travaux au IXe pylône de Karnak en 1978-1980 », *CahKarn* 7, 1982, p. 19-65.

Badawy 1948
A. Badawy, *Le dessin architectural chez les anciens Égyptiens. Étude comparative des représentations égyptiennes de constructions*, Le Caire, 1948.

Ballard *et al.* 2001
R.D. Ballard, F.T. Hiebert, D.F. Coleman, C. Ward, J.S. Smith, K. Willis, B. Foley, K. Croff, C. Major, F. Torre, « Deepwater Archaeology of the Black Sea: The 2000 Season at Sinop, Turkey », *AJA* 105/4, 2001, p. 607-623.

Bard, Fattovich 2018
K.A. Bard, R. Fattovich, *Seafaring Expeditions to Punt in the Middle Kingdom: Excavations at Mersa/ Wadi Gawasis, Egypt*, CHANE 96, Leyde, Boston, 2018.

Basch 1987
L. Basch, *Le musée imaginaire de la marine antique*, Athènes, 1987.

Batcharov 2021
K.N. Batcharov, « A Byzantine Period Merchant Ship from the Black Sea », dans G. Boetto, P. Pomey, P. Poveda (éd.), *Open Sea/Closed Sea: Local and Inter-regional Traditions in Shipbuilding. Proceedings of the Fifteenth International Symposium on Boat and Ship Archaeology (ISBSA-15), Marseille, 2018*, Archaeonautica 21, Paris, 2021, p. 175-181.

Baud 1978
M. Baud, *Le caractère du dessin en Égypte ancienne*, Paris, 1978.

Bell 1934
C.D.J. Bell, « The obelisk Barge of Hatshepsut », *AncEg*, 1934, p. 107.

BELOV 2014
A. Belov, « New Evidence for the Steering System of the Egyptian *Baris* (Herodotus 2.96) », *IJNA* 43/1, 2014, p. 3-9.

BELOV 2019a
A. Belov, « Loose-Footed Sails of the Egyptian New Kingdom Ships », *IJNA* 48/1, 2019, p. 77-84.

BELOV 2019b
A. Belov, *Ship 17: A Baris from Thonis-Heracleion*, Oxford Centre for Maritime Archaeology Monograph. Ships and Boats of the Canopic Region in Egypt 10, Oxford, 2019.

BELOV 2020a
A. Belov, « Evolution of Rigging of Ancient Egyptian Ships from the Beginning of the Middle Kingdom (c. 2055 BC) to the End of the Second Intermediate Period (1550 BC) , *ENC* 3, 2020, p. 1-27 [en russe].

BELOV 2020b
A. Belov, « Evolution of Rigging of Ancient Egyptian Ships from the Beginning of the Old Kingdom (2686 BC) to the End of the First Intermediate Period (2055 BC) », *ENC* 1, 2020, p. 1-22 [en russe].

BELOV 2022
A. Belov, « An Ancient Egyptian Rudder from Thonis-Heracleion », *IJNA* 51/2, 2022, p. 325-337.

BILLET 1988
S. Billet, *Un système expert en archéologie. Extension des assemblages*, Clamart, 1988.

VON BISSING 1901
F.W. von Bissing, *Metallgefässe*, CGC n°s 3426-3587, Vienne, 1901.

VON BISSING 1902
F.W. von Bissing, *Fayencefefässe*, CGC, n°s 3618-4000. 18001-18037, 18600, 18603, Vienne, 1902.

BLACK, SAMUEL 1991
E. Black, D. Samuel, « What Were Sails Made Of? », *Mariner's Mirror* 77, 1991, p. 217-226.

BORAIK 2010
M. Boraik, « Excavations of the Quay and the Embankment in front of Karnak Temples. Preliminary Report », *CahKarn* 13, 2010, p. 65-78.

BOREUX 1925
C. Boreux, *Études de nautique égyptienne. L'art de la navigation en Égypte jusqu'à la fin de l'Ancien Empire*, MIFAO 50, Le Caire, 1925.

BORMAN *et al.* 2013
M. Borman, S. Bruer, M. Haase, F. Hildebrandt, E. Mählitz-Galler, A. Rügler, V. Stürmer, *Vom Nil aus um die alte Welt: Rekonstruktionen ägyptischer, minoischer und griechischer Schiffe*, Berlin, 2013.

BOROJEVIC, MOUNTAIN 2011a
K. Borojevic, R. Mountain, « Paleoethnobotany », dans K.A. Bard, R. Fattovich, C. Ward (éd.), *Mersa/Wadi Gawasis 2010-2011, Newsletter di Archeologia CISA* 2, 2011, p. 23-30.

BOROJEVIC, MOUNTAIN 2011b
K. Borojevic, R. Mountain, « The Ropes of Pharaohs: The Source of Cordage from "Rope Cave" at Mersa/Wadi Gawasis Revisited », *JARCE* 47, 2011, p. 131-141.

BOURRIAU 1981
J.B. Bourriau, *Umm el Gaab: Pottery from the Nile Valley before the Arab Conquest*, Cambridge, 1981.

BOURRIAU 2004
J.B. Bourriau, « The Beginnings of Amphora Production in Egypt », dans J.B. Bourriau, J. Phillips (éd.), *Invention and Innovation: The Social Context of Technological Change, vol. II. Egypt, the Aegean and the Near East, 1650-1150 BC*, Oxford, 2004, p. 78-95.

BOURRIAU 2010
J.B. Bourriau, *The Survey of Memphis IV: Kom Rabia. The New Kingdom Pottery*, EES-ExcMem 93, Londres, 2010.

BRADBURY 1996
L. Bradbury, « *Kpn*-boats, Punt Trade, and a Lost Emporium », *JARCE* 33, 1996, p. 37-60.

BRUNNER-TRAUT 1974
E. Brunner-Traut, « Epilogue: aspective », dans E. Brunner-Traut, H. Schäfer, E.H. Gombrich (éd.), *Principles of Egyptian art*, Oxford, 1974, p. 421-448.

BURSTEIN 2008
S.M. Burstein, « Elephants for Ptolemy II: Ptolemaic Policy in Nubia in the Third Century BC », dans P. McKechnie, P. Guillaume (éd.), *Ptolemy II Philadelphus and his World*, Mnemosyne Supplements. History and Archaeology of Classical Antiquity 300, Leyde, Boston, 2008, p. 135-147.

CAMARA 2023
L. Camara, « Les mâts des navires de l'Égypte pharaonique », *ENiM* 16, 2023, p. 75-104.

Casson 1971
L. Casson, *Ships and Seamanship in Ancient World*, Princeton, 1971.

Cerny 1965
J. Cerny, *Hieratic Inscriptions from the Tomb of Tut'ankhamun*, TTSO 2, Oxford, 1965.

Chappaz 1983
J.-L. Chappaz, « Le premier édifice d'Aménophis IV à Karnak », *BSEG* 8, 1983, p. 13-45.

Chappaz 1987
J.-L. Chappaz, « Un nouvel assemblage de talatat : une paroi du Roudj-menou d'Aton », *CahKarn* 8, 1987, p. 81-119.

Cohen, Cvikel 2020
M. Cohen, D. Cvikel, « Rigging of the Ma'agan Mikhael B Shipwreck (7th–8th Centuries AD): New Finds », *IJNA* 49/2, 2020, p. 291-302.

Cooney 1965
J.D. Cooney, *Amarna Reliefs from Hermopolis in American Collections*, Mayence, 1965.

Cottevieille-Giraudet 1936
R. Cottevieille-Giraudet, *Rapport sur les fouilles de Médamoud (1932). Les reliefs d'Aménophis IV Akhenaton*, FIFAO 13, Le Caire, 1936.

Creasman 2005
P.P. Creasman, *The Cairo Dahshur Boats*, mémoire de master, Texas A&M University, College Station, 2005, https://oaktrust.library.tamu.edu/handle/1969.1/4852.

Creasman 2013
P.P. Creasman, « Ship Timber and the Reuse of Wood in Ancient Egypt », *JEH* 6/2, 2013, p. 152-176.

Darnell 2013
J.C. Darnell, *Theban Desert Road Survey II: The Rock Shrine of Pahu, Gebel Akhenaton, and Other Rock Inscriptions from the Western Hinterland of Qamula*, New Haven, 2013.

Davies 1900
N. de G. Davies, *The Mastaba of Ptahhetep and Akhethetep at Saqqare*h, *Part I: The Chapel of Ptahhetep and the Hieroglyphs*, ASEg 8, Londres, 1900.

Davies 1902
N. de G. Davies, *The Rock Tombs of Deir el-Gebrâwi, Part 1: Tomb of Aba and Smaller Tombs of the Southern Group*, ASEg 11, Londres, Boston, 1902.

Davies 1903
N. de G. Davies, *The Rock Tombs of El Amarna, Part I: The Tomb of Meryra*, ASEg 13, Londres, Boston, 1903.

Davies 1908
N. de G. Davies, *The Rock Tombs of El Amarna, Part V: Smaller Tombs and Boundary Stelae*, ASEg 17, Londres, Boston, 1908.

Davies 1927
N. de G. Davies, *Two Ramesside Tombs at Thebes*, PMMA 5, New York, 1927.

Davies 1933
N. de G. Davies, *The Tomb of Neferhotep at Thebes*, PMMA 9, New York, 1933.

Davies 1935
N. de G. Davies, *The Tomb of Rekh-Mi-Re at Thebes*, PMMA 10, New York, 1935.

Davies, Faulkner 1947
N. de G. Davies, R.O. Faulkner, « A Syrian Trading Venture to Egypt », *JEA* 33, 1947, p. 40-46.

Dorman 1993
P. Dorman, *The Festival Procession of Opet in the Colonnade Hall: Reliefs and Inscriptions at Luxor Temple. With Translations of Texts, Commentary, and Glossary*, Chicago, 1993.

Doyle 1998
N. Doyle, *Iconography and Interpretation of Ancient Egyptian Watercraft*, mémoire de master, Texas A&M University, College Station, 1998, https://nautarch.tamu.edu/Theses/pdf-files/Doyle-MA1998.pdf.

Dunsmoore 2014
A. Dunsmoore, « Pottery », dans M.J. Raven, R. van Walsem (éd.), *The Tomb of Meryneith at Saqqara*, Turnhout, 2014, p. 257-293.

Edgerton 1930a
W. Edgerton, « Dimensions of Ancient Egyptian Ships », *AsianJournShipLog* 46, 1930, p. 145-149.

Edgerton 1930b
W. Edgerton, *Historical Records of Ramses III: The Texts in Medinet Habu*, SAOC 12, Chicago, 1930.

Emanuel 2014
J.P. Emanuel, « The Sea Peoples, Egypt, and the Aegean: Transference of Maritime Technology in the Late Bronze–Earl Iron Transition (LH IIIB–C) », *Aegean Studies* 1, 2014, p. 21-56.

The Epigraphic Survey 1979
The Temple of Khonsu, vol. I: Plates 1-110. Scenes of King Herihor in the Court, Chicago, 1979.

Ézéchiel
La Sainte Bible. Ézéchiel, P. Auvray (trad.), Paris, 1949.

Fabre 2005
D. Fabre, *Seafaring in Ancient Egypt*, Londres, 2005.

Fabre, Belov 2012
D. Fabre, A. Belov, « The Shipwrecks of Heracleion-Thonis: An Overview », dans G.A. Belova (éd.), *Achievements and Problems of Modern Egyptology: Proceedings of the International Conference, Moscow, September 29-October 4, 2009,* Moscou, 2012, p. 107-118.

Faltings 1998
D. Faltings, *Die Keramik der Lebensmittelproduktion im Alten Reich: Ikonographie und Archäologie eines Gebrauchsartikels*, SAGA 14, Heidelberg, 1998.

Faulkner 1894
R.O. Faulkner, *A Concise Dictionary of Middle Egyptian*, Oxford, 1894.

Faulkner 1941
R.O. Faulkner, « Egyptian Seagoing Ships », *JEA* 26, 1941, p. 3-9.

Gale 2003
R. Gale, « Wood », dans P.T. Nicholson (éd.), *Ancient Egyptian Materials and Technology,* Cambridge, New York, 2003, p. 334-352.

Gardiner 1915
A.H. Gardiner, *The Tomb of Amenemhet (No. 82)*, TTS 1, Londres, 1915.

Gardiner 1926
A.H. Gardiner, *The Tomb of Huy, Viceroy of Nubia in the Reign of Tutankhamun (No. 40)*, TTS 4, Londres, 1926.

Gardiner 1950 (éd. 1979)
A.H. Gardiner, *Egyptian Grammar* (1950), Londres, 1979 (3e éd.).

Georgiou 1996
H.S. Georgiou, « The Rigging of Bronze Age Ships », dans H. Tzalas (éd.), *Tropis IV: Proceedings of the 4th International Symposium on Ship Construction in Antiquity, Center for the Acropolis Studies, Athens, 28-31 August 1991*, Athènes, 1996, p. 213-229.

Georgiou 2012
H.S. Georgiou, « Bronze Age Sailing and Homeric Evidence », dans G.S. Korres, N. Karadimas, G. Flouda (éd.), *Archaeology and Heinrich Schliemann: A Century after his Death. Assessments and Prospects,* Athènes, 2012, p. 523-529.

Gillmer 1999
T.C. Gillmer, « The Rudder: The Use and Development of Steering Devices in Ancient Boats », dans H. Tzalas (éd.), *Tropis V: Proceedings of the 5th International Symposium on Ship Construction in Antiquity, Nauplia, 26-28 August 1993*, Athènes, 1999, p. 185-191.

Glanville 1930
S.R.K. Glanville, « Records of a Royal Dockyard of the time of Tuthmosis III: Papyrus British Museum 10056. Part I », *ZÄS* 66, 1930, p. 105-121.

Glanville 1932
S.R.K. Glanville, « Records of a Royal Dockyard of the time of Tuthmosis III: Papyrus British Museum 10056. Part II », *ZÄS* 68, 1932, p. 7-41.

Goddio, Belov 2024
F. Goddio, A. Belov, «Ship 5 from Thonis-Heracleion, Egypt», dans I. Radić Rossi, K. Batur, T. Fabijanić, D. Romanović (éd.), *Sailing through History: Reading the Past – Imagining the Future. Proceedings of the 16th International Symposium on Boat & Ship Archaeology ISBSA 16, Zadar, 26 September – 1 October 2021*, Zadar, 2024, p. 217-223.

Golvin 2005
J.-C. Golvin, *Cours de Tunis. La restitution de l'image et l'image de la restitution*, Tunis, 2005.

Goyon 1971
G. Goyon, « Les navires de transport de la chaussée monumentale d'Ounas », *BIFAO* 69, 1971, p. 11-41, pl. i-vii.

Grandet 1994
P. Grandet, *Le papyrus Harris I (BM 9999)*, BiEtud 109, Le Caire, 1994.

Grandet 1998
P. Grandet, *Contes de l'Égypte ancienne*, Paris, 1998.

Guksch 1995
H. Guksch, *Die Gräber des Nacht-Min und des Men-cheper-Ra-seneb Theben Nr. 87 und 79*, ArchVer 34, Mayence, 1995.

Habachi 1972
L. Habachi, *The Second Stela of Kamose and His Struggle Against the Hyksos Ruler and His Capital*, ADAIK 8, Glückstadt, 1972.

Haggag 2010
M. Haggag, « The City of Marea/Philoxenite: Reflections on the Alexandria University Excavations, 1977-1981 », dans L. Blue, E. Khalil (éd.), *Lake Mareotis: Reconstructing the Past. Proceedings of the International Conference in Archaeology on the Mareotic Region Held at Alexandria University, Egypt, 5th-6th April 2008*, Oxford, 2010, p. 47-56.

Hagseth 2015
M.C. Hagseth, *Nilotic Livestock Transport in Ancient Egypt*, mémoire de master, Texas A&M University, College Station, 2015.

Haldane 1992
C.W. Haldane, « The Lisht Timbers: A Report on their Significance », dans D. Arnold (éd.), *The Pyramid Complex of Senwosret I,* New York, 1992, p. 102-112.

Haldane 1996
C.W. Haldane, « Ancient Egyptian Hull Construction », dans H. Tzalas (éd.), *Tropis IV: Proceedings of the 4th International Symposium on Ship Construction in Antiquity, Center for the Acropolis Studies, Athens, 28-31 August 1991*, Athènes, 1996, p. 235-244.

Handley 2003
F.J.L. Handley, « The Textiles », dans D.P. Peacock, L. Blue, S. Moser (éd.), *Myos Hormos, Quseir al-Qadim: A Roman and Islamic Port on the Red Sea coast of Egypt. Interim Report 2003,* Southampton, 2003, p. 57-60.

Hein 2012
I. Hein, « La céramique importée palestinienne du 2e millénaire av. J.-C. provenant de la fouille du trésor de Thoutmosis Ier », dans H. Jacquet-Gordon (éd.), *Karnak-Nord X: le trésor de Thoutmosis I. La céramique*, FIFAO 65, Le Caire, 2012, p. 147-180.

Hérodote, *Histoires* II
Hérodote, *Histoires*, livre II, P.-E. Legrand (éd.), Paris, 1967.

Holthoer 1993
R. Holthoer, « The Pottery », dans A.R.H. El-Khouli, R. Holthoer, C.A. Hope, O.E. Kaper (éd.), *Stone Vessels, Pottery and Sealings from the Tomb of Tut'ankhamun*, Oxford, 1993, p. 37-86.

Hope 1991
C. Hope, « Blue-Painted and Polychrome Decorated Pottery from Amarna: A Preliminary Corpus », *CCE* 2, 1991, p. 17-92.

Hope 1993
C. Hope, « The Jar Sealings », dans A.R.H. El-Khouli, R. Holthoer, C.A. Hope, O.E. Kaper (éd.), *Stone Vessels, Pottery and Sealings from the Tomb of Tut'ankhamun*, Oxford, 1993, p. 87-138.

Howe 2024.
N.F. Howe, «Sailmaking and Reducing Sail in Middle Kingdom Egypt: The Historic Sail Research Project's Analysis of Funerary Boat Model sSails», *International Journal of Nautical Archaeology* 53/2, 2024, p. 456-477.

Jacquet-Gordon 2012
H. Jacquet-Gordon, *Karnak-Nord X: le trésor de Thoutmosis I. La céramique*, FIFAO 65, Le Caire, 2012.

Jansen-Winkeln 2007
K. Jansen-Winkeln, *Inschriften der Spätzeit: Die 22.-24. dynastie*, Wiesbaden, 2007.

Janssen 1961
J. Janssen, *Two Ancient Egyptian Ship's Logs: Papyrus Leiden I 350 verso and Papyrus Turin 2008+2016*, OMRO-Suppl. 42, Leyde, 1961.

Jones 1988
D. Jones, *A Glossary of Ancient Egyptian Nautical Titles and Terms*, Londres, New York, 1988.

Jones 1990
D. Jones, *Model Boats from the Tomb of Tutankhamun*, TTS 9, Oxford, 1990.

Jones 1995
D. Jones, *Boats*, Egyptian Bookshelf, Londres, 1995.

Kaehler 1973
H. Kaehler, *Die Villa des Maxentius bei Piazza Armerina*, Monumenta Artis Romanae 12, Berlin, 1973.

Kashiwagi, Yamada 2017
H. Kashiwagi, A. Yamada, « Preliminary Report on the Wooden Pieces of the Khufu Second Boat, Part 1: Deckhouse », *The Journal of SHOUHEI Egyptian Archaeological Association* 4, 2017, p. 16-72.

KATZEV, KATZEV 1985
M.L. Katzev, S.-W. Katzev, « Kyrenia II: Building a Replica of an Ancient Greek Merchantman », dans H. Tzalas (éd.), *Tropis I: Proceedings of the 1st International Symposium on Ship Construction in Antiquity, Piraeus, 30 August – 1st September 1985*, Le Pirée, 1985, p. 163-177.

KILLEN 1980
G. Killen, *Ancient Egyptian furniture, Volume 1: 4000-1300 BC*, Warminster, 1980.

LABOURY 2010
D. Laboury, *Akhénaton*, Les Grands pharaons, Paris, 2010.

LAFFINEUR 1977
R. Laffineur, *Les vases en métal précieux à l'époque mycénienne*, Göteborg, 1977.

LANDSTRÖM 1970
B. Landström, *Ships of Pharaohs: 4000 Years of Egyptian Shipbuilding*, Garden City, New York, 1970.

LAUFFRAY 1980a
J. Lauffray, « Les travaux du Centre Franco-Égyptien d'Étude des Temples de Karnak, de 1972 à 1977 », *CahKarn* 6, 1980, p. 1-65.

LAUFFRAY 1980b
J. Lauffray, « Les "talatat" du IXe pylône et le Teny-Menou (assemblage et première reconstruction d'une paroi du temple d'Aton dans le musée de Louqsor) », *CahKarn* 6, 1980, p. 67-89.

LE SAOUT, TRAUNECKER 1982
F. Le Saout, C. Traunecker, « Les travaux au IXe pylône de Karnak : annexe épigraphique », *CahKarn* 7, 1982, p. 67-74.

LEWIS 1960
N. Lewis, « On Timber and Nile Shipping», *Transactions of the American Philological Association* 91, 1960, p. 137-141.

LILYQUIST 1995
C. Lilyquist, *Egyptian Stone Vessels: Khian through Tuthmosis IV*, New York, 1995.

LILYQUIST 1997
C. Lilyquist, « A Foreign Vase Representation from a New Theban Tomb (The Chapel for MMA 5A P2) », dans J. Phillips (éd.), *Ancient Egypt, The Aegean and the Near East: Studies in Honour of Martha Rhoads Bell,* San Antonio, 1997, p. 307-343.

LOYRETTE, FEKRI 1991
A.-M. Loyrette, M. Fekri, « Un ensemble céramique du Nouvel Empire – Vallée des Reines : Tombe 18 », *CCE* 2, 1991, p. 11-16.

LUCAS, HARRIS 1962
A. Lucas, J.R. Harris, *Ancient Egyptian Materials and Industries*, Londres, 1962.

Manuel du gabier 1875
Manuel du gabier, Paris, 1875.

MARK 2012
S. Mark, « A Different Configuration for the Quarter-Rudders on the Khufu I Vessel (c. 2566 BC), and Egyptian Methods of Mounting Quarter-Rudders and Oars in the 4th and 5th dynasties », *IJNA* 41/1, 2012, p. 84-93.

MARK 2013
S. Mark, « Graphical Reconstruction and Comparison of Royal Boat Iconography from the Causeway of the Egyptian King Sahure (c. 2487–2475 BC) », *IJNA* 42/2, 2013, p. 270-285.

MARK 2017
S. Mark, « The Ship Depiction in the Tomb of Nebamun: The Earliest Egyptian Ship Without a Hogging Truss », *JAEI* 16, 2017, p. 68-86.

MARTIN 1974
G.T. Martin, *The Rock Tombs of El-ʿAmarna, Part 7: The Royal Tomb at El-ʿAmarna, 1. The Objects*, London, 1974.

MARX 1946
E. Marx, « The First Recorded Sea Battle », *Mariner's Mirror* 32, 1946, p. 242-251.

MARX 1947
E. Marx, « Egyptian Shipping of the Eighteenth and Nineteenth dynasties», *Mariner's Mirror* 33, 1947, p. 21-34.

MCGRAIL 2001
S. McGrail, *Boats of the World: From the Stone Age to Medieval Times*, Oxford, 2001.

MEEKS 1994
D. Meeks, « Compte rendu de D. Jones, *A Glossary of Ancient Egyptian Nautical Titles and Terms (Londres, 1988)* », *CdE* 59/138, 1994, p. 254-260.

MERRRIMAN 2011
A. Merriman, *Egyptian Watercraft Models from the Predynastic to Third Intermediate Periods*, Oxford, 2011.

MORAN 1987
W.L. Moran, avec la collaboration de V. Haas et G. Wihelm (traduction française de D. Collon et H. Cazelles), *Les lettres d'el-Amarna. Correspondance diplomatique du pharaon*, Littératures anciennes du Proche-Orient, Paris, 1987.

MURNANE 1995
W.J. Murnane, *Texts from the Amarna Period*, Atlanta, 1995.

NAGEL 1938
G. Nagel, *La céramique du Nouvel Empire à Deir el-Médineh. Tome I*, DFIFAO 10, Le Caire, 1938.

NEWBERRY 1893
P.E. Newberry, *Beni Hasan: Part I*, ASEg 1, Londres, 1893.

OWEN, KEMP 2008
G. Owen, B. Kemp, « Craftsmen's Work Patterns in Unfinished Tombs at Amarna », *Cambridge Archaeological Journal* 4/1, 2008, p. 121-129.

PAULET, PRESLES 2005
D. Paulet, D. Presles, *Architecture navale. Connaissance et pratique*, Paris, 2005.

PERDU 2011
O. Perdu, « Les "blocs de Piânkhi" après un siècle de discussions », dans D. Devauchelle (éd.), *La XXVIe dynastie : continuités et ruptures. Actes du colloque international organisé les 26 et 27 novembre 2004 à l'Université Charles-de-Gaulle – Lille 3*, Lille, 2011, p. 225-240.

PETRIE 1937
W.M.F. Petrie, *The Funeral Furniture of Egypt: Stone and Metal Vases*, BSAE, ERA 59, Londres, 1937.

PINO 2005
C. Pino, « The Market Scene in the Tomb of Khaemhat (TT 57) », *JEA* 91, 2005, p. 95-105.

Pline l'Ancien, *Histoire naturelle* XIII
Pline l'Ancien, *Histoire naturelle*, livre XIII, É. Littré (trad.), Paris, 1877.

POLZER 2008
M.E. Polzer, « Toggles and Sails in the Ancient World: Rigging Elements Recovered from the Tantura B Shipwreck, Israel », *IJNA* 37/2, 2008, p. 225-253.

POMEY 2006
P. Pomey, « Le rôle du dessin dans la conception des navires antiques : à propos de deux textes akkadiens », dans B. Mathieu, D. Meeks, M. Wissa (éd.), *L'apport de l'Égypte à l'histoire des techniques. Méthodes, chronologie et comparaisons*, BiEtud 142, Le Caire, 2006, p. 239-251.

POMEY 2015a
P. Pomey, « La batellerie nilotique gréco-romaine d'après la mosaïque de Palestrina », dans P. Pomey (éd.), *La batellerie égyptienne. Archéologie, histoire, ethnographie*, EtudAlex 34, Paris, 2015, p. 151-173.

POMEY 2015b
P. Pomey, « Navires et construction navale en Égypte ancienne », dans B. Argémi, P. Tallet (éd.), *Entre Nil et mers. La navigation en Égypte ancienne*, *NeHeT* 3, 2015, p. 1-29.

POMEY, POVEDA 2018
P. Pomey, P. Poveda, « Gyptis: Sailing Replica of a 6th–century–BC Archaic Greek Sewn Boat », *IJNA* 47/1, 2018, p. 45-56.

REDFORD 1984
D.B. Redford, *Akhenaten, the Heretic King*, Princeton, 1984.

REDFORD, SMITH 1976
D.B. Redford, R.W. Smith, *The Akhenaten Temple Project, vol. 1: Aegypti Texta Propositaque*, Warminster, 1976.

REISNER 1913
G.A. Reisner, *Models of Ships and Boats*, CGC n°s 4798-4976 et 5034-5200, Le Caire, 1913.

RICCARDI 2002
E. Riccardi, « A Ship's Mast Discovered during Excavation of the Roman Port at Olbia, Sardinia », *IJNA* 31/2, 2002, p. 268-269.

RIETH 2008
E. Rieth, « Géométrie des formes de carène et construction "sur membrure première" (V^{e}-XIIe siècles) : une autre approche de l'histoire de l'architecture navale méditerranéenne au Moyen Age ? », *Archaeologia maritima mediterranea* 5, 2008, p. 45-68.

ROBERTS 1991
O.T.P. Roberts, « The Development of the Brail into a Viable Sail Control for Aegean Boats of the Bronze Age », dans R. Laffineur, L. Basch (éd.), *Thalassa : l'Égée préhistorique et la mer. Actes de la troisième rencontre égéenne internationale de l'université de Liège, Station de recherches sous-marines et océanographiques (StaReSO), Calvi, 23-25 avril 1990*, Aegaeum 7, Liège, 1991, p. 55-66.

ROEDER 1969
G. Roeder, *Amarna-reliefs aus Hermopolis: Ausgrabungen der Deutschen Hermopolis-Expedition in Hermopolis 1929-1939*, Hildesheim, 1969.

ROEHRIG 2002
C. Roehrig, « Life Along the Nile: Three Egyptians of Ancient Thebes », *BMMA* 60/1, 2002, p. 1-56.

ROGERS 1996
E.M. Rogers, *An Analysis of Tomb Reliefs Depicting Boat Construction from the Old Kingdom Period in Egypt*, thèse de master, Texas A&M University, College Station, 1996, https://nautarch.tamu.edu/Theses/pdf-files/Rogers-MA1996.pdf.

ROSE 2007
P. Rose, *The Eighteen Dynasty Pottery Corpus from Amarna*, EES-ExcMem 83, Londres, 2007.

ROUGÉ 1987
J. Rougé, « La momie contenait-elle les fragments d'une voile ? », *AMHNL* 25, 1987, p. 91-96.

SAʿAD, SAUNERON 1969
R. Saʿad, S. Sauneron, « Le démontage et l'étude du IXe pylône à Karnak », *CahKarn* 2, 1969, p. 137-178.

SANTAMARIA 1984
C. Santamaria, « Le pied de mât de l'épave "E" du Cap Dramont (Saint-Rafaël, Var) », *Archaeonautica* 4, 1984, p. 107-114.

SCHÄFER 1974 (éd. 1986)
H. Schäfer (éd.), *Principles of Egyptian Art* (1974), Oxford, 1986.

SCHIESTL, SEILER 2012
R. Schiestl, A. Seiler, *Handbook of Pottery of the Egyptian Middle Kingdom, Volume I: The Corpus Volume*, Österreichische Akademie der Wissenschaften 72, Vienne, 2012.

SCHOEFER 1987
M. Schoefer, « Les étoffes de rembourrage: du chiffon au vêtement et à la voile de bateau », *AMHNL* 25, 1987, p. 77-81.

SERVAJEAN 2016
F. Servajean, « Les dimensions des navires d'Hatchepsout et autres remarques sur la navigation en mer Rouge », *CENiM* 9, 2016, p. 179-226.

SERVAJEAN 2021a
F. Servajean, « À propos de quelques termes nautiques égyptiens de l'Ancien Empire », *CENiM* 14, 2021, p. 189-227.

SERVAJEAN 2021b
F. Servajean, « Les voiliers de Mérérouka », *ENiM* 14, 2021, p. 229-248.

SERVAJEAN 2022a
F. Servajean, *Manœuvres nilotiques. À propos de quelques scènes de navigation à l'Ancien Empire*, Montpellier, 2022.

SERVAJEAN 2022b
F. Servajean, «À propos de deux mots du lexique des bateliers égyptiens : le verbe *šbw* ou *šbwj*, "ferler" (une voile), et l'hypothétique substantif *ḥtp*, "voile"», *ENiM* 15, 2022, p. 335-353.

SETTIS 1975
S. Settis, « Per l'interpretazione di piazza armerina », *MEFRA* 87/2, 1975, p. 873-994.

SLEESWYK 1987
A.W. Sleeswyk, « The Obelisk Lighter of Queen Hatshepsut », dans H. Tzalas (éd.), *Tropis II: Proccedings of the Snd International Symposium on Ship Construction in Antiquity in Antiquity Delphi, Greece*, Athènes, 1987, p. 305-314.

SMITH H., SMITH A. 1976
H. Smith, A. Smith, « A Reconsideration of the Kamose Texts », *ZÄS* 103, p. 48-76.

SMITH, REDFORD 1976
R.W. Smith, D.B. Redford, *The Akhenaten Temple Project*, Warminster, 1976.

SÖLVER 1943
C.V. Sölver, *Obelisk-skibe*, Copenhague, 1943.

SOMAGLINO 2015
C. Somaglino, « La navigation sur le Nil : quelques réflexions autour de l'ouvrage de J.P. Cooper, *The Medieval Nile. Route, Navigation, and Landscape in Islamic Egypt*, Le Caire, New York, 2014 », dans B. Argémi, P. Tallet (éd.), *Entre Nil et mers. La navigation en Égypte ancienne, NeHeT* 3, 2015, p. 123-161.

STEPHENS 2012
M.A. Stephens, *A Categorisation and Examination of Egyptian Ships and Boats from the Rise of the Old and to the End of the Middle Kingdoms*, BAR-IS 2358, Oxford, 2012.

Stephens 2022
M.A. Stephens, *A Categorisation of the Ships and Boats of the Egyptian New Kingdom*, Oxford, 2022.

Stock *et al.* 2011
J.T. Stock, M.C. O'Neill, C.B. Ruff, M. Zabecki, L. Shackelford, J.C. Rose, « Body Size, Skeletal Biomechanics, Mobility and Habitual Activity from the Late Paleolithic to the mid-Dynastic Nile Valley », dans M.C. O'Neill (éd.), *Human Bioarchaeology of the Transition to Agriculture*, Chichester, 2011, p. 347-367.

Tallet, Marouard 2016
P. Tallet, G. Marouard, « The Harbor Facilities of King Khufu on the Red Sea Shore: The Wadi al-Jarf/Tell Ras Budran System », *JARCE* 52, 2016, p. 135-177.

Tefnin 1979
R. Tefnin, « Image et Histoire : réflexion sur l'usage documentaire de l'image égyptienne », *CdE* 108, 1979, p. 230.

Théophraste, *Recherches sur les plantes* IV
Théophraste, *Recherches sur les plantes*, livre IV, S. Amigues (trad.), Paris, 1989.

Toth 2013
G. Toth, *Middle Egyptian Grammar through Literature*, Camden, 2013.

Traunecker 1983
C. Traunecker, « Un exemple de rite de substitution : une stèle de Nectanébo Ier », *CahKarn* 7, 1983, p. 339-354.

Traunecker 1984
C. Traunecker, « Données nouvelles sur les débuts du règne d'Aménophis IV et son œuvre à Karnak », *JSSEA* 14, 1984, p. 60-69.

Traunecker 1986
C. Traunecker, « Amenophis IV et Nefertiti : le couple royal d'après las talatates du IXe pylône de Karnak », *BSFE* 107, 1986, p. 1744.

Traunecker 1987
C. Traunecker, « Observations faites au IXe pylône : dégradations internes et humidité », *CahKarn* 8, 1987, p. 355-367.

Traunecker 1988
C. Traunecker, « Les maisons du domaine d'Aton à Karnak », *CRIPEL* 10, 1988, p. 7393.

Traunecker 2018
C. Traunecker, « Le dromos perdu d'Amenhotep IV et Néfertiti à Karnak : espaces cultuels et économiques au service de l'atonisme », *CENiM* 20, 2018, p. 175-192.

Vandier 1969
J. Vandier, *Manuel d'archéologie égyptienne V : bas-reliefs et peintures. Scènes de la vie quotidienne*, Paris, 1969.

Vergnieux 1996
R. Vergnieux, « Les premières années du règne d'Aménophis IV (ou le proto-armanien) », *CRAIBL*, 1996, p. 813-820.

Vergnieux 1999a
R. Vergnieux, *Recherches sur les monuments thébains d'Amenhotep IV à l'aide d'outils informatiques : méthodes et résultats, Fasc. 1. Texte*, CSEG 4, Genève, 1999.

Vergnieux 1999b
R. Vergnieux, *Recherches sur les monuments thébains d'Amenhotep IV à l'aide d'outils informatiques : méthodes et résultats, Fasc. 2. Planches*, CSEG 4, Genève, 1999.

Vergnieux 2001
R. Vergnieux, « Espace architectural égyptien, maquettes, modèles électroniques et réalité virtuelle » , dans B. Muller (éd.), *Maquettes architecturales de l'Antiquité : regards croisés (Proche-Orient, Égypte, Chypre, bassin égéen et Grèce, du Néolithique à l'époque hellénistique). Actes du Colloque de Strasbourg, 3-5 décembre 1998*, Paris, 2001, p. 513-527.

Vergnieux 2008a
R. Vergnieux, « L'usage de la 3D en Archéologie », dans N. Strudwick, R. Vergnieux (éd.), *Information Technology and Egyptology in 2008: Proceedings of the Meeting of the Computer Working Group of the International Association of Egyptologists (Informatique et Egyptologie), Vienna, 8-11 July 2008*, Piscataway (N.J.), 2008, p. 147-154.

Vergnieux 2008b
R. Vergnieux, « Origine de l'usage de la réalité virtuelle à l'Institut Ausonius et les premiers travaux sur le Circus Maximus », dans J. Nelis-Clément, J.-M. Roddaz (éd.), *Le cirque romain et son image, Actes du colloque international tenu à l'Institut Ausonius, Bordeaux, 19-21 octobre 2006, Mémoires* 20, 2008, p. 235-242.

VERGNIEUX 2012
R. Vergnieux, « De la 3e dimension préperspective à la 3e dimension numérique », dans J.-M. Merriaux *et al.*, *Arts, espace, temps : Histoire des arts. Actes de l'université de printemps, 3 mai-1er juin 2012, château de Fontainebleau, festival de l'histoire de l'art*, Paris, 2013, p. 69-73.

VERGNIEUX 2016
R. Vergnieux, « Aton-Num : les bases de données, Crowdsourcing. Participation collaborative à la recherche scientifique », http://aton-num.fr/participe/bdd/index2.php

VERGNIEUX 2018
R. Vergnieux, « Réflexion sur la représentation architecturale chez les anciens Égyptiens et plus particulièrement sous le règne d'Amenhotep IV – Akhenaton », dans M. Gabolde, R. Vergnieux (éd.), *Les édifices du règne d'Amenhotep IV – Akhenaton. Urbanisme et révolution*, CENiM 20, Montpellier, 2018, p. 193-198.

VERGNIEUX 2024
R. Vergnieux, « Une image dynamique des temples d'Aton figée dans la dispersion de ses vestiges au sein du IXe pylône du temple d'Amon-Rê à Karnak », *CahKarn* 17, 2024, p. 391-398.

VERGNIEUX, GONDRAN 1997
R. Vergnieux, M. Gondran, *Aménophis IV et les pierres du soleil: Akhénaton retrouvé*, Paris, 1997.

VINSON 1993
S. Vinson, « The Earliest Representations of Brailed Sails », *JARCE* 30, 1993, p. 133-150.

VINSON 1994
S. Vinson, *Egyptian Boats and Ships*, ShirEgypt 20, Princes Risborough, 1994.

VINSON 1997
S. Vinson, « On *ḥry.t* 'Bulwark' in P.Anastasi IV, 7/9-8/7 », *ZÄS* 124/2, 1997, p. 156-162.

VOLOKHINE 2000
Y. Volokhine, *La frontalité dans l'iconographie de l'Égypte ancienne*, CSEG 6, Genève, 2000.

WACHSMANN 1981
S. Wachsmann, « The Ships of the Sea Peoples », *IJNA* 10/3, 1981, p. 187-220.

WACHSMANN 1987
S. Wachsmann, *Aegeans in the Theban Tombs*, OLA 20, Louvain, 1987.

WACHSMANN 1998
S. Wachsmann, *Seagoing Ships and Seamanship in the Bronze Age Levant*, Londres, 1998.

WACHSMANN 2013
S. Wachsmann, *The Gurob Ship-Cart Model and its Mediterranean Context*, College Station, 2013.

WARD 2000
C. Ward, *Sacred and Secular: Ancient Egyptian Ships and Boats*, Boston, 2000.

WARD 2003
C. Ward, « Sewn Planked Boats from Early Dynastic Abydos, Egypt », dans C. Beltrame (éd.), *Boats, Ships and Shipyards: Proceedings of the Ninth International Symposium on Boat and Ship Archaeology, Venice 2000*, ISBSA 9, Oxford, 2003, p. 19-23.

WARD 2004
C. Ward, « Boatbuilding in Ancient Egypt », dans F. Hocker, C. Ward (éd.), *The Philosophy of Shipbuilding: Conceptual Approaches to the Study of Wooden Ships*, College Station, 2004, p. 13-24.

WARD, BALLARD 2004
C. Ward, R.D. Ballard, « Black Sea Shipwreck Survey 2000 », *IJNA* 33, 2004, p. 2-13.

WARD, ZAZZARO 2009-2010
C. Ward, C. Zazzaro, « Ship Timbers and Maritime Artifacts », dans K.A. Bard, R. Fattovich, A. Manzo (éd.), *Harbor of the Pharaohs to the Land of Punt, Vol. 2: Archaeological Investigations at Mersa/Wadi Gawasis, Egypt, 2006-2011,* Naples, 2009-2010, p. 295-316.

WARD, ZAZZARO 2010
C. Ward, C. Zazzaro, « Evidence for Pharaonic Seagoing Ships at Mersa/Wadi Gawasis, Egypt », *IJNA* 39/1, 2010, p. 27-44.

WARD, ZAZZARO, ABD EL-MAGUID 2010
C. Ward, C. Zazzaro, M. Abd El-Maguid, « Super-Sized Egyptian Ships », *IJNA* 39/2, 2010, p. 387-390.

WARD *et al.* 2012
C. Ward, P. Couser, D. Vann, T. Vosmer, M. Abd el-Maguid, « Reconstruction and Sailing Performance of an Ancient Egyptian Ship », dans N. Gunsenin (éd.), *Between Continents: Proceedings of the Twelfth Symposium on Boat and Ship Archaeology, Istanbul 2009,* ISBSA 12, Oxford, 2012, p. 287-293.

Wehausen, Mansour, Ximenes 1988
J.V. Wehausen, A. Mansour, M.C. Ximenes, « The Colossi of Memnon and Egyptian Barges », *IJNA* 17/4, 1988, p. 295-310.

Werner 1986
E.K. Werner, « Montu and the "Falcon Ships" of the Eighteenth Dynasty », *JARCE* 23, 1986, p. 107-123.

Whitewright 2007
J. Whitewright, « Roman Rigging Material from the Red Sea Port of Myos Hormos », *IJNA* 36/2, 2007, p. 282-292.

Whitewright 2008
J. Whitewright, *Maritime Technological Change in the Ancient Mediterranean: The Invention of the Lateen Sail*, thèse de doctorat, University of Southampton, 2008, https://www.academia.edu/562936/Maritime_Technological_Change_in_the_Ancient_World_The_invention_of_the_lateen_sail_Volume_One.

Whitewright 2018
J. Whitewright, « Sailing and Sailing Rigs in the Ancient Mediterranean: Implications of Continuity, Variation and Change in Propulsion Technology », *IJNA* 47/1, 2018, p. 28-44.

Wild, Wild 2001
F.C. Wild, J.P. Wild, « Sails from the Roman Port at Berenike, Egypt », *IJNA* 30, 2001, p. 211-220.

Willaumez 1825
J.-B.P. Willaumez, *Dictionnaire de Marine*, Paris, 1825.

Winlock 1932
H.E. Winlock, *The Tomb of Queen Meryet-Amun at Thebes*, The Metropolitan Museum of Art Egyptian Expedition, New York, 1932.

Yannai 2004
E. Yannai, « The Late Bronze Age Pottery from Area S », dans D. Ussishkin (éd.), *The Renewed Archaeological Excavations at Lachish (1973-1994)*, Tel Aviv, 2004, p. 1032-1146.

Zazzaro 2007
C. Zazzaro, « Ship Blades, Anchors and Pierced Stones », dans K.A. Bard (éd.), *Harbour of the Pharaohs to the Land of Punt*, Naples, 2007, p. 150-160.

Zazzaro, Calcagno 2012
C. Zazzaro, C. Calcagno « Ship Components from Mersa Gawasis: Recent Finds and their Archaeological Context », dans P. Tallet, E. Mahfouz (éd.), *The Red Sea in Pharaonic Times: Recent Discoveries along the Red Sea Coast. Proceedings of the Colloquium held in Cairo/Ayn Sukhna, 11-12 january 2009*, BiEtud 155, Le Caire, 2012, p. 65-87.

DIFFUSION
Vente directe et par correspondance

Au Caire
à l'Ifao,
37 rue al-Cheikh Ali Youssef (Mounira)
[B.P. Qasr al-ʿAyni 11562]
11441 Le Caire, Égypte
Section Diffusion Vente

tél.: (+20 2) 27 90 02 55
https://www.ifao.egnet.net
mél: diffusion@ifao.egnet.net

En France
Vente en librairie

***Diffusion* AFPU-D**
c/o Université de Lille
3 rue du Barreau
BP 60149 - 59653 Villeneuve-d'Ascq Cedex
tél. +33 (0)3 20 41 66 95

***Distribution* DILISCO**
Zone artisanale Les Conduits
rue du Limousin
BP 25 - 23220 Chéniers
tél. +33 (0)5 55 51 80 00

Ministère de l'Enseignement supérieur et de la Recherche, Paris
Publication de l'Institut français d'archéologie orientale
Achevé d'imprimer sur les presses de l'Ifao, 37 rue al-Cheikh Ali Youssef au Caire, en mars 2025
Dépôt légal: 1er semestre 2025; N° éditeur: 7247